ROWOHLT
BERLIN

Aus dem Amerikanischen
von Ines Bergfort und Ralf Vogel

Daryl Bernstein und Joe Hammond

Enterprise

Ein Logbuch für Jungunternehmer

Rowohlt · Berlin

1. Auflage September 2000

Die Originalausgabe erschien 1996 unter dem Titel
«The Venture Adventure» by Beyond Words Publishing

Redaktion Julia Kühn
Umschlaggestaltung Büro Hamburg, Susanne Reizlein
Foto ZEFA-Peisl Business Prod.
Satz aus der Proforma PostScript PageOne
Gesamtherstellung Clausen & Bosse, Leck
Printed in Germany
ISBN 3 87134 414 1

Die Schreibweise entspricht den Regeln
der neuen Rechtschreibung.

Inhalt

Teil I

Enterprise oder Das Abenteuer Unternehmen

Es war einmal vor langer Zeit, da lebte ein sagenumwobener alter Mann mit einem Zauberfinger. Er lebte allein mitten im Wald, recht weit vom nächsten Dorf entfernt. Nichtsdestotrotz genoss der alte Mann ein hohes Ansehen unter den Dorfbewohnern. Denn was er mit seinem Zauberfinger berührte, verwandelte sich in pures Gold.

Alle Dorfbewohner kannten den alten Mann und suchten ihn häufig auf, damit er ihnen etwas in Gold verwandele. Sie schleppten Äpfel, Schuhe, Bücher, Teller und Becher herbei, so viel sie nur tragen konnten, und standen in einer langen Schlange vor der Tür des alten Mannes an. Für eine Berührung durch den Finger des Alten mussten sie oft stundenlang warten – doch sie wussten, das Warten würde sich lohnen.

Der alte Mann blieb geduldig, egal, wie endlos die Schlange auch war. Manchmal begann er schon vor dem ersten Sonnenstrahl und hörte erst nach Sonnenuntergang wieder auf. Er schenkte jedem Dorfbewohner ein freundliches Lächeln und war froh, seinen Mitmenschen mit seiner Gabe helfen zu können. Das Einzige, was er verlangte, war, dass die Dorfbewohner ihre eigenen Gegenstände mitbrachten; denn er war nicht bereit, Dinge zur Verfügung zu stellen *und* sie in Gold zu verwandeln.

Eines Tages geschah es, dass eine gescheite junge Frau aus dem Dorf zu ihm kam. Sie hatte schon seit Jahren vom alten Mann mit dem Zauberfinger gehört und sich nun entschlossen, ihm einen Besuch abzustatten. Sie zog durch den Wald und wartete geduldig, bis sie schließlich vor dem alten Mann stand. Er schaute an ihr herunter und bemerkte, dass sie nichts bei sich trug. Doch da er ein großzügiger Mensch war, entschied er, daraus kein Problem zu machen.

Er nahm einen kleinen Kieselstein, verwandelte ihn mit Hilfe seines Zauberfingers rasch zu Gold und legte ihn in ihre Hand: «So, meine Liebe», sagte er. Doch sie protestierte: «Einen Augenblick bitte, das ist nicht das, was ich wollte.» «Ja, ja», erwiderte er, ohne jedoch richtig zuzuhören. «Ich bin heute sehr beschäftigt, es warten noch viele Leute, mach dich nun auf den Weg nach Hause.»

Doch am nächsten Tag kam sie wieder. Auch nun, zum zweiten Mal, trug sie nichts bei sich. Auch nun war der alte Mann nicht im Geringsten ungehalten. Er nahm einen kleinen Zweig, verwandelte ihn in Gold und gab ihn ihr.

Doch wieder protestierte sie: «Nein, das ist es nicht, was ich wollte, wirklich nicht.»

Da dem alten Mann daran gelegen war, allen Dorfbewohnern, die vor seiner Tür warteten, dienen zu können, schickte er die junge Frau mit einem aufrichtigen und freundlichen Lächeln nach Hause.

Nun, am dritten Tag kehrte sie noch einmal zurück zum Haus des alten Mannes. Diesmal kam sie schon frühmorgens, und es bestand kein Grund zur Eile.

«Ich sehe, meine Liebe, dass du auch jetzt nichts bei dir trägst. Doch das ist wirklich kein Problem», sagte er

warmherzig. Er rollte einen großen Holzklotz zur Türschwelle und berührte ihn mit seinem Zauberfinger, woraufhin dieser sich in pures Gold verwandelte. «Das sollte jetzt aber wirklich für einige Zeit reichen», sagte er, sichtlich stolz auf seine Großzügigkeit.

«Aber mein Herr», wandte sie ein, «das ist es nicht, was ich will.»

«Ja, was willst du denn dann?», fragte er schließlich.

«Ich will deinen Finger!», sagte sie.

Ich hatte diese Geschichte das erste Mal während eines Ferienaufenthaltes auf der griechischen Insel Paros gehört. Während ich einen Imbiss auf der Terrasse eines kleinen Cafés einnahm, stellte sich mir der Eigentümer des Geschäftes vor. Das Gespräch mit dem lebenslustigen und fröhlichen alten Mann war unterhaltsam und anregend. Als wir uns über Fähigkeiten und Talente unterhielten, erzählte er diese kurzweilige und aussagekräftige Geschichte.

Danach habe ich die Geschichte noch mehrere Male in immer wieder leicht abgewandelter Form gehört. Offensichtlich fasziniert die Vorstellung einer magischen Berührung die Menschen in vielen Kulturen. Mein Freund, der Cafébesitzer, zog allerdings eine interessante Lehre aus dieser Geschichte. Er sagte: «Die Botschaft, die uns diese Geschichte mit auf den Weg gibt, ist die, dass jeder Mensch über zumindest eine magische Kraft, nämlich ein einzigartiges und unverwechselbares Talent verfügt. Vielleicht bist du besonders einfühlsam. Oder deine Begabung ist das Kochen. Oder du weißt, wie man Menschen glücklich macht. Deine magische Kraft ist etwas so Besonderes, dass alle anderen davon profitieren können. Du musst aus dem Haus gehen und sie mit so vielen Menschen wie möglich teilen.» Zufrieden über seine tiefgründigen Ausführungen zwinkerte er mir zu und verschwand in der Küche.

Ich habe dieses Buch geschrieben, um meine magische Kraft an dich als Leser weiterzugeben, um dir zu zeigen, wie ich es geschafft habe, kleine Unternehmen zu gründen und in Gang zu bringen. Indem ich meine Ansichten über die spannende Welt der Unternehmen und Unternehmer mit dir teile, hoffe ich, dir einen neuen «Zauberfinger» an die Hand zu geben, eine Fertigkeit, die deine Träume zwar nicht in Gold verwandeln kann, aber Wirklichkeit werden lässt.

1 Vom Abenteuer, Unternehmer zu sein

Es ist nicht der Besitz des Geldes allein, der glücklich macht. Glück ist vielmehr die Freude daran, etwas zu bewirken, der Reiz, etwas Neues zu erschaffen.
Franklin D. Roosevelt (1882–1945), 32. Präsident der Vereinigten Staaten

Wer heute ein Unternehmen gründet, geht ein ähnliches Abenteuer ein wie die Menschen, die früher in den Dschungel aufbrachen, um einen verlorenen Schatz zu suchen. Ich möchte dein Expeditionsleiter sein – und dir helfen, Fallstricke rechtzeitig zu entdecken und von den Erfahrungen der Menschen zu profitieren, die die Reise bereits vor dir angetreten haben.

Jeder bewundert Abenteurer für ihren Mut, ihre Innovationsfreudigkeit, ihre Unabhängigkeit und Zuversicht, ihr Selbstvertrauen. Jeder staunt über die Risiken, die sie auf sich nehmen, und die Anerkennung, die sie dafür genießen. Ich betrachte moderne Unternehmer als die Nachfahren großer Abenteurer. Und deshalb gebe ich in diesem Buch die Geschichten und Erfahrungen berühmter Entdecker wieder, weil ihr Wissen für die Reise eines Unternehmers von elementarer Bedeutung ist.

Ich habe einen großen Teil meiner Zeit damit zugebracht,

Menschen bei der Gründung und Expansion ihrer Firmen zu helfen. Ich studiere außergewöhnlich erfolgreiche Unternehmer, um die Strategien aufzudecken, mit denen sie gute Ideen in erfolgreiche Unternehmen verwandelt haben. Ich bin darüber hinaus Eigentümer und Geschäftsführer mehrerer Firmen, in denen ich die Möglichkeit habe, die Lektionen meiner Lehrer in die Praxis umzusetzen und meine eigenen Erfolgsstrategien zu entwickeln. Und schließlich gebe ich die Geheimnisse unternehmerischer Erfolge in Vorträgen, Seminaren und persönlichen Beratungsgesprächen weiter.

Während eines Seminars in London kam ein gepflegt gekleideter junger Mann in einer Pause auf mich zu und stellte sich vor. Er sagte, er führe tagsüber ein großes Unternehmen und trage nach Feierabend eine Sammlung klassischer Literatur zusammen. Er wollte wissen, ob ich eines der Tagebücher von David Livingstone gelesen habe, der im Auftrag Englands Afrika erforscht hatte. Ich verneinte höflich und bereitete mich innerlich darauf vor, dass der Typ eine ausführliche Beschreibung der Vorzüge dieser Bücher von sich geben würde, aber er sagte nur: «Ich habe den Eindruck, dass deine Erfahrungen denen Livingstones recht ähnlich sind. Na ja, trotzdem vielen Dank.» Dann drehte er sich um und ging.

Was sollte ich tun? Er hatte mich wirklich neugierig gemacht, und so bat ich den Taxifahrer, auf dem Weg zum Flughafen an einer Buchhandlung zu halten. Ich sprang in den Laden, kaufte Livingstones *Missionsreisen und Forschungen in Süd-Afrika*, kehrte zum Taxi zurück und schaffte es, nur wenige Minuten vor Abflug am Flughafen zu sein.

Auf transatlantischen Flügen in Richtung Westen ist es fast die ganze Zeit hell, und so las ich das Buch von der ersten bis zur letzten Seite. Der Büchersammler hatte Recht gehabt. Ich habe praktisch alle Bücher von Unternehmern und Unternehmenstheoretikern gelesen, und keines ließ sich so vortrefflich auf meine Firmen anwenden wie das Tagebuch Livingstones. Lächerlich? Nicht wirklich. Ich erkannte, dass es in der Wirtschaft nicht nur um Forderungsbestände und Ertragsverhältnisse geht. Diese technischen Grundlagen kann sich jeder erarbeiten. Aber ein eigenes Unternehmen zu gründen und ihm zum Wachstum zu verhelfen ist ein Abenteuer. Du findest den Schatz nur, wenn du die richtige Ausrüstung hast, wenn du mit den Erfahrungen derjenigen vertraut bist, die vor dir zu Expeditionen aufgebrochen sind, und wenn die Einstellung, mit der du die Reise antrittst, die richtige ist.

Ich habe herausgefunden, dass die erfolgreichsten Unternehmer und Entdecker der Welt viel gemeinsam haben. Sie verfügen über die gleichen Charakterzüge und verfolgen die gleichen Strategien, um ihre Mission zu erfüllen. Vielleicht verhelfen diese Erfolgsstrategien auch deinem Unternehmen zu herausragenden Erfolgen.

Wenn du gerade damit beschäftigt bist, die Gründung eines Unternehmens vorzubereiten, dann hast du anderen Unternehmern etwas voraus. Du kannst diese Strategien von Beginn an einsetzen. Wenn du schon eine Firma hast, dann kannst du augenblicklich damit beginnen, die Erfahrungen umzusetzen, um die Erträge zu steigern und dein Unternehmen wachsen zu lassen. Die Ideen, die du in diesem Buch findest, lassen sich auf produktbasierte Unternehmen (wie zum Beispiel eine Pizzeria oder eine Buchhandlung) ebenso anwenden wie auf Dienstleistungsunternehmen (Garten- und Landschaftsbau oder Beratertätigkeiten).

Ich bin Unternehmer, weil das Leben eines Unternehmers einfach phantastisch ist. Es bietet eine Herausforderung nach der anderen, einen Reiz nach dem anderen, einen Triumph nach dem anderen. Jeder Tag ist erfrischend anders. Ich wache um fünf Uhr morgens auf, weil ich es nicht abwarten kann, die Herausforderungen des Tages anzugehen. Und als Belohnung für dieses verrückte Leben machen sich meine Investitionen wirklich außerordentlich bezahlt. Aber es geht mir nicht ums Geld – mir kommt es auf das Abenteuer an.

Es ist wirklich möglich, jeden Tag deines Lebens zu genießen und dabei eine Menge Geld zu verdienen. Das Geheimnis besteht darin, was du machst und wie du es machst. Wenn du ein Haus anstreichst, dann benutzt du deine Arme und Hände. Wenn du einen Malerbetrieb führst, dann setzt du dein erlerntes Wissen und eine Vielzahl erlernter Fähigkeiten ein: Kreativität, Kommunikationsgabe, Zeitmanagementtechniken und Organisationstalent.

Das ist das Wunderbare an der freien Wirtschaft: Du nutzt deine Stärken, um Geld zu verdienen. Wenn du deine persönlichen Ressourcen einsetzt, um Wohlstand zu erzeugen, bist du ein Unternehmer. Robert E. Peary redete davon, «sein ganzes Wesen in körperlicher, geistiger und moralischer Hinsicht» für seine Entdeckungen einzusetzen. Seine Strategie funktionierte offensichtlich, schließlich entdeckte er den Nordpol. Damit du *deinen* Nordpol erreichst, musst du ebenfalls alles einsetzen, was du hast.

Für die Aussicht auf den Erfolg wirst du immer einige Risiken in Kauf nehmen müssen. Die Angst vor dem Risiko ist das meistgenannte Motiv, das Menschen davon abhält, ein Unternehmen zu gründen. Natürlich gibt es Risiken! Sonst wäre es nicht so aufregend, ein Unternehmen zu führen. Wenn du ein Restaurant eröffnest, setzt du vielleicht alle Ersparnisse deines Lebens aufs Spiel. Wenn du als Berater arbeitest und dein Arbeitszimmer zu Hause einrichtest, dann setzt du dein Taschengeld aufs Spiel. Wie auch immer. Der Einsatz lohnt sich. Warum? Wenn du Lotto spielst, gibst du das Schicksal über deine Investitionen aus der Hand. Du schaltest um Viertel vor acht den Fernseher ein und wartest darauf, dass die Lottofee die magischen Zahlen verkündet. Gründest du aber ein Unternehmen, bist du selbst für dein Schicksal verantwortlich. Ein Unternehmer zu sein ist so, als würdest du selbst in die Lotterietrommel greifen und die Zahlen herausfischen, die du willst. Natürlich gibt es ein gewisses Risiko, aber es liegt in deiner Macht, hohe Gewinne zu erzielen!

Wir kennen die phänomenalen Erfolgsstorys von Bill Gates und Microsoft oder Fred DeLuca und Subway. Ich habe viel Zeit mit Millionären und Milliardären verbracht, und es stimmt, es handelt sich um außerordentlich talentierte Menschen. Aber Unternehmertum bedeutet nicht, dass du aus einer Garagenfirma einen Weltkonzern machen musst. Ich kenne eine Lehrerin, die ein kleines Heimdekorationsgeschäft betreibt. Wenn sie aus der Schule nach Hause kommt, arbeitet sie an ihren Projekten. Sie ist Unternehmerin. Ein vitaler junger Mann stattet uns regelmäßige Besuche in unserem Strandhaus in Mexiko ab, um uns handgeknüpfte Teppiche anzubieten. Er ist Unternehmer. Mein enthusiastischer Drucker, der fünf Mitarbeiter beschäftigt und gerade in ein größeres Gebäude gezogen ist, um dem Wachstum des Unternehmens gerecht zu werden, ist ebenfalls ein Unternehmer. Unternehmer definieren sich über ihre Persönlichkeit und ihre selbständige Tätigkeit, nicht über ihren Verdienst.

Dieses Buch wird dir die Regeln einer erfolgreichen Reise durch den Dschungel des Unternehmertums vermitteln – wie du die Ausrüstung für deine Reise zusammenstellst, wie du das ideale Expeditionsteam findest, wie du deine Reiseroute festlegst, wie du aus Hindernissen Vorteile machst, dein Ziel erreichst und dabei noch so viel Energie hast, dass du den Schatz auch genießen kannst. Als Unternehmer gehörst du zur Elite der mutigen Menschen. Du hast dich entschlossen, dein Schicksal selbst in die Hand zu nehmen. Du hast dich dazu entschieden, deine Fähigkeiten zu deinem Nutzen einzusetzen. Du hast dich entschlossen, von fünf bis neun zu arbeiten, damit du nicht von neun bis fünf arbeiten musst. Herzlichen Glückwunsch!

Du stehst vor dem Abenteuer deines Lebens.

2 Der wahre Pioniergeist

Nicht Belohnung und Anerkennung sind Ansporn für einen wirklichen Entdecker, vielmehr ist die Aufgabe, die er sich selbst gestellt hat, Teil seiner Existenz – und sie ist es auch, die ihre Vollendung bedingt.
Robert E. Peary (1856–1920), Entdecker des Nordpols

Tag für Tag werde ich mit unzähligen Problemen und Herausforderungen konfrontiert. Mein Papierlieferant ruft mich an und erzählt, dass die Papierpreise steigen. Unser zentrales Computersystem bricht zusammen. Eine für den Vortag zugesagte Lieferung ist immer noch nicht eingetroffen. Doch wenn ich zulassen würde, dass mich jede Schwierigkeit aus der Bahn wirft, wäre ich spätestens am Ende des Tages ein Wrack. Stattdessen fiebere ich Schwierigkeiten entgegen. Sie machen mich glücklich. Sie spornen mich an.

Ich glaube daran, dass unsere Geisteshaltung die Grundlage unserer Existenz ist. «Geist» heißt in diesem Zusammenhang Perspektive – der Blick, mit dem wir die Welt sehen. Diese Weltanschauung steuert unsere Gedanken, unser Handeln und unsere Reaktionen. Es ist der schwierigste und der entscheidende Begriff dieses Buches.

In Zeitschriften lese ich häufig etwas über «Unternehmergeist». Das hat mich schon immer gestört – und zwar weniger aufgrund des Wortes selbst, als aufgrund des Zusammenhangs, in dem es benutzt wird. Ich lese zum Beispiel: «Der amerikanischen Bevölkerung ist viel daran gelegen, ihr Einkommen zu erhöhen, darum erhält der ‹Unternehmergeist› in den Vereinigten Staaten weiteren Auftrieb.» Natürlich steht Geld häufig im Mittelpunkt, wenn es darum geht, ein Unternehmen zu gründen. Doch wäre ein Unternehmen nur auf Geld fixiert, hätte ich mit Sicherheit eine andere Beschäftigung gefunden. Ich bin Unternehmer, weil ich es wahnsinnig spannend finde. Und das Wort Unternehmer allein vermittelt dieses Gefühl nicht. Darum habe ich das *Abenteuer Unternehmen* daraus gemacht. Das Unternehmertum handelt davon, Geld zu verdienen. Das Abenteuer Unternehmen handelt vom Geldverdienen und von der Zeit, die der Unternehmer damit verbringt. Darum möchte ich nicht über den «Unternehmergeist» schreiben, sondern über den Pioniergeist, der hinter dem Abenteuer Unternehmen steckt.

Meine geschäftlichen Erfolge habe ich erreicht, weil ich als Unternehmer nahezu unbegrenzte Abenteuerlust verspüre. Jeder Geschäftsvorgang ist für mich ein Stück Abenteuer. Jede Herausforderung, jeder Erfolg erhöht die Intensität. Die Voraussetzung hierfür ist jedoch die richtige Einstellung. Die notwendigen Charaktereigenschaften und Fähigkeiten werden dann automatisch folgen.

Als in der Nähe meines Büros ein Videoverleih eröffnete, hatte ich den Eindruck, dass es ein viel versprechendes Geschäft sei. Ein auffälliger Standort, ein großes Kundenpotenzial und weit und breit kein Wettbewerb. Auf dem kleinen Parkplatz parkten, wann immer ich vorbeikam, mehrere Autos. Nach einigen Wochen lieh auch ich mir dort ein Video aus. Der Laden war voll, und die Kassen surrten ohne Pause. Beim Zahlen wechselte ich ein paar Worte mit dem Eigentümer. Schon danach war mir klar, dass es diesem Unternehmer an Abenteuerlust und Pioniergeist mangelte. Er hatte sein Unternehmen gegründet, weil er nicht wusste, was er sonst hätte machen sollen. Er fand keinen Spaß daran, Fragen über Filme zu beantworten, Displays zu gestalten und Werbung zu machen. Darüber hinaus war er unflexibel. Über der Kasse prangte ein Schild mit der Aufschrift: «Videos bitte rechtzeitig zurückgeben, ansonsten werden 5 $ Versäumnisgebühr fällig.» Auf dieses Schild schien er besonders stolz zu sein. Nur drei Monate später war das Ladenlokal wieder leer. Soweit ich das beurteilen kann, hatten sich die äußeren Umstände nicht verändert. Die potenziellen Kunden waren geblieben, und Wettbewerb hatte sich weit und breit nicht eingestellt. Für mich war das Scheitern die logische Folge seines Mangels an Pioniergeist.

Die Lektion ist simpel. Wer Unternehmer werden will, muss die richtige Einstellung haben – und die ist, wie ich meine, erlernbar. Sie ist nicht angeboren. Journalisten haben mich oft gefragt, ob ich als Unternehmer geboren wurde. Die Antwort lautet «Nein». Geschäfte wurden für mich erst im Alter von acht Jahren interessant, als ich aus Zitronen, Zucker und Wasser Limonade herstellte und sie an meinem eigenen Limonadenstand verkaufte. Meine unternehmerische Abenteuerlust und mein Pioniergeist waren geweckt.

Neunzig Prozent aller Menschen, die von der Idee begeistert sind, ein Unternehmen zu gründen, bemühen sich nicht darum, diese Idee umzusetzen. Deine Ausgangsposition ist gut, denn wenn du dich für dieses Buch interessierst, verfügst du schon über eine ganze Menge Unternehmergeist. Aber bringst du auch genug *Pioniergeist* mit? Mit Pioniergeist meine ich eine tief verwurzelte, grundlegende Einstellung, die dein Verhalten prägt und dich engagiert, verantwortlich und zuversichtlich handeln lässt. Dieser Pioniergeist ist durch die folgenden Komponenten charakterisiert.

Die persönliche Herausforderung

Auf die Frage, warum er den Mount Everest bezwingen wolle, antwortete der englische Bergsteiger George H. L. Mallory: «Weil es ihn gibt.» Die mehr als achttausend Meter zwischen ihm und dem Gipfel reichten ihm als Motivation.

Irgendwie kennt jeder dieses Gefühl, wenn die Aufgaben auch in den meisten Fällen nicht so überwältigend sind. Du hältst ein neues Marmeladenglas in der Hand, und der Deckel lässt sich nicht öffnen. Natürlich wäre es möglich, das Brot ohne Marmelade zu essen, doch das Glas wird zur absoluten Herausforderung, und du gibst nicht auf, bis es geöffnet ist.

Es ist die gleiche direkte und persönliche Herausforderung, die einen Unternehmer motiviert, ein Unternehmen aufzubauen. William Warren schimpfte bitterlich über die Qualität des mexikanischen Essens in Portland im US-Staat Oregon. Als ein Freund ihm genervt sagte, dass er es doch besser machen solle, nahm er das wörtlich. Er gründete Macheezmo Mouse, inzwischen ein Sieben-Millionen-Dollar-Unternehmen mit zwölf Filialen im Nordwesten, in denen gesundes und frisches mexikanisches Essen angeboten wird.

Der Wunsch nach Veränderung

Viele Arbeitslose entscheiden sich aus Verzweiflung für die Selbständigkeit, viele Einwanderer sehen darin eine gute Möglichkeit, in einem fremden Land Fuß zu fassen. Für die meisten Unternehmer besteht jedoch keine Notwendigkeit, sich selbständig zu machen. Oft sind sie ihrer gewohnten Arbeit als Angestellte einfach überdrüssig und wollen ihr Leben grundlegend verändern. Oder sie wünschen sich, ihr Wissen und ihre Kreativität endlich in vollem Umfang zu nutzen. Doch um in den Genuss der unternehmerischen Freiheit zu gelangen, müssen sie ihre gewohnte Sicherheit aufgeben.

Es ist keine Schande, einen Wunsch nach Veränderung zu verspüren. Schuldgefühle sind überflüssig, wenn es darum geht, etwas aufzugeben – meist eine gesicherte Anstellung –, für das andere dankbar wären. Der Psychologe Abraham Maslow hat eine Bedürfnis-Pyramide aufgestellt, in der die körperlichen Bedürfnisse die Basis und die emotionale Erfüllung die Spitze bilden. Laut Abraham Maslow liegt es in der Natur des Menschen, nach absoluter Erfüllung zu streben. Leider werden heute nur wenige herkömmliche Jobs diesem Anspruch gerecht. Die Arbeit als Unternehmer gehört zu diesen Ausnahmen.

Innovative Programmierer des Unternehmens Br¢derbund aus San Francisco haben ein Spiel entwickelt, bei dem es interaktiv und lehrreich um die weltweite Suche nach imaginären Verbrechern geht. Fast jedes Kind kennt es, und es ist ein Verkaufsschlager, ebenso wie eine Vielzahl anderer pädagogisch wertvoller Programme aus der Softwareschmiede. Dieses 111-Millionen-Dollar-Unternehmen wurde von Doug Carlston und seinem Bruder Gary gegründet. Und warum? Weil Doug Carlston die tagtägliche Routine seines Lebens als erfolgreicher Anwalt nicht mehr ertragen konnte.

Die Bedeutung von Spezialwissen

Als Robert F. Scott sich 1911 auf den Weg machte, um als erster Mensch den Südpol zu erreichen, wusste er bereits einiges über die geographischen Gegebenheiten, die ihn erwarten würden, weil er als Leutnant der englischen Kriegsmarine zwei Jahre in einer antarktischen Forschungsstation auf Ross Island verbracht hatte. 1985 kündigte Gregory Billups als Ingenieur bei der US-Marine und gründete die Firma Systems, Maintenance &

Technology Inc. Er konnte seine Erfahrungen nutzen und machte das Unternehmen zu einer erfolgreichen Firma im Bereich der Flugzeugtechnik und -wartung. Billups' ehemaliger Arbeitgeber ist mit einem Anteil von fünfundsechzig Prozent am Auftragsvolumen inzwischen der größte Kunde des Unternehmens.

Robert F. Scott und Gregory Billups haben eines gemeinsam: Sie nutzten ihr professionelles Spezialwissen als Basis für ihre Abenteuer. Robert F. Scott suchte es in der Antarktis und Gregory Billups in seinem eigenen Unternehmen. Auch du verfügst über ein ganz spezielles Wissen. Vielleicht hast du während eines Ferienjobs in einer Pizzeria einiges über die Lagerhaltung in der Gastronomie erfahren oder während eines Jobs in einem Getränkegroßhandel über den Bierverkauf, oder du hast während einer kurzen Angestelltenkarriere Einblick in die Aufgabe und Arbeitsweise von Führungskräften erhalten. Alle deine Erfahrungen, auch die scheinbar bedeutungslosen, vergrößern dein Basiswissen.

Und aus dem Wunsch, dein persönliches Wissen für ein eigenes Unternehmen zu nutzen, spricht bereits der wahre unternehmerische Abenteurergeist.

Nichtmaterielle Zielsetzungen

Viele Menschen gründen ein Unternehmen nicht aus rein wirtschaftlichen Gründen – oft wollen sie mehr Zeit mit ihrer Familie verbringen, größere Freiheiten genießen, die Ausbildung der Kinder finanzieren oder etwas unterstützen, woran sie glauben. Einige der erfolgreichsten Unternehmer gründeten ihre Firmen, um ein spezielles Ziel zu erreichen. Ihre Leidenschaft machte sie zu außerordentlich erfolgreichen Geschäftsleuten.

David Livingstone, vielleicht einer der berühmtesten englischen Entdecker, verfolgte während seiner Reisen durch Afrika nur ein Ziel: Durch die Verbreitung der humanistischen Ideale seiner Religion hoffte er, den blühenden Sklavenhandel eindämmen und das menschliche Leid lindern zu können. Mit diesem Ziel vor Augen wurde Livingstone zum ersten Europäer, der den afrikanischen Kontinent durchquerte und die gigantischen Wasserfälle sah, die er nach Königin Viktoria benannte. Er lebte als Abenteurer und bewirkte gleichzeitig positive gesellschaftliche Veränderungen.

Eine nicht auf finanzielle Belange ausgerichtete Zielsetzung steigert die Freude, ein Unternehmen zu leiten. Erfahrene Unternehmer wissen, dass Geld nur die Maßeinheit im Wirtschaftsleben ist. Wohlstand kann dir ein bequemes Leben ermöglichen, glücklich macht er dich nicht. Ein New Yorker Taxifahrer verhalf mir zu dieser Erkenntnis, indem er sagte: «Tja, mein Junge, Erfolg ist, das zu bekommen, was du willst, aber Glück ist, das zu wollen, was du bekommst.» Es bereitet mir dauerhafte Freude, ein erfolgreiches Unternehmen aufzubauen und gleichzeitig die Lebensqualität anderer zu verbessern.

Die Unabhängigkeit

«Der Mensch wird frei geboren, und überall liegt er in Ketten», stellte der französische Philosoph Jean-Jacques Rousseau im 18. Jahrhundert fest. Rousseau, der sich nie der vorherrschenden Meinung unterordnete, ging davon aus, dass das Wesen des einzelnen Menschen grundsätzlich gut sei, und kritisierte die Beschränkungen, die Regierung und Gesellschaft den Menschen auferlegten.

Die meisten Menschen sind wie Entenmuscheln, sie heften sich an ein Schiff (zum Beispiel ein großes Unternehmen oder eine Behörde) und lassen es nicht mehr los. Doch in jeder Generation gibt es Individualisten, denen die Freiheit der Gedanken und des Handelns wichtiger ist als ihre Sicherheit. Tausende Amerikaner, die mit den damaligen Lebensbedingungen an der Ostküste unzufrieden waren, zogen Mitte des 18. Jahrhunderts gen Westen. Heute muss keiner mehr den Planwagen packen; ein paar Formalitäten reichen aus, um ein Gewerbe anzumelden, sich in Zukunft Darius Fröhlich Handelsvertretung zu nennen und ein neues Leben als selbständiger Unternehmer zu beginnen.

Abhängigkeit bedeutet Kontrollverlust. Angestellte und große Unternehmen stehen in einem symbiotischen Verhältnis zueinander: Die Mitarbeiter leisten ihren Arbeitgebern im Gegenzug für eine finanzielle Entlohnung eine genau definierte Arbeit. Weicht ein Mitarbeiter von der ihm oder ihr gestellten Aufgabe ab, kann sich das negativ auf die Entlohnung auswirken. Ebenso kann es sein, dass ein Unternehmen aus wirtschaftlichen Gründen Mitarbeiter ohne deren eigenes Verschulden entlassen muss.

Unabhängigkeit ist Freiheit. Als freier Unternehmer dagegen hast du die vollständige Kontrolle. Du handelst, wie du willst, und genießt die Erfolge – oder leidest unter den Misserfolgen. Da es keine bestimmte und festgelegte Aufgabe gibt, hast du alle Freiheiten, um dein Wissen und deine Kreativität nach deinen eigenen Vorstellungen so effektiv wie möglich zu nutzen.

Du bereicherst dein Leben, und es wird spannender, wenn du es selbst in die Hand nimmst, statt dich auf die Vorgaben anderer zu stützen. Das Unternehmertum gibt dir die Möglichkeit, deine Individualität auch im Arbeitsalltag auszuleben. Ein Unternehmer wünscht sich Unabhängigkeit, er wünscht sich die Freiheit, dem eigenen Takt folgen zu können. Der amerikanische

Dichter Henry David Thoreau schlug vor: «Lasst jeden zu seiner eigenen Musik tanzen, egal, welchen Rhythmus diese haben oder wie weit entfernt sie auch sein mag.» Und genau das ermöglicht die freie Marktwirtschaft den Unternehmern.

Ein Traum wird wahr

Für Jean-Paul Sartre, den Begründer des Existenzialismus, gelangen wir nur durch das Handeln zu einer tatsächlichen Existenz. Ihm zufolge verfügt jeder über das notwendige Potenzial, und doch erreichen nur wenige das «Handlungsstadium». Sartre bezieht sich hier auf das dingliche Stadium, das bloße «So-Sein» unserer Existenz, in dem wir nur davon träumen, etwas zu tun. Bevor wir nicht handeln, so Sartre, unterscheidet uns tatsächlich nichts von einem Stuhl, einem Tisch und allen möglichen anderen Objekten des Universums. Indem wir aber handeln, uns engagieren, bewegen wir uns vom dinglichen Stadium hin zu dem, was uns als Menschen auszeichnet, das «Eigen-Sein». – Du bist erst dann wirklich ein Mensch, wenn du gemäß deiner Träume handelst.

Du hörst von einem erfolgreichen Unternehmen und denkst: «Das hätte ich auch geschafft.» Du liest einen Bestseller und denkst: «Den hätte ich auch schreiben können.» Doch leider bewirken all diese Überlegungen gar nichts, denn nur Handeln führt zu Ergebnissen!

Während einer Autogrammstunde in Boston erzählte mir eine Frau, dass sie achtzig Meilen gefahren sei, um mich zu sehen. «Das ist großartig», sagte ich, «vielen Dank für Ihre Unterstützung.»

«Und wissen Sie, warum?», fuhr sie fort. «Ich möchte Ihnen etwas über meine wirklich großartige Geschäftsidee erzählen.»

«Das heißt, Sie sind achtzig Meilen gefahren, um mir etwas über eine Geschäftsidee zu erzählen?», fragte ich.

«Ja, es ist ein absolut innovatives Marketingkonzept», sagte sie, und das, was sie mir dann beschrieb, war in der Tat eine hervorragende Idee. Von ihrem Büro aus plante sie, lokalen Einzelhändlern eine nationale Vermarktung ihrer Produkte anzubieten und einen Anteil der dadurch erzielten Umsatzzuwächse für ihre Dienstleistung zu berechnen.

Ich fragte sie: «Wie viel Zeit hat es Sie gekostet, um hierher zu kommen?»

«Dreieinhalb Stunden – ich habe in einem Stau festgesteckt.»

«Sehen Sie», antwortete ich, «während dieser Zeit hätten Sie sich ins Handelsregister eintragen lassen können, Sie hätten Briefpapier kaufen und Ihre erste Werbebroschüre schreiben können, und es wäre auch noch Zeit geblieben, um eine Kleinigkeit zu essen. Ihre Idee ist absolut überzeugend, darum hören Sie auf, darüber nachzudenken, fangen Sie an!»

Als ich in mein Büro nach Arizona zurückkehrte, war schon ein Brief von ihr in der Post; der Poststempel verriet, dass er drei Tage nach unserem Gespräch abgesandt worden war. Sie schrieb, dass sie bereits nach zwei Tagen drei potenzielle Kunden gewonnen hatte.

Eine gute Geschäftsidee allein reicht nicht aus. Du musst etwas daraus machen, denn sonst wird diese Idee immer eine vage Vorstellung bleiben. Es gibt nur eine Möglichkeit herauszufinden, ob eine Idee Erfolg versprechend ist: der Test auf dem Markt.

Ein Freund von mir aus Connecticut arbeitet freiberuflich als Erfinder. Nachdem er viele Jahre damit zugebracht hatte, Produkte für ein großes Unternehmen zu entwickeln, entschied er sich für ein abwechslungsreicheres Leben als Unternehmer. Während eines Hummeressens vor einigen Jahren sagte er etwas, das ich nie vergessen habe: «Jedes Mal, wenn du eine Idee hast, kannst du dir sicher sein, dass jemand anders auf der Welt zur selben Zeit die gleiche Idee hat. Nun beginnt das Rennen: Wer schafft es als Erster, sie in die Tat umzusetzen?»

Zu träumen und sich Ziele zu setzen ist wunderschön, doch nur Handeln führt zu Ergebnissen. Wer handelt, riskiert natürlich auch Fehler, aber: «Menschen werden nicht daran gemessen, wie oft sie scheitern, sondern daran, wie oft sie erfolgreich waren. Jeder Schritt in die falsche Richtung ist ein Schritt nach vorn.» Diese Worte des Erfinders Thomas Edison mögen als Motivation dienen. Ich glaube fest daran, dass jeder Mensch von einem erfüllten und aufregenden Leben träumt. Es sind die Unternehmer, die den Traum zur Realität werden lassen.

Dein Pioniergeist wird dir den Weg weisen!

Teil II

Die sieben Eigenschaften eines Unternehmers mit Abenteurergeist

Die Persönlichkeit erfolgreicher Unternehmer unterscheidet sich von der anderer Menschen. Da wird oft von der «Unternehmerpersönlichkeit» gesprochen. Doch das suggeriert, dass du diese Persönlichkeit entweder schon hast – oder eben nicht. Ich finde es sinnvoller, vom «unternehmerischen Denken» zu reden, das langsam und während der gesamten Entwicklung eines Menschen reift und sich aus verschiedenen Merkmalen zusammensetzt.

Aufgrund meiner Erfahrungen und meines Kontaktes zu einigen der weltweit erfolgreichsten Unternehmer konnte ich feststellen, dass dieselben Eigenschaften, die Christoph Kolumbus in die Lage versetzten, Amerika zu erreichen, auch geeignet sind, um florierende Unternehmen zu gründen. Und diese Eigenschaften sind keineswegs so schwer auszumachen oder so unnachahmlich, wie es den Anschein haben mag. Im Gegenteil: Mit ein bisschen Konzentration und Entschlossenheit kann jeder sie erlernen.

Aristoteles schreibt in seiner *Politik*: «Was einen guten Mann von einem unter vielen unterscheidet, ist die Tatsache, dass in ihm die Eigenschaften vereint sind, die man ansonsten nur vereinzelt trifft.» Jeder Mensch ist auf einem Gebiet beispielhaft; eine herausragende Persönlichkeit vereinigt die beispielhaften Eigenschaften vieler anderer in sich.

Wenn du dir die sieben Eigenschaften eines Unternehmers mit Pioniergeist vergegenwärtigst, wirst du feststellen, dass du bereits über einige von ihnen verfügst. Vielleicht stellst du fest, dass bei einem deiner Bekannten eine dieser Eigenschaften besonders ausgeprägt ist. Doch wie schon Aristoteles sagte: Solange du nur ein oder zwei dieser Eigenschaften aufweist, bleibst du eine oder einer unter vielen. Wer aber alle sieben Eigenschaften in sich vereint, besitzt den wahren unternehmerischen Pioniergeist und wird in der Lage sein, Außergewöhnliches zu leisten.

3 Mut

Das Einzige, was wir zu fürchten haben, ist die Angst.
Franklin D. Roosevelt (1882–1945),
32. Präsident der Vereinigten Staaten

Mut ist eine Kombination aus Entschlossenheit, Beharrlichkeit und Willenskraft. Es ist die Eigenschaft, die es uns ermöglicht, Gefahren, Ängsten und anderen Herausforderungen mit Entschlusskraft und Selbstbeherrschung zu begegnen. Mut ist ein Sieg unseres rationalen Denkens über unsere irrationalen Gefühle. Meist werden wir nicht durch eine akute Bedrohung am Handeln gehindert, sondern durch unsere Angst, die als emotionale Antwort auf diese Bedrohung entsteht. Angst ist das größte Hindernis auf dem Weg zum Erfolg. Mut zu haben heißt, seine Ängste mit Hilfe rationaler Überlegungen zu überwinden.

Edward Whymper, einer der berühmtesten Bergsteiger der Welt, wusste, dass Angst durch mentale Kraft überwunden werden kann. Dem englischen Abenteurer gelang es 1865 als Erstem, das Matterhorn zu besteigen. Dass der Berg bis zu diesem Zeitpunkt noch nicht bezwungen war, führte Whymper weniger auf die tatsächlichen Schwierigkeiten als auf die gewaltige Erscheinung des Berges zurück. Der Berg erschien so mächtig, Furcht erregend und unbezwingbar, dass viele Legenden um ihn entstanden waren. «Die Einheimischen erzählten», so Whymper, «von einer verfallenen Stadt auf dem Gipfel des Berges, in der die Geister wohnen ... und sie warnten mich vor einer zu raschen Annäherung, damit mich die aufgebrachten Geister nicht aus Rache in die Tiefe stürzen.»

Natürlich war es eine körperliche Herausforderung, den Berg zu bezwingen, doch das größte Hindernis für die Bergsteiger war ihre Angst. Whymper begegnete dieser Angst rational. Sechs Versuche, den Berg zu bezwingen, scheiterten – in erster Linie, weil seine Begleiter der Angst nicht standhalten konnten. Schließlich jedoch führten seine Zielstrebigkeit und Beharrlichkeit zum Erfolg: Nach fünf Jahren gelang ihm der Aufstieg zum Gipfel.

Die Angst vor dem Scheitern ist der Grund, warum sich nur wenige Menschen auf ein Abenteuer als Unternehmer einlassen. Es sind nicht die Herausforderungen selbst, die sie zurückschrecken lassen; es ist die Angst vor den Herausforderungen. Die Schweizer Dorfbewohner und potenzielle Unternehmer sind also Opfer derselben Angst.

Abenteurer und Unternehmer kennen zwei Formen von Angst:

die antizipatorische Angst – das ist die Angst vor dem Scheitern – und die substanzielle Angst – also die Angst, etwas Greifbares zu verlieren (für den Abenteurer sein Leben, für den Unternehmer sein Geld).

Die antizipatorische Angst. Jeder Mensch hat Angst vor den mentalen Folgen des Versagens. Er fürchtet sich vor der Meinung, die er in diesem Fall von sich selbst hat. Denn Scheitern und Fehler sind für uns negativ besetzt. Um negative Empfindungen zu vermeiden, gehen wir Situationen aus dem Weg, die die Möglichkeit des Versagens beinhalten. Der einfachste Weg, dieses Risiko auszuschalten, ist es, passiv zu bleiben.

Scheitern ist aber ein wesentlicher Bestandteil des unternehmerischen Reifeprozesses. Jedes Wagnis – und darin stimmen Unternehmer und Abenteurer überein – bedingt in gewissem Maße auch das Scheitern.

In einer Rede vor dem World Economic Forum an der Stanford-Universität sagte Andy Grove, der Gründer von Intel: «Man kann kein Unternehmen gründen, ohne immer wieder Fehler zu machen.» Seine Worte blieben bei mir haften, und jedes Mal, wenn mir etwas misslang, musste ich an sie denken. Ich habe es gelernt, keine Angst mehr davor zu haben, Fehler zu machen. Stattdessen empfinde ich sie als unmissverständliche Zeichen für meinen Fortschritt.

Aus Angst vor dem Spott von Freunden und Familie trauen sich potenzielle Unternehmer oft nicht, ihre Ideen umzusetzen. Die Angst vor Ablehnung durch andere lähmt unsere Aktivität; aber wer auf den Zuspruch anderer hofft, muss wahrscheinlich lange warten. Denn wenn eine Geschäftsidee wirklich innovativ ist, werden andere naturgemäß Probleme haben, sie zu verstehen. Der amerikanische Philosoph Ralph Waldo Emerson stellte die Frage: «Ist es also wirklich so schlecht, missverstanden zu werden? Pythagoras wurde missverstanden, Sokrates, Kopernikus, Galileo und Newton, und ebenso jeder andere Fleisch gewordene scharfsinnige Geist.» Emerson war ein Verfechter einer eigenständigen, unabhängigen Persönlichkeit und betonte immer wieder, wie notwendig Mut im Angesicht von Widerspruch ist.

Du kannst deinen Mut stärken, indem du dich auf deine Erfolge konzentrierst statt auf deine Fehler. Lass dich durch deine Angst nicht von deinem Projekt abbringen. Allein deshalb zu scheitern, weil man den Versuch nicht wagt, ergibt keinen Sinn. Nur wer handelt, weiß, ob etwas funktioniert. Der erfolgreiche Autor Roger von Oech sagt dazu in seinem Buch *Aus der Routine ausbrechen*: «Es ist wichtig, zwischen solchen Fehlern zu unterscheiden, die sich infolge einer Handlung ergeben, und solchen, die durch eine Unterlassung zustande kommen. Für den Fall, dass Sie nur selten Fehler machen, sollten Sie sich die Frage stellen: ‹Wie viele Gelegenheiten habe ich schon verpasst, weil ich nicht aggressiv genug bin?›» Fehler, die im Rahmen einer Handlung begangen werden, sind immer wünschenswerter als Fehler, die durch Unterlassungen entstehen.

Wer noch nie einen Tennisschläger in der Hand hatte, wird auch kein Match gewinnen. Edward Whymper konnte die Erfahrungen nutzen, die er im Laufe seiner sechs gescheiterten Versuche gesammelt hatte, um den siebten erfolgreich abzuschließen. Ebenso Andy Grove – er machte zahlreiche Fehler auf dem Weg, Intel zum führenden Hersteller von Computerchips zu machen. Wer den Versuch nicht wagt, hat gar keine Chance, aus seinen Fehlern zu lernen und es noch einmal zu versuchen. Sich für seine Fehler zu schämen zahlt sich nicht aus. Es gilt, Fehler als einen Zugewinn an Erfahrung zu verbuchen, als eine Lektion, die das unternehmerische Denken schärft.

Die Angst zu scheitern ist der vorrangige Grund, seine Aktivitäten einzustellen. Mut ist die Fähigkeit, die Angst im Keim zu ersticken und mit Selbstvertrauen zu agieren. Wer weiß, dass der eine oder andere Rückschlag ganz selbstverständlich zur Expedition auf das persönliche Matterhorn gehört, kann sich voller Mut und Selbstvertrauen ins Abenteuer Unternehmen wagen.

Substanzielle Angst. Auf ihrem Weg zum Nordpol erlitten Peary und seine Gruppe entsetzliche Qualen, denn es herrschten brutale arktische Winde und Temperaturen unter minus 50 Grad. Ihre Hände ließen sich nicht mehr bewegen und schmerzten so heftig, dass die Abenteurer nicht mehr schlafen konnten. Peary stellte fest, dass warme Kleidung nicht der beste Schutz gegen die Kälte war: «Nur ein Mensch mit einem unverrückbaren Ziel vor Augen ist in der Lage, diese

Kälte zu ertragen.» Es war sein Mut, der Peary die Kraft gab, angesichts substanzieller Ängste den nördlichsten Punkt der Erde zu erreichen.

Der Mut eines Entdeckers zeigt sich in seiner Tapferkeit angesichts einer direkten Bedrohung seiner persönlichen Unversehrtheit. Der Mut eines Unternehmers zeigt sich in der Bereitschaft, materielle Werte, zumeist Geld, zu riskieren. Maria Barraza investierte ihre gesamten privaten Ersparnisse, um damit die Barraza Associated Ltd. zu gründen und unter ihrem Namen eine Modekollektion zu vermarkten. Sie ließ sich auch durch einen möglichen finanziellen Ruin nicht von ihrem Vorhaben abbringen, und dieser Mut sollte sich auszahlen. Während des ersten Geschäftsjahres erwirtschaftete sie einen Umsatz von 100 000 Dollar – mehr als das Doppelte ihres Startkapitals. Einige Jahre später war ihr Jahresumsatz auf zwei Millionen Dollar angestiegen.

Wer als Unternehmer erfolgreich sein will, muss seine substanziellen Ängste überwinden. Die Bereitschaft, einen gewissen Teil des eigenen Vermögens aufs Spiel zu setzen, ist eine wesentliche Voraussetzung, wenn das Risiko dabei auch so gering wie möglich gehalten werden sollte. Ein Unternehmen ist die Kombination aus Wagnis und der Belohnung für dieses Wagnis, und es ist dann erfolgreich, wenn sich das gewünschte Verhältnis zwischen beiden einstellt.

Mein Lieblingskinderbuch ist *There is a Nightmare in My Closet* von Maurice Sendak. Die Geschichte handelt von einem kleinen Jungen, der Angst vor dem Einschlafen hat, weil er glaubt, dass ein schreckliches Gespenst in seinem Wandschrank lebt. Eines Nachts reicht es ihm. Er nimmt seine Spielzeugpistole, öffnet den Wandschrank und zerrt das Gespenst in sein Zimmer. Als er das Licht einschaltet, merkt er, wie dumm und grundlos seine Angst gewesen war. Das Gespenst ist nämlich gar nicht Furcht einflößend, sondern richtig nett. Die beiden werden zu echten Freunden. Das Gespenst kriecht zu dem Jungen ins Bett, und sie feiern eine Schlummerparty.

Der Junge überwindet seine Angst, indem er das Gespenst aus dem Schrank holt und in sein Zimmer zieht, wo er es sehen kann. Erst als er mit der Ursache seiner Ängste konfrontiert wird und diese kühl untersuchen kann, fürchtet er sich nicht mehr. Ein typisches Beispiel dafür, dass rationales Denken und Handeln über unsere Ängste siegen kann.

Angst ist eine irrationale und emotionale Reaktion auf Dinge, die wir nicht verstehen. Wir alle kennen solche Ängste, aber nie machen wir uns die Mühe, sie genau zu betrachten und in ihre Bestandteile zu zerlegen. Sie gleichen dem Gespenst. In unseren Köpfen sind sie übergroß, bedrohlich und kaum greifbar. In der Realität jedoch bestehen diese Ängste aus einer Vielzahl simpler Befürchtungen.

Du musst das Gespenst aus deinem Schrank holen und ihm direkt in die Augen sehen, und deine Angst vor der Selbständigkeit wird sich rasch als Kombination unterschiedlicher einzelner Befürchtungen herausstellen. Vielleicht hast du Angst davor, einen Teil deiner Ersparnisse zu verlieren, deinen festen Arbeitsplatz mit einem sicheren Gehalt aufs Spiel zu setzen, oder du fürchtest dich vor dem Spott deiner Freunde, die über deine Geschäftsidee lachen könnten.

Finde heraus, aus welchen Bestandteilen deine Angst sich zusammensetzt. Untersuche jeden einzelnen dieser Bestandteile rational, und du wirst feststellen, dass viele von ihnen unbegründet sind. Wenn du zum Beispiel Angst davor hast, einen Teil deiner Ersparnisse zu verlieren, musst du die Risiken realistisch einschätzen. Wenn du Probleme damit hast, deinen Job aufzugeben, um dich selbständig zu machen, bewerte die Vor- und Nachteile deiner abhängigen Arbeit und des Lebens als freier Unternehmer.

Ein klares, logisches und feinfühliges Denken bietet den

besten Schutz vor Ängsten. Wer den Mut hat, sich seiner Angst zu stellen, hat schon viel erreicht; denn in der Welt der Unternehmen ist die Angst das einzig wirkliche Hindernis. Wenn du dir die Zeit nimmst, um deine Angst zu analysieren, wirst du feststellen, dass es nichts gibt, wovor du Angst haben müsstest.

Hole die Angst aus ihrem Versteck und stelle dich ihr.

4 Optimismus

Was wäre, wenn es einen dritten Antrieb – den Optimismus oder den Pessimismus – gäbe, der die gleiche Bedeutung hätte wie das Talent oder das Verlangen?
Martin E. P. Seligman, Psychologe und Autor

Ein Optimist ist ein Mensch, der ein Restaurant betritt und plant, mit der Perle zu bezahlen, die er in seiner Auster finden wird. Jeder von uns kennt solche Witze über Optimisten. Sie sind amüsant, aber im Gegensatz zu anderen Witzen zeichnen sie meist ein getreues Bild der Wirklichkeit, denn in unserer komplexen modernen Gesellschaft wirken Optimisten tatsächlich oft lächerlich und irgendwie fehl am Platze.

Optimismus contra Pessimismus

Alle Menschen haben ein besonderes Objektiv – das Gehirn –, um die Welt wahrzunehmen, und jeder benutzt es ein wenig anders. Die Optimisten richten es auf Blumen, Bäume und die Schönheit, die uns umgibt. Andere konzentrieren sich lieber auf Schwermut und Trauer. Trotz seiner Leichtigkeit und scheinbaren Naivität sollten wir den Optimismus ernst nehmen, denn Optimismus steigert unsere Leistungsfähigkeit.

Joseph Mancuso behauptet in seinem Buch *Mid-Career Entrepreneur*, dass man einen Unternehmer daran erkennen könne, wie er seinen Wagen startet. Der Unternehmertyp steigt in sein Auto, lässt den Motor an und fährt los. Erst während der Fahrt passt er den Sicherheitsgurt und den Sitz seiner Größe an und stellt das Radio, den Spiegel und die Lüftung ein. Alle anderen, die Mancuso als «Gehaltsempfänger» bezeichnet, nehmen diese Einstellungen vor dem Start vor.

Besonders aufschlussreich sei es jedoch, wenn ein «Unternehmer» als Beifahrer in einem Auto sitze. Wenn der «Gehaltsempfänger» damit beginnt, es sich bequem zu machen und alle Einstellungen vorzunehmen, wird der Unternehmertypus ungeduldig und sagt: «Mein Gott, nun fahr doch endlich los!»

Unternehmer sorgen sich nicht um Probleme, die sich eventuell während der Fahrt ergeben. Sie wollen vorankommen, darum setzen sie sich in ihr Auto und fahren sofort los. Erfolgreiche Unternehmer sind Optimisten. Sie erwarten das optimale Ergebnis, und sie versuchen, aus jeder Situation das Beste zu machen.

Ein Schuhhändler sandte seine Söhne in ein fernes Land, um dort den Markt zu erkunden. Der erste Sohn schrieb: «Die Menschen hier tragen keine Schuhe. Dieser Markt gibt nichts her, ich komme wieder heim.» Der zweite Sohn schrieb: «Dad, die Menschen hier tragen keine Schuhe. Eine solche Gelegenheit hat es noch nie gegeben. Schick mir eine ganze Schiffsladung Schuhe!» Die Voraussetzung für beide Söhne war gleich. Der eine interpretierte die Situation negativ, der andere sah nur die positive Seite.

Fortgeschrittene Unternehmer bemühen sich um eine optimistische Grundstimmung. So vermeiden sie negative Einflüsse, die ihren Elan bremsen könnten. Carol Bieber und Marc Ham gründeten 1982 Flapdoodles Inc. in Newark. Das Unternehmen stellt Kindermoden her. Vor ihrem Schritt in die Selbständigkeit war Carol Bieber Lehrerin gewesen und Marc Ham Filialleiter in einem Modehaus. Beide besaßen kaum unternehmerische Erfahrung, als sie ihre eigene Kindermodenfirma gründeten. Das Wagnis war groß, zumal sie ja von Anfang an der Konkurrenz der großen, auf dem Markt fest etablierten Marken ausgesetzt waren.

Das neue Unternehmen zeichnete sich dadurch aus, dass es ausschließlich aus Baumwolle gefertigte Kinderkleidung verkaufte. In den Medien wurde vor allem die hervorragend aufeinander abgestimmte und flexible Produktpalette des Unternehmens hervorgehoben. Ich meine, dass die Gründer sich durch eine weitere herausragende Eigenschaft auszeichneten: ihren Optimismus. Die negativen Aspekte und Risiken des Geschäfts, wie ihre mangelnde Erfahrung, die unzureichenden Produktionseinrichtungen und das fehlende Vertriebssystem, waren kaum zu übersehen. Hinzu kam der harte Wettbewerb in der Branche. Doch Marc Ham und Carol Bieber konzentrierten sich auf die positiven Aspekte. Zehn Jahre später konnte Flapdoodles eine 20 000 m^2 große Halle vorweisen, und der Umsatz überschritt die 20-Millionen-Dollar-Grenze.

Thor Heyerdahl war davon überzeugt, dass Polynesien ursprünglich von Südamerikanern bevölkert wurde, und nicht von Asiaten, wie die meisten Anthropologen behaupteten. Er wollte das beweisen, indem er die Migration der damaligen Südamerikaner praktisch nachvollzog. Er baute ein einfaches Floß und gab ihm den Namen Kon-Tiki. 1947 stach er von der peruanischen Küste aus in See mit dem Plan, sich von den Strömungen des Pazifiks nach Polynesien treiben zu lassen.

Viele empfanden Heyerdahls Versuch als selbstmörderisch und zweifelten an seiner Zurechnungsfähigkeit. Das Floß aus Balsaholz schien den Wellen des Pazifiks in keiner Weise gewachsen zu sein. Es wirkte zerbrechlich, und die vielen porösen Stellen, so schien es, würden das Floß binnen kürzester Zeit sinken lassen. Nichts außer ihren Bambushüten schützte die Mannschaft der Kon-Tiki vor Wind und Wetter. Die Seile sahen so aus, als würden sie binnen kürzester Zeit an dem Holz aufgerieben werden, das sie zusammenhalten sollte. Und selbst für den Fall, dass die Kon-Tiki nicht sinken würde, war es undenkbar, dass das Floß in der schweren See des Pazifischen Ozeans navigationsfähig bliebe.

Thor Heyerdahls Optimismus jedoch blieb ungetrübt. Er stach in See und verwarf die unzähligen Stimmen der Zweifler. 101 Tage und 4300 Meilen später ging die gesamte Besatzung der Kon-Tiki gesund und wohlbehalten auf einer kleinen polynesischen Insel an Land. Heyerdahl war sich der Risiken seiner Reise durchaus bewusst, und ich nehme an, dass auch er ein wenig Angst davor hatte, während dieser abenteuerlichen Fahrt sein Leben zu verlieren. Doch er hatte sich entschieden, nur auf die positiven Aspekte seiner Expedition zu sehen; er ließ negative Gedanken, die ihn von seinem Vorhaben hätten abbringen können, nicht zu.

Auch wenn Thor Heyerdahl sich bemühte, nur die positiven Seiten seines ehrgeizigen Projekts zu sehen, so ist es häufig noch besser, wenn einem die negativen Folgen gar nicht bewusst sind. Livingstone zum Beispiel war so sehr mit seiner Aufgabe beschäftigt, dass er keinen Gedanken an die widrigen und gefährlichen Bedingungen verschwendete, die ihn im Urwald umgaben. Einmal watete er im Uferbereich eines Flusses durch das Wasser, um Material für ein Floß zu suchen. «Ich habe viele Stunden im Wasser gearbeitet», erinnerte er sich, «denn ich war mir der unzähligen Alligatoren im Zouga nicht bewusst, und ich denke voller Dankbarkeit daran zurück, dass ich ihren hungrigen Mäulern während dieser Arbeit nicht zum Opfer gefallen bin.»

Ich will natürlich niemanden dazu ermuntern, durch von Alligatoren wimmelnde Gewässer zu waten. Doch die Lehre aus dieser Geschichte ist durchaus hilfreich, wenn du planst, dich als Unternehmer selbständig zu machen: Verschwende keine Energie darauf, dir im Vorfeld Gedanken darüber zu machen, welche Probleme sich ergeben könnten. Probleme musst du lösen, wenn sie auftreten. Verwende deine Energie besser darauf, deine Selbständigkeit so angenehm und erfolgreich wie möglich zu gestalten.

Jede Situation, im Privaten wie im Geschäftsleben, hat positive und negative Aspekte. Ein Eis am Stiel zu essen hat Vor- und Nachteile, ebenso wie das Radfahren, das Heiraten oder der Umzug in eine andere Stadt. Du kannst dich auf die schlechten oder die guten Aspekte konzentrieren – es ist deine Entscheidung.

Ein Beispiel: Um Arbeiter vor der starken Sonneneinstrahlung im Mittleren Osten zu schützen, hat die saudi-arabische Regierung eine große Menge Sonnenbrillen bei zwei mittelständischen Sonnenbrillenherstellern in Phoenix bestellt: zum einen bei Four Eyes Inc., zum anderen bei FrameCo. Beide Unternehmen erhielten den gleichen Auftrag über zehntausend Sonnenbrillen mit schwarzem Gestell und entspiegelten Gläsern.

Lisa Light, Firmengründerin und Geschäftsführerin von Four Eyes, ist hocherfreut. Sie macht sich eilig auf den Weg nach Hause und erzählt ihrem Mann die Neuigkeit: «Das ist der größte Auftrag, den Four Eyes jemals erhalten hat! Dieser Auftrag allein verspricht einen Gewinn von 40 000 Dollar, und ein Geschäft mit der saudi-arabischen Regierung erhöht unser internationales Ansehen um ein Vielfaches. Es kann der Beginn einer echten Erfolgsgeschichte werden! Vielleicht folgen der Iran und Libyen mit Aufträgen.» Für Elizabeth und ihren Mann Anlass genug, eine Flasche Champagner zu öffnen und zu feiern.

Ray Ban, Eigentümer von FrameCo, sieht das Geschäft aus

einer anderen Perspektive: «Das heißt, dass es in den nächsten Monaten nur noch Sechzehn-Stunden-Tage gibt. Ich werde mir keine Pause erlauben können, und ich werde keine Zeit mehr zum Ausspannen finden. Ich muss in weitere Maschinen investieren, um die größere Menge überhaupt herstellen zu können. Das wird meine finanziellen Reserven aufzehren, und ich möchte gar nicht daran denken, was es für einen Ärger gibt, wenn ich eine LKW-Ladung voller Sonnenbrillen von Phoenix nach Riad transportieren lasse.» Obwohl sich für Ray Ban ein unglaublich gutes Geschäft abzeichnet, kann er an nichts anderes als an die Unbequemlichkeiten denken, die es nach sich zieht.

Die Situation für Lisa Light und Ray Ban ist dieselbe, doch sie schätzen sie völlig unterschiedlich ein. Langfristig wird Four Eyes Inc. wohl erfolgreicher als FrameCo operieren. Doch viel mehr wiegt, dass Lisa Light Spaß an ihrer Arbeit und den damit verbundenen Herausforderungen hat, während Ray Ban darunter leidet.

Wie wird man Optimist?

Träume vom Erfolg. Solltest du einmal wirklich schwarz sehen, so kannst du deinen Optimismus wiedererlangen, indem du dir deinen Erfolg in den schönsten Farben ausmalst. Zieh dich jeden Tag für einige Minuten zurück, um dich mental zu stärken. Entspanne dich auf der Couch, oder lege dich auf dein Bett, schließe die Augen und lasse deiner Phantasie freien Lauf. Sieh dich selbst, wie du einen großen Auftrag entgegennimmst, hohe Summen in Rechnung stellst oder einen lukrativen Verkauf tätigst. Stell dir vor, wie du lachst und dich wohl fühlst. Stell dir vor, wie deine Familie und deine Freunde reagieren, wenn sie die gute Nachricht vernehmen. Stell dir vor, dass dir Gutes widerfährt, und du wirst lernen, nur den glücklichen Ausgang deines Abenteuers vorauszusetzen. Deine Träume werden so allmählich zur Wirklichkeit.

Treibe Sport. Ich habe herausgefunden, dass bestimmte Aktivitäten meinen Optimismus stärken und eine positive Einstellung fördern. Für mich ist es angenehm, den Tag mit Joggen zu beginnen. Es muss kein Marathon sein – eine kleine Runde genügt, um den Kreislauf in Schwung zu bringen und Sauerstoff in die Lungen zu transportieren. Sportliche Aktivitäten wie Laufen, Radfahren, Schwimmen und Wandern, die ein wenig eintönig erscheinen, können zudem sehr meditativ sein und eine psychotherapeutische Wirkung entfalten. Sportliche Aktivitäten setzen bestimmte biochemische Stoffe im Gehirn frei, die ein positives Denken fördern und auf natürliche Weise Glücksgefühle erzeugen.

Höre Musik. Freundliche und optimistische Musik kann helfen, die Stimmung zu verändern. Manchmal setze ich mich in mein Auto, fahre ein kurzes Stück in die Wüste, suche einen einsamen Ort und genieße den schönen Ausblick. Dann lege ich eine CD ein und entspanne …

Musik verfügt über die besondere, nahezu magische Eigenschaft, die Stimmung eines Menschen zu verändern – und optimistische Musik kann die Stimmung eines Menschen positiv beeinflussen.

Konzentriere dich auf die Fakten. Seinen negativen Gedanken systematisch den Boden zu entziehen ist der vielleicht pragmatischste Weg, zu einem optimistischeren Menschen zu werden. Das positive Denken reicht für viele Menschen nicht aus, um ihr Ziel zu erreichen. Der Psychologe Martin E. P. Seligman führt in seinem Buch *Pessimisten küsst man nicht* aus:

«Das ausschließliche Wiederholen positiver Bekundungen sich selbst gegenüber verbessert die Stimmung nicht und führt keineswegs zu einer höheren Leistungsfähigkeit.» Anstatt sich selbst zu einem positiven Denken zu zwingen, ist es sinnvoller, negative Gedanken rational zu entkräften.

Für Ray Ban wäre es ein Leichtes, seine negativen Gedanken als unbegründet zu entlarven. Die Lektüre eines guten Zeitmanagementbuches (zum Beispiel *Der Weg zum Wesentlichen* von Stephen R. Covey) würde ihm vor Augen führen, dass es keine Rolle spielt, ob er 1000 oder 10000 Sonnenbrillen pro Monat herstellt. Der Anruf bei einem Schiffsmakler würde ihm zeigen, dass es nicht schwieriger ist, ein Produkt nach Saudi-Arabien transportieren zu lassen als in einen angrenzenden Staat. Wenn du deine negativen Gedanken genau untersuchst, wirst du in der Lage sein, deinen Pessimismus in Optimismus zu verwandeln.

Die Sichtweise bestimmt, wie wir mit einem Problem umgehen. Menschen, deren Sichtweise hauptsächlich positiv ist, verlagern ihre Probleme gewöhnlich nach außen. Menschen mit einer grundsätzlich pessimistischen Einstellung neigen dazu, ihre Probleme zu verinnerlichen – sie geben sich selbst die Schuld an ihrer misslichen Lage. «Der Optimist», so sagt Seligman, «glaubt, dass eine Niederlage nicht auf sein Verschulden zurückzuführen ist. Die Umstände, Pech oder andere Menschen haben dazu geführt. Optimisten sind Menschen, die sich durch Niederlagen nicht erschüttern lassen. Eine schwierige Situation ist für sie eine Herausforderung und lässt sie ihre Bemühungen nur noch weiter verstärken.»

Für den zufriedenen und erfolgreichen Selbständigen kündigt nicht jede Wolke ein Unwetter an. Regnet es tatsächlich, sucht er Schutz und preist die Kräfte der Natur. Der Pessimist duckt sich schon aus Angst vor einem möglichen Wolkenbruch und meidet das offene Feld, da ihn der Regen dort überraschen könnte. Beide sind auf der gleichen Reise, aber jeder sieht sie aus einer anderen Perspektive.

Konzentriere dich auf die schönen Blumen und nicht auf das Unkraut, das sie umgibt.

5 Flexibilität

Veränderung ist die Grundlage des Lebens schlechthin.
Anatole France (1844–1924),
französischer Romancier

Inflexibilität wird oft fälschlicherweise als Stärke interpretiert, dabei ist sie eine Schwäche. Starke Unternehmen und starke Unternehmer sind wie Weidenruten: Sie können sich im Sturm verbiegen, ohne dabei zu brechen. Im Dschungel des freien Unternehmertums, wo ständiger Wandel die Norm ist, werden nur diejenigen Unternehmer überleben und gedeihen, die gegebenenfalls bereit sind, sich Veränderungen anzupassen.

Flexibel zum Erfolg

Jim Johnson, der Gründer von Hi-Country Beef Jerkey, weiß nach zwanzig Geschäftsjahren, wie wertvoll es ist, flexibel zu agieren. Die Erfolgsgeschichte des Unternehmers aus Montana begann, als Jäger aus der Gegend ihn baten, ihr Fleisch in seinem Lebensmittelgeschäft zu räuchern und zu marinieren. Johnsons Dauerwurst schmeckte delikat und war bald überall in der Gegend bekannt. Innerhalb weniger Jahre vertrieb Johnson sein Produkt in alle angrenzenden US-Staaten und nach Kanada.

Zu Beginn war es die Qualität seines Produktes, die ihn als Unternehmer erfolgreich machte. Erst seine Flexibilität jedoch konnte ein solides Wachstum des Unternehmens sicherstellen. Durch seinen Standort in den Bergen von Montana war das Unternehmen den Widrigkeiten des dort vorherrschenden Wetters ausgesetzt. Schneefall bis in den Mai behinderte die Auslieferung an die Geschäfte in den angrenzenden Bundesstaaten und zog Umsatzeinbußen bis zu vierzig Prozent nach sich. Ein gleichzeitiger Anstieg der Exporte von Dauerwurstprodukten aus Südamerika verschärfte den Wettbewerb auf dem gesamten US-amerikanischen Markt.

Jim Johnson reagierte darauf und entwickelte sein Geschäft in eine andere Richtung weiter. Er erzählte mir: «Ich konzentrierte meine Anstrengungen auf den kleinstmöglichen, den lokalen Markt für mein Unternehmen.» Angesichts der Tatsache, dass das Geschäft als Dauerwurstlieferant immer schwieriger werden würde, eröffnete er ein neues Einzelhandelsgeschäft in der Nähe des Firmensitzes. In diesem Geschäft, einem renovierten Museum, ausgestattet mit kunsthandwerklichen Exponaten aus der Umgebung sowie einer Menge Jagdtrophäen, bietet Jim Johnson Produkte von mehr als dreihundert Herstellern aus ganz Montana an. Die meisten sind Kleinunternehmer, die ansonsten keine Möglichkeit hätten, ihre Produkte einer größeren Zahl von Kunden zu präsentieren. Die Kunden finden in diesem Geschäft alles vom Kunsthandwerk über handgefertigte Messer bis hin zu einheimischen Lebensmittelspezialitäten – und natürlich liegt in den Regalen auch Johnsons delikate Dauerwurst.

Als ich Jim Johnson fragte, wie diese Umorientierung seiner Meinung nach sein Geschäft beeinflussen werde, antwortete er: «Nicht nur die Umsätze werden im Laufe eines Jahres um das Dreifache steigen; ich erwarte, dass auch der Gewinn sich verdreifacht.» Trotz der Konkurrenz aus Südamerika und der andauernden Umsatzschwankungen aufgrund des Wetters in den

Rocky Mountains konnte Jim Johnson sein Geschäft über zwei Jahrzehnte erfolgreich führen. Der Grund: Er ist flexibel geblieben.

Das Leben als selbständiger Unternehmer ist kaum vorhersehbar. Wenn du Geld verdienen und Spaß an deinem Geschäft haben willst, wirst du dich oft abseits der ausgetretenen Pfade bewegen müssen. Der Weg Jim Johnsons vom Lieferanten zum Einzelhändler ist in diesem Zusammenhang nichts Ungewöhnliches. Die Selbständigkeit wird dich unaufhaltsam vor Herausforderungen stellen, und du wirst dich regelmäßig Wandlungsprozessen unterziehen müssen, um überleben und florieren zu können. Sei nicht überrascht, wenn du damit beginnst, Waffeln zu verkaufen, und am Ende Unterwäsche herstellst.

Ardis Gant und Jack Ralph, Gesellschafter und Gründer der Law Enforcement Equipment Company, waren dank ihrer Flexibilität in der Lage, ein erfolgreiches Unternehmen aufzubauen. Das in Kansas City ansässige Unternehmen beliefert die Polizei und andere staatliche Einrichtungen mit Schusswaffen, kugelsicheren Westen, Handschellen, Martinshörnern und anderen Utensilien. In einem Interview mit der Zeitschrift *Entrepreneur* erzählte Ardis Gant von der Anfrage eines Kunden: «Eines Abends rief die Nebraska Highway Patrol gegen zweiundzwanzig Uhr an und sagte uns: ‹Wir benötigen dringend eure gesamten Tränengasvorräte.›» Da Gant und Ralph wussten, welchen Wert Flexibilität in ihrem Geschäft hat, packten sie noch in der Nacht einen PKW und trafen sich um drei Uhr morgens mit ihren Auftraggebern in Omaha. Es hätte nicht ausgereicht, am nächsten Morgen in aller Frühe einen Lieferwagen auf den Weg zu schicken. Der Auftrag des Kunden war ohne Zweifel dringend, und so wurde er sofort – sogar mitten in der Nacht – abgewickelt.

Tom Novotny und Todd Revesz, Miteigentümer des Planet Cafés in Chicago, reagieren nicht nur auf Veränderungen, sie fördern sie sogar. Als sie die Verspätungen ihrer Mitarbeiter am frühen Morgen nicht in den Griff bekamen, hatten die beiden eine großartige Idee: Sie erlaubten allen Mitarbeitern, in ihren Schlafanzügen zur Arbeit zu erscheinen! Die Kunden waren vom verschlafenen und zerknitterten Look der Mitarbeiter derart begeistert, dass sie nun auch ihrerseits mit Schlafanzügen bekleidet in das Café gingen. Ihre offene und entspannte Einstellung hat den beiden Eigentümern des Planet Cafés das unternehmerische Abenteuer ihres Lebens beschert. Offen für Veränderungen, blieb ihr Geschäft immer in der Gewinnzone, und ihre unkonventionelle Idee wurde überall in den Vereinigten Staaten bekannt.

Ist ein Entdecker flexibel, so gelangt er auch angesichts unerwarteter und ungewollter Veränderungen an das Ziel seiner Reise. Im Geschäftsleben gibt es zwei Formen von Flexibilität: geplante und reaktive. Ardis Gant und Jack Ralph sind ein Beispiel für *geplante Flexibilität.* Es war geplant, dass sie alles erdenklich Mögliche versuchen würden, um den Wünschen ihrer Kunden gerecht werden zu können. Veränderungen, die unter Zwang zustande kommen, sind eher eine Form *reaktiver Flexibilität.* Um den größer werdenden Wettbewerb im Geschäft mit der Dauerwurst auffangen zu können, war Jim Johnson gezwungen, sein Geschäft auch in eine andere Richtung weiterzuentwickeln.

Wer unflexibel ist, scheitert

Wer unflexibel agiert, dem entgehen gute Geschäfte. In Frankreich zum Beispiel habe ich Geschäftsleute getroffen, die nicht einmal mit dem Wort unflexibel treffend zu charakterisieren wären. Es war an einem Abend in Paris, und wir schlenderten die Seine entlang. Da uns nicht nach einem Essen mit mehreren Gängen zumute war, gingen wir in eine Patisserie, um eine Kleinigkeit mit auf den Weg zu nehmen. Es war fünf Minuten nach sechs, und um 18 Uhr, so war zu lesen, schloss das Geschäft. Von außen konnte ich beobachten, wie eine beleibte Frau die Theke reinigte, und ich sah, dass die Auslage noch recht voll war. Ich wusste, dass französische Bäcker keine Konservierungsstoffe benutzen und die unverkauften Backwaren am Ende des Tages entsorgen. So war ich mir sicher, dass die Verkäuferin sich freuen würde, uns noch Gebäck verkaufen zu können, bevor sie das Geschäft endgültig schloss. Doch als ich die Patisserie betrat, schob sie sich hinter der Theke hervor, fuchtelte drohend mit dem Nudelholz herum und fauchte: «Vouz ne pouvez pas lire le panneau? Le magasin est fermé!» («Können Sie das Schild nicht lesen? Der Laden ist geschlossen!»)

Da ich eine Konfrontation mit einer wütenden französischen Verkäuferin, zudem mit einem Nudelholz bewaffnet, vermeiden wollte, ergriff ich die Flucht. Ich war fassungslos! Nur fünf Minuten nach Ladenschluss, die Tür war geöffnet, zahlreiche Backwaren lagen noch in der Theke – und ich wurde aus dem Laden gejagt! Es wäre ein einfaches Geschäft gewesen, und ich hätte wahrscheinlich noch mehrmals in der Bäckerei etwas gekauft, da mein Hotel sich ganz in der Nähe befand. Ein solcher Mangel an Flexibilität war mir bis zu diesem Zeitpunkt noch nicht begegnet.

Einige Monate später verließ ich nach einer langen Sitzung zusammen mit einigen Freunden unser Hotel in Chicago, und wir machten uns auf die Suche nach einem Restaurant. Da wir alle sehr hungrig waren, gingen wir in das erste Restaurant, das wir fanden. Es war eine ziemlich teure Trattoria. Als der Besitzer des Restaurants aus der Küche hervorkam, dachte ich, es müsse eine willkommene Abwechslung und ein wahres Glück für ihn sein, wenn an einem verregneten und verschlafenen Mittwochabend zehn hungrige Mäuler in sein Restaurant einfielen. Doch das erwies sich als Irrtum. Er schaute uns an und gab uns zu verstehen: «Die Küche ist geschlossen, hier gibt es heute kein Essen mehr», und drehte sich um. Wir verließen das Restaurant verwundert, denn dem Restaurantbesitzer war ein Geschäft im Wert von mehreren hundert Dollar entgangen.

Verglichen mit einem gewissen Maß an Flexibilität sind viele Qualitäten eines Unternehmers zweitrangig. Durchsetzungsvermögen, Mut und Zielstrebigkeit sind wesentliche Eigenschaften, die in jedem Beruf zum Erfolg führen. Doch die Arbeit als Unternehmer hat in diesem Zusammenhang eine Sonderstellung. Du darfst deinen Stärken nicht erlauben, deine Flexibilität zu lähmen. Nutze deine Flexibilität, um dich an die den Markt bestimmenden Veränderungen anzupassen. Nur so kannst du den Fortbestand und das Wachstum deines Unternehmens garantieren, und das selbst unter den widrigsten Bedingungen.

Nimm dir die Weidenrute, die sich dem Sturm flexibel anpasst, zum Vorbild und nicht die knorrige Eiche, die starr von der Kraft des Sturmes entwurzelt wird.

6 Selbstvertrauen

Wir sehen die Dinge nicht, wie sie sind, wir sehen sie so, wie wir sind.
Anaïs Nin (1903–1977), amerikanische Schriftstellerin

Thomas J. Watson Senior, der Gründer von IBM, hatte ein kaum nachvollziehbares Vertrauen in sein Unternehmen und in sich selbst. An einem Winterabend im Jahr 1924 kam Thomas J. Watson Sr. nach Hause und verkündete stolz, dass sein Unternehmen, die Computer-Tabulating-Recording Company, von nun ab unter dem Namen International Business Machines firmieren werde. Seine Familie staunte und wunderte sich und empfand seine Idee als ein wenig vermessen, denn International Business Machines war ein großspuriger Name für ein kleines Unternehmen, das Kaffeemühlen, Lebensmittelwaagen, Orientteppiche und einige wenige Registrierkassen in New York City vertrieb. Seine Familie glaubte, er werde sich mit dem Namen lächerlich machen. Sein Sohn resümiert in seinem Buch *Der Vater, der Sohn und die Firma*: «Ich dachte, dass mein Vater es als besonders genial empfand, Orientteppiche und Lebensmittelwaagen miteinander zu verbinden. Für mich war das furchtbar.» Das Geschäft war keineswegs international, und Büromaschinen machten nur einen sehr kleinen Teil des Umsatzes aus. Da Watson Senior aber eine genaue Vorstellung davon hatte, in welche Richtung sich sein Geschäft entwickeln sollte, und er über das notwendige Selbstvertrauen verfügte, war es ihm möglich, seine Vision in die Tat umzusetzen.

Wer sich erfolgreich auf das Abenteuer als Unternehmer einlässt, zeichnet sich durch ein besonderes Selbstvertrauen aus. Solche Unternehmer verfügen über einen absonderlichen Glauben an sich selbst und ihre Ideen und verlieren ihn nicht einmal dann, wenn ihre Visionen auf den Rest der Welt völlig unsinnig wirken. Dieser feste Glaube, das Selbstvertrauen, ist die Triebfeder des Erfolgs und die Kraft, die den Unternehmer und sein Abenteuer vorantreibt.

Ein unerschütterlicher Glaube in ihre Ideen und die Fähigkeit, Träume Wirklichkeit werden zu lassen, zeichnet erfolgreiche Unternehmer der Gegenwart ebenso aus wie die großen Entdecker der Geschichte. Als Livingstone sich entschied, die abgelegensten Regionen Afrikas zu erkunden, ignorierte er die allgemein anerkannten geographischen Erkenntnisse seiner Zeit. Die besten europäischen Geographen und Kartographen nahmen an, dass Zentralafrika eine einzige große Sandwüste sei und jeglicher Grundlage für menschliches Leben entbehre. Doch Livingstone, als mutiger Abenteurer, glaubte daran, dass Afrika gerade dort besonders fruchtbar sei. Er schrieb: «Ich bin und war der festen Überzeugung, dass der betreffende Teil des Kontinents ausreicht, um Tausende, ja Millionen von Menschen zu versorgen.» Er ließ sich in seinem Glauben an die Richtigkeit seiner Auffassung nicht erschüttern, und seine Entdeckungen stellten unter Beweis, dass die Theorien der Geographen fehlerhaft waren.

Es entsprach Livingstones Charakter, die Zweifel der anderen zu seiner eigenen Motivation zu nutzen und auf diese Weise seinen Glauben zu stärken. Wenn andere meinten, er würde sein Ziel nicht erreichen, oder wenn sie seine Fähigkeiten anzweifelten, so stärkte das sein Selbstvertrauen, statt es zu erschüttern.
 Während der ersten Reisen, die Livingstone unternahm, bezwei-

felten seine einheimischen Führer aufgrund seiner schmächtigen Erscheinung, dass er die anstrengende Reise durch den Urwald bewältigen könnte. Er schrieb: «Das brachte mein schottisches Hochlandblut zum Kochen, und ich forcierte das Tempo für mehrere Tage auf das Äußerste, bis ich hörte, dass sie voller Ehrfurcht von meinem Marschtempo sprachen.» Die Zweifel der Einheimischen entmutigten Livingstone nicht; sie waren ihm mentaler Antrieb und motivierende Kraft.

Auch Unternehmer zeichnen sich durch ein solches Selbstvertrauen aus. Steven Jobs und Steven Wozniak verfolgten beharrlich ihren Plan, ein Betriebssystem für Computer zu entwickeln, das sich durch leichte Handhabung und ausgeprägte Betriebssicherheit auszeichnet. Sie verwirklichten ihre Idee und gründeten Apple Computer, obwohl ihre damaligen Arbeitgeber Hewlett-Packard und Atari den Plan für abwegig hielten.

Ich kann dir versprechen, dass das Abenteuer Selbständigkeit dich an Orte führen wird, von denen du zuvor nicht einmal zu träumen gewagt hast. Egal, in welchem Bereich du dein Unternehmen ansiedelst, irgendwann wirst du einen Pfad durch das Dickicht des Urwalds schlagen und dich auf unbekanntes Terrain vorwagen. Peary beschrieb den Pioniergeist, von dem er und sein Team auf dem Weg zum Nordpol ergriffen waren, folgendermaßen: «Wir haben die befestigten Straßen dieser Welt nun hinter uns gelassen und werden, bis wir wieder zurückkehren, nichts sehen außer uns selbst.» Dein eigener abenteuerlicher Weg in die Selbständigkeit wird dich vom befestigten Weg herkömmlicher Beschäftigungsstrukturen abbringen und in den wilden Dschungel des Unternehmertums führen.

Die meisten Menschen, die dich umgeben, werden es vorziehen, auf befestigten Wegen zu bleiben. Wenn du willst, dass dein Geschäft überlebt und floriert, musst du über einen ausgeprägten Glauben an dich selbst, deine Ideen und dein wirtschaftliches Potenzial verfügen.

Stärke dein Selbstvertrauen

In ihrem Buch *The Confidence Quotient* geben Meryle Gellman und Diane Gage wieder, was Marcus Allen, ein berühmter Footballspieler, gesagt hat: «Du musst an dich selbst glauben. Eines Tages schaute ich in den Spiegel und sagte: ‹Hey, Junge, siehst du gut aus.› Ein Freund sagte daraufhin, ich sei eitel. Ich lachte und antwortete: ‹Wenn mir niemand sagt, dass ich gut aussehe, muss ich mir selbst Komplimente machen.› Doch ich glaube nicht, dass ich eitel bin, mein Ziel ist es, das Beste aus mir zu machen.» Marcus Allen glaubt an sich, und allen anderen steht es frei, sein Verhalten nach ihrer Einschätzung zu interpretieren. Er hat verstanden, dass die Vorstellung, die er von sich selbst hat, seine Leistungsfähigkeit beeinflusst.

Deine Selbsteinschätzung ist von besonderer Bedeutung, weil das Bild, das du von dir zeichnest, eine sich selbst erfüllende Prophezeiung ist. Wenn du Vertrauen in dich hast und daran glaubst, dass dir nur Gutes widerfahren wird, wirst du mit höherer Wahrscheinlichkeit ein glückliches, erfolgreiches Leben führen, als wenn du ständig an dir zweifelst und dich umgeben von Problemen wähnst.

Glücklicherweise ist Selbstvertrauen eine Eigenschaft, die der Mensch erlernen kann – und keine genetische Veranlagung. Einige Menschen verfügen über ein unglaubliches Selbstvertrauen, und zwar nicht, weil sie gewitzter oder attraktiver sind oder über mehr Erfahrungen verfügen als andere, sondern weil sie dieses Verhalten erlernt haben. Sehr häufig ist Selbstvertrauen das Ergebnis einer überzeugenden Erziehung durch die Eltern. Marcus Allen weiter: «Da ich mich immer auf die Liebe und die emotionale Unterstützung meiner Eltern verlassen konnte, habe ich nur sehr selten an mir gezweifelt. Sie haben mir vermittelt, dass es wichtig ist zu träumen und intensiv daran zu arbeiten, meine Träume zu verwirklichen.»

Diejenigen unter uns, die das Glück hatten, von ihren Eltern unterstützt und ermutigt zu werden, sind in einer günstigen Ausgangsposition. Danach leidet das Selbstbewusstsein häufig unter den Erfahrungen, die wir während der Schulzeit, in der Arbeitswelt und in unseren Beziehungen machen. Jeder aber hat die Möglichkeit, sein Selbstbewusstsein zu stärken. Das folgende Dreistufenmodell kann dir helfen, den Glauben an dich selbst zu fördern, damit du dir frei von Selbstzweifeln den Weg durch den Dschungel der Selbständigkeit bahnen kannst.

Finde die Gründe für deine Selbstzweifel. Deine Haltung dir selbst gegenüber ist schon während deiner frühen Jugend geprägt worden. Im Alter zwischen vier und fünf Jahren wurde die Grundlage für deine Persönlichkeit gelegt. Seit deiner Geburt prägen die Menschen in deiner Umgebung – Eltern, Geschwister, Gleichaltrige und Lehrer – durch die Art und Weise, wie sie mit dir interagieren, das Bild, das du selbst von dir hast.

Denke zurück an deine Kindheit, und führe dir vor Augen, wie deine Eltern und andere Menschen dich behandelt haben, die einen großen Einfluss auf dich hatten. Benenne die Menschen, deren Kommentare oder Kritik dein Selbstvertrauen nachhaltig erschüttert haben. Diese Aufgabe verlangt in hohem Maße die Bereitschaft, sich selber zu beobachten und zu analysieren. Sie hilft dir, deine Vorbehalte dir selbst gegenüber zu entkräften.

Ebenso können bestimmte Situationen und Erfahrungen dein Selbstvertrauen beeinflusst haben. Eine besonders schlechte Saison deiner Handballmannschaft oder auch ein unbarmherziger Geschichts-Leistungskurs können das Vertrauen in deine eigene Leistungsfähigkeit erschüttert haben. Ich möchte dich hier nicht auf eine Reise in das Innere deiner Psyche schicken. Doch solltest du herausfinden, welche Menschen und Erfahrungen zu einem Mangel an Selbstbewusstsein geführt haben, denn im nächsten Schritt geht es darum, diesen Mangel zu analysieren.

Analysiere und entkräfte deine Selbstzweifel. In den meisten Fällen sind Selbstzweifel ein diffuses und nicht genau definierbares Gefühl. Sie sind die Summe aller Kommentare, aller Kritik und aller Erfahrungen, die du im ersten Schritt erkannt hast. Wenn du diese Summe nicht in ihre Einzelteile zergliederst, wird die geballte Kraft deiner Selbstzweifel deinen Tatendrang hemmen und dich zur Handlungsunfähigkeit verdammen. Wenn du jedoch die verschiedenen Gründe für dein negatives Selbstbild ausgemacht hast, kannst du dich jedem dieser Gründe der Reihe nach zuwenden. Vielleicht kannst du sie auflisten und auf diese Weise jeden der negativen Einflüsse als eigenständiges Element erkennen.

Arbeite diese Liste nun systematisch ab und bewerte jeden Punkt. Denke logisch rational darüber nach. Indem du jeden einzelnen Einfluss untersuchst, wirst du erkennen, wie sinnlos deine Selbstzweifel sind. Dass deine Eltern dich wegen einer Fünf in Mathematik bestraft haben, mag eine der negativen Erfahrungen sein, die du aufgelistet hast. Du erinnerst dich daran, dass deine Eltern dich für eine Fünf in Mathe bestraft haben, obwohl du in allen anderen Fächern recht gute Noten erzielt hattest. Indem du dieses Ereignis isolierst und analysierst, bist du in der Lage, es logisch und rational zu bewerten: Du kannst stolz auf dich sein: Deine guten Leistungen wiegen einen Ausrutscher ohne Zweifel wieder auf.

Eine systematische Bewertung deiner früheren Erfahrungen und Beziehungen ermöglicht es dir, die Gründe für deine Selbstzweifel aufzudecken und zu entkräften. So gelingt es dir, Hemmnisse aus dem Weg zu räumen und Vertrauen in deine Fähigkeiten zu erlangen.

Erkenne die Kraft deiner Ideen. Wir erwarten viel zu häufig, dass andere unseren Ideen zustimmen. Unsere Selbsteinschätzung hängt stark davon ab, wie andere uns und unsere

Ideen bewerten. Sehr viele potenzielle Unternehmer haben ihre Selbständigkeit nie verwirklicht, weil Freunde, Familie und Wirtschaftsfachleute ihr Unternehmenskonzept kritisiert haben. Doch wichtig ist das, was *du* denkst, glaubst und dir vorstellst. Vertraue deinen Ideen, denn nur du kennst deine Potenziale.

Nur du kannst dein persönliches Glück verwirklichen. Wenn du unbeirrbar an deine Vision von der Selbständigkeit glaubst und unverrückbar an deiner Idealvorstellung von deinem Leben und deiner Zukunft festhältst, vergrößert sich die Chance, dass deine Träume Realität werden. Selbstvertrauen ist die Grundlage für unternehmerischen Erfolg. Das gilt nicht nur für die Startphase, sondern auch für den Arbeitsalltag als selbständiger Unternehmer. Kultiviere die Eigenschaften, die den Glauben an dich selbst stärken. Hege und pflege sie durch Selbstreflexion, und verstärke sie, indem du dich auf deine Erfolge konzentrierst.

Die erfolgreichsten Unternehmer der Gegenwart haben dort Schätze gefunden, wo niemand es für möglich gehalten hätte. Der Unternehmer als Abenteurer bestimmt den ungefähren Standort eines Schatzes und startet eine Expedition, um das Ziel zu erreichen. Ob der Schatz existiert, wirst du erst dann wissen, wenn du ihn tatsächlich gefunden hast. So muss während der Reise allein der Glaube an die Existenz des Schatzes als Motivation ausreichen, um weiterzukommen.

**Ob du glaubst,
dass du etwas kannst,
oder ob du glaubst,
dass du etwas nicht kannst –
du hast Recht.**

7 Entschlusskraft

Wenn Sie ein erfolgreiches Unternehmen vorfinden, können Sie sicher sein, dass ihm eine couragierte Entscheidung vorausging.
Peter Drucker (geb. 1909), amerikanischer Wirtschaftsphilosoph und Autor

In den verwunschenen Hügeln von Florenz fand ich ein unmissverständliches Symbol für mangelnde Entschlusskraft. Wir verbrachten unseren Urlaub in einer wunderschönen Villa in San Donato, einer kleinen Ortschaft mit einem herrlichen Blick über Florenz. An einer Stelle verzweigt sich die Straße, die von Florenz aus in die Berge führt, in verschiedene Richtungen. Mitten auf der Straße steht ein Wegweiser in einem Zementständer. Vier Schilder sind an dem Pfahl befestigt, und jedes weist den Weg in ein anderes Bergdorf: Bigallo geradeaus, Arezzo nach links, San Donato und Incisa nach rechts.

Das Schild, und das ist der komische Teil der Geschichte, war vollständig ramponiert. Unentschlossene Autofahrer sind dagegen geprallt, weil sie sich nicht für eine Richtung entscheiden konnten. Sie waren nicht fähig, schnell genug zu entscheiden, in welche Richtung sie fahren mussten, und haben frontal das Schild gerammt.

Wer zu lange zögert, macht einen Fehler. Das war das

Motto, wenn wir in der Schule Rommé spielten. War es besser, eine Karte aus dem Stock zu nehmen oder eine von den abgelegten Karten? Im Alter von neun Jahren können solche Entscheidungen sehr wichtig sein, wenn die Anerkennung in der Gruppe von einem Kartenspiel abhängt. Schon zu diesem Zeitpunkt gilt: Wer sich nicht entschließen kann, steht schnell als Verlierer da!

Da ich wusste, dass ich dieses Kapitel heute (an einem Samstag) beginnen würde, habe ich gestern im Büro alle Entscheidungen gezählt, die ich im Laufe des Tages getroffen habe. Es waren insgesamt dreiundvierzig. Nur um dir einen Eindruck davon zu geben: In der Zeit zwischen elf und zwölf musste ich entscheiden, ob ich

- den Anruf des Geschäftsführers einer neuen Computerfirma in unserer Stadt entgegennehme oder ob ich mich verleugnen lasse.
- der Investition für eine neue Deckenbeleuchtung im Produktionsbereich zustimme oder ob ich eine andere Lösung für das Beleuchtungsproblem anstrebe.
- den gesamten Betrag einer hohen Rechnung unseres Papierlieferanten zur Zahlung anweise oder ob ich die Zahlung splitte und den Rest erst im nächsten Monat bezahle.
- an meinem Schreibtisch zu Mittag esse oder außer Haus.
- Zeitarbeitskräfte einstelle, um das außergewöhnlich hohe Produktionsvolumen dieser Woche bewältigen zu können, oder ob es möglich ist, die Arbeit mit den festen Mitarbeitern zu leisten.

Hätte ich mich mit diesen Fragen zu lange beschäftigt, würde ich immer noch an meinem Schreibtisch sitzen und die Geschäfte von gestern erledigen.

Die richtige Entscheidung treffen

Entschlusskraft war lebenswichtig für die großen Entdecker. Stell dir vor, du durchquerst die Antarktis und ein schmerzhaft schneidender Wind weht dir ins Gesicht. Und dann blickst du zufällig nach rechts und siehst urplötzlich einen hungrigen Eisbären auf dich zustürzen! Deine Flinte ist ungeladen und gesichert auf dem Schlitten verstaut, und so bleibt dir nicht viel Zeit, um eine Entscheidung zu treffen. Und mit Sicherheit kannst du nachvollziehen, in welch prekärer Lage Livingstone gewesen wäre, wenn er alle Alternativen für seine Entscheidung bedacht hätte, während ihn hundert aufgebrachte Krieger mit Speeren im Anschlag in die Enge trieben.

Auch im Dschungel der Selbständigkeit bleibt dir kaum Zeit, um Entscheidungen zu treffen. Du musst darauf vorbereitet sein, eindeutige und endgültige Entscheidungen schnell zu treffen. Trotzdem solltest du versuchen, alle möglichen Alternativen in einer bestimmten Situation zu erkennen und jede einzelne rational und besonnen zu überprüfen. Leider sind viele Menschen unfähig, diesen Überprüfungsprozess zu beenden. Sie wägen die Alternativen endlos gegeneinander ab, vergleichen immer wieder die unterschiedlichen Möglichkeiten und fahren schließlich ungebremst gegen das Hinweisschild!

Viele Menschen treffen aus Angst, sich falsch zu entscheiden, überhaupt keine Entscheidung mehr. Sie empfinden die möglichen Konsequenzen jeder einzelnen Alternative als unbefriedigend und zögern die Entscheidung hinaus. Andere sind unsicher, mit welchen Folgen sie zu rechnen haben, und schrecken deshalb vor einer Entscheidung zurück. Sie fürchten sich vor den Konsequenzen, die eine falsche Entscheidung mit sich bringen könnte.

Die meisten Menschen allerdings machen sich nicht bewusst, dass der Erfolg einer Entscheidung nicht davon abhängt, ob die «richtige» Alternative ausgewählt wurde. Der Erfolg einer solchen Entscheidung hängt maßgeblich davon ab, ob du in der Lage bist, deine Entscheidung zur richtigen Entscheidung zu machen. Egal, welche Alternative du wählst – es ist die richtige Entscheidung, wenn du sie zur richtigen Entscheidung machst. Entschlusskraft ist nicht nur die Fähigkeit, sich schnell für eine Alternative zu entscheiden, sondern auch der unbedingte Wille, durch diese Entscheidung die gewünschten Ergebnisse herbeizuführen.

Denke jedes Mal, wenn du vor einer Entscheidung stehst, daran, dass jede Alternative Vor- und Nachteile hat. Die Auswahl einer Alternative bedeutet, dass du die Stärken und Schwächen dieser Alternative akzeptieren und die Stärken und Schwächen der anderen Alternativen verwerfen musst. Du musst dich der Tatsache stellen, dass es nicht möglich ist, in den Genuss der Vorteile aller Alternativen zu kommen. Du wirst nicht umhinkommen, die Vorteile der anderen Alternativen fallen zu lassen, um die Vorteile der Alternative genießen zu können, die du ausgewählt hast.

Wie stärkt man seine Entschlusskraft?

Die «Nur-ein-Tag»-Regel. Verkürze die Zeit, in der du dich mit einem Problem beschäftigst. Lasse ein Problem, das eine Entscheidung erfordert, nicht länger als einen Tag auf deinem Schreibtisch liegen. Bleibt es dort länger, schadet es deiner persönlichen Produktivität. Wenn ein Angebot auf meinen Schreibtisch gelangt, so nehme ich es nur einmal in die Hand. Es mag einen gewissen Zeitaufwand bedeuten, das Angebot zu lesen und zu bewerten – aber wenn ich es zur Seite lege, habe ich eine Entscheidung getroffen. Ich lege es nicht zur Seite, lese es später nochmals, lege es wieder beiseite, denke nach und lese nochmals und so fort. So gelingt es mir, meinen Posteingangsstapel nie größer werden zu lassen als den Postausgangsstapel.

Benutze Metaphern, um deine Entscheidungen zu veranschaulichen. Indem du für die Probleme, die es zu lösen gilt, Bilder benutzt, erscheinen dir deine Herausforderungen in einem neuen Licht. Dieses Buch benutzt eine Metapher, um die manchmal verwirrende Arbeit als selbständiger Unternehmer zu veranschaulichen und lebendig und spannend zu beschreiben. Sich selbst als Abenteurer zu sehen, der eine Expedition durch den Dschungel leitet, lässt dich die Arbeit eines Unternehmers aus einer anderen Perspektive betrachten.

Sei dir deiner Prioritäten bewusst. Nur wenn du deine Prioritäten kennst, kannst du Entscheidungen treffen, die dir helfen, diesen Prioritäten gerecht zu werden. Dein Entscheidungsfindungsprozess wird leichter, wenn du eine übergeordnete Vorstellung davon hast, was du während deines Lebens erreichen willst. Im weiteren Verlauf dieses Buches werde ich dir eine Hilfestellung an die Hand geben, wie du eine Vision deiner Lebensführung entwickeln kannst. Mit dieser Vision vor Augen wirst du in der Lage sein, in bestimmten Situationen sehr schnell solche Alternativen zu verwerfen, die dir nicht helfen, deiner Vision näher zu kommen.

Wähle eine Alternative aus und verschreibe dich ihr voll und ganz. Verpflichte dich, die Entscheidung zu dem Ziel zu führen, das du dir wünschst. Konzentriere einhundert Prozent deiner Energie darauf, das Ergebnis zu erzielen, das du dir vorstellst. Konzentriere all deine emotionale, mentale und physische Energie darauf, dass diese Alternative sich für dich auszahlt. Jemand gab mir einmal den Rat: «Wenn du eine Entscheidung getroffen hast und die Würfel gefallen sind, dann mach mit den verworfenen Alternativen kurzen Prozess.» Diese Worte spiegeln genau das Maß an Aggressivität wider, das notwendig ist, um die erforderliche Entschlusskraft zu erlangen. Verschreibe dich mit Haut und Haar der gewählten Alternative und mache sie zur einzig richtigen.

Trauere verpassten Gelegenheiten nicht nach. Wenn du mit dir zu hadern beginnst, weil du denkst, eine andere Alternative hätte die bessere sein können, verschwendest du wertvolle Energie, die du für die Aufgabe benötigst, die es zu bewältigen gilt. Wenn du über die Alternativen nachdenkst, für die du dich nicht entschieden hast, so konzentrierst du mit Sicherheit nicht all deine Energie auf die Alternative, für die du dich entschieden hast. Verschreibe dich der Entscheidung, die du getroffen hast, und unternimm alles, was in deiner Macht steht, um sie zur einzig richtigen Entscheidung zu machen.

Es ist nicht dasselbe, eine Alternative auszuwählen und eine Entscheidung zu treffen. Eine Alternative auszuwählen heißt, die anderen Alternativen zu verwerfen. Eine Entscheidung hingegen ist erst dann getroffen, wenn du sie aktiv umzusetzen beginnst. Vielleicht hatten die italienischen Autofahrer längst gewählt, in welche Richtung sie fahren wollten, aber sie hatten nicht schnell genug gehandelt, um ihre Entscheidung auszuführen.

Wie ein Wegweiser an der Straße, so zwingt dich eine Entscheidung, die Verantwortung für die Richtung zu übernehmen, in die deine Reise dann geht.

8 Handlungsfähigkeit

Warum die Freuden nicht sofort genießen? Wie oft schon wurde das Glück zerstört durch den Versuch, es zu konservieren. Ein törichtes Unterfangen.
Jane Austen (1775–1817), englische Schriftstellerin

Denken führt zu Ideen. Doch nur Handeln führt zu Ergebnissen. Du kannst deine Kreativität, deinen Mut und deine Überzeugung nutzen, um eine brauchbare Geschäftsidee zu entwickeln. Doch diese Idee wird so lange reine Spekulation bleiben, bis du aktive Schritte unternimmst, um sie mit Leben zu erfüllen. Im Dschungel der selbständigen Unternehmer ist es nicht notwendig, lange nachzudenken, zu bewerten und zu theoretisieren. Du musst schnell handeln – und zwar nicht nur auf deine Geschäftsideen bezogen, sondern auch in Anbetracht der alltäglichen Herausforderungen, die sich demjenigen stellen, der ein Unternehmen leitet. Als Unternehmer musst du klug und überlegt handeln und darfst nicht davor zurückscheuen, deine Ideen und Entschlüsse umgehend in die Tat umzusetzen.

Hast du nicht schon oft jemanden sagen hören: «Ach, hätte ich das nur gemacht.» Inlineskates zum Beispiel sind ein recht neues Produkt und ein absoluter Verkaufsschlager, und viele Erfinder meinen: «Das hätte ich auch machen können!» Der Büroausstatter Office Max hat als neues Unternehmen mit einer neuen Geschäftsidee eine Millionendollarnische besetzt. Meine Geschäftsfreunde sagen dazu: «Das hätte ich auch geschafft.» Ich kann dazu nur sagen: «Aber du hast es nicht getan.» Nur Handeln – ein Buch schreiben, ein Produkt entwickeln oder ein Unternehmen gründen – führt zu Ergebnissen.

Nutze den Augenblick

Millie Merrill, die Inhaberin eines Geschäftes für Kinderbekleidung, witterte eine Chance, als sie bemerkte, dass ihre Kunden an stürmischen Tagen fürchterlich verfroren aussahen. Was ihnen fehlte, war ein Kleidungsstück, das ihnen den Hals wärmte, und also entwickelte Merrill einen Halswärmer namens Turtle Fur. Er war ein so großer Erfolg, dass sie schließlich ihr Einzelhandelsgeschäft aufgab, um sich dem immer umfangreicher werdenden Geschäft mit den Halswärmern vollständig widmen zu können.

Merrills Geschäftsidee war innovativ, doch es wäre eine einfache Theorie geblieben, eine Form ohne Inhalt, wenn sie nicht aktiv geworden wäre, um ihren Plan in die Tat umzusetzen. Sie erfüllte die Idee mit Leben, indem sie das beste Material auswählte, attraktive Designs entwarf und den Herstellungsprozess ausarbeitete. Sie reservierte für die Halswärmer Verkaufsfläche in ihrem Laden, und sie weitete ihren Handel kontinuierlich aus, indem sie umso mehr Zeit und Kraft auf Turtle Fur konzentrierte, je lukrativer das Produkt wurde.

Auch Lynn Cranmer, eine ehemalige Marathonläuferin, erfüllte ihre Idee mit Leben. Sie baute ein erfolgreiches Unternehmen auf, nachdem sie eine Marktnische entdeckt hatte, die noch nicht besetzt war. Enttäuscht vom Angebot guter Visures (Sonnenschützer), begann Lynn Cranmer damit, ihre eigenen Visures herzustellen. Sie hatte eine genaue Vorstellung davon, wie ein solches Sonnenvisier aussehen sollte, und es gelang ihr, mit Hilfe dieser Idee den Grundstock für ein florierendes Unternehmen zu legen. Visors by Lynn erzielt mit einer Palette von mehr als dreißig unterschiedlichen Visieren, die an Spezialgeschäfte und Geschäfte in Urlaubsgebieten im ganzen Land geliefert werden, einen Umsatz von 500 000 Dollar. Ohne ihren persönlichen Einsatz wäre aus ihrer Idee niemals ein erfolgreiches Unternehmen geworden.

Lynn Cranmer und Millie Merrill hatten einfache, aber doch neue Geschäftsideen. Und darin gleichen sie den meisten anderen Menschen. Fast jeder, mit dem ich gesprochen habe, hatte schon einmal eine gute Geschäftsidee. Was die beiden Frauen jedoch von den meisten anderen Menschen unterscheidet, ist ihre Bereitschaft zu handeln. Tausende von Menschen haben Produktideen im Bereich persönlicher Accessoires – Lynn Cranmer und Millie Merrill haben sie umgesetzt.

Auch die großen Entdecker zeichnen sich durch ihre Handlungsfähigkeit aus. Christoph Kolumbus war 1492 nicht der einzige Mensch, der glaubte, die Erde sei eine Kugel. Ebenso wenig war er der Einzige, der behauptete, dass der Westen immense Reichtümer berge. Viele Menschen träumten davon, in Richtung Westen aufzubrechen, um große Reichtümer zu finden. Was Kolumbus von den meisten seiner Zeitgenossen unterschied, war das Verlangen, seiner Vision durch konkretes und zielgerichtetes Handeln ein Stück näher zu kommen.

Kolumbus war der Erste, der es wagte, sich auf den Weg zu machen, um den Westen zu entdecken. Er erhielt die Unterstützung des Königs und der Königin von Spanien, eignete sich all das Wissen an, das es über das Segeln gab, studierte die damaligen geographischen Erkenntnisse, fand drei Schiffe, die er für tauglich hielt, eine solche Reise zu überstehen, und stellte sein Expeditionsteam zusammen. Kolumbus kannte seine Träume genau und stellte den Kontakt zwischen Europa und der Neuen Welt her, weil er in der Lage war, seine Idee in die Tat umzusetzen.

Was die Handlungsfähigkeit einschränkt

Eine gute Vorbereitung ist mit Sicherheit von wesentlicher Bedeutung für den reibungslosen und erfolgreichen Ablauf einer Expedition. Doch im Lebenszyklus eines Unternehmens ist die Vorbereitung nur eine kurze Initialphase. Viele Menschen lassen sich mit der richtigen Einstellung auf ein Abenteuer ein: Sie forschen, studieren und eignen sich die notwendigen Fähigkeiten an. Doch zu viele Menschen verzetteln sich im Laufe der Vorbereitungen so sehr, dass sie das ursprüngliche Ziel, nämlich ein Unternehmen zu gründen, aus den Augen verlieren.

Manch andere schaffen es noch nicht einmal bis zur Vorbereitungsphase. Statt ihre Träume aufzugreifen, die geeigneten Schritte mit der notwendigen Aggressivität zu verfolgen und die Theorie in die Praxis umzusetzen, warten sie darauf, dass etwas geschieht. Estragon und Vladimir sind die handlungsunfähigen Protagonisten in Samuel Becketts Theaterstück «Warten auf Godot». Die beiden tun gar nichts. Sie stehen auf einer Straße inmitten des Nirgendwo und warten darauf, einen Mann mit dem Namen Godot zu treffen. Doch sie warten auf ein Ereignis, das nicht eintreten wird. Godot wird niemals am Treffpunkt erscheinen. Viel zu viele Menschen warten ihr ganzes Leben lang darauf, dass sich etwas verändert, und kommen niemals auf die Idee, selbst ihr Leben zu verändern.

Handlungsunfähige Menschen glauben oft aus diesem oder jenem Grund, dass der geeignete Zeitpunkt für die Verwirklichung ihrer Pläne noch nicht gekommen ist. Sie wollen warten, bis die wirtschaftliche Stabilität in ihrer Branche gewährleistet ist. Sie möchten mehr über wirtschaftliche Zusammenhänge lernen, bevor sie starten. Sie denken, das Startkapital reiche nicht aus. Sie wollen warten, weil die Ferien vor der Tür stehen oder der Kredit für Motorrad, Auto oder Wohnung noch nicht abbezahlt ist. Es gibt viele Gründe, nicht zu handeln.

Tatsache ist: Der richtige Zeitpunkt wird nie kommen. Ich habe gelernt, dass die Umstände niemals so ideal sind, wie du sie dir wünschst. Die Welt ist unaufhörlich in Bewegung. Deine Branche, dein Wissen und deine Fähigkeiten wachsen und verändern sich unaufhörlich. Du wirst niemals einen perfekten und entspannten Augenblick finden, in dem die See völlig ruhig ist und du auf deiner Reise die Segel ohne Sorge setzen kannst. Erfolgreiche Unternehmer lassen ihre Boote schnell zu Wasser, lernen im Laufe der Reise und lösen Probleme, wenn sie sich stellen.

Vielen Menschen fällt es schwer zu handeln, weil sie selbstzufrieden geworden sind und sich viel zu schnell mit ihrer gegenwärtigen Situation abgefunden haben. Sie reden sich ein, dass ihr Leben im Moment gar nicht so schlecht ist. Sie bleiben Gefangene ihrer täglichen Routine und stellen ihre Träume immer mehr hintan. Ein so selbstzufriedenes und bequemes Leben gleicht einer verführerischen Falle, die dich davon abhält, deine Träume mit dem notwendigen Nachdruck zu verwirklichen.

Viele Menschen glauben fest daran, dass ihr großer Tag noch kommen wird – morgen oder später. Ihre Selbstzufriedenheit (das Unwort im Vokabular eines Unternehmers!), gepaart mit einigen Ausflüchten, lässt sie alles, was ihnen lästig ist, auf den nächsten Tag verschieben. Ein Unternehmer aber kann nicht erfolgreich, dynamisch und zufrieden sein, wenn er seine Arbeit aufschiebt. Optimisten zögern nicht!

Ein zögerliches Verhalten kann auch Ausdruck eines tiefer sitzenden Problems sein, denn oft ist der wahre Grund für das Abwarten, die Ausflüchte und die Selbstzufriedenheit das Gefühl der eigenen Unzulänglichkeit. Diesen Menschen fehlt ganz einfach das notwendige Selbstvertrauen, um ihre Vorstellungen und Ideen in die Tat umzusetzen. Ihr Zögern kaschiert das mangelnde Vertrauen, das sie in ihre eigenen Ideen und Pläne – oder in ihre Fähigkeiten, diese umzusetzen – haben.

Diese Hemmnisse können dich daran hindern, die einmalige Gelegenheit zur Gründung eines Unternehmens zu ergreifen oder ganz allgemein die entscheidenden Schritte zu wagen, und sei es nur, flexibel auf einen Kundenwunsch einzugehen oder dir eine bessere Buchhaltungssoftware zuzulegen. Im Dschungel des selbständigen Unternehmers ist Grübeln und Hadern fehl am Platz. Nur Handeln führt dich zum angestrebten Ziel.

Durch den Verstand werden Gedanken zu Ideen. Durch das Handeln werden Ideen zur Realität.

9 Vorstellungskraft

Die Vorstellungskraft ist die Herrscherin der Kunst wie des Lebens.
Joseph Conrad (1857–1924), englischer Schriftsteller ukrainischer Herkunft

Die Vorstellungskraft ist der Motor für den Erfolg vieler Unternehmer, die sich auf das Abenteuer der Selbständigkeit eingelassen haben. Sie nutzen ihre Phantasie, um Wege für ein weiteres Wachstum ihrer Unternehmen zu finden, um neue Kunden zu gewinnen und um innovative Entsprechungen für die zahlreichen Herausforderungen im Dschungel des Unternehmertums zu finden.

Harry E. Peaden Jr., ein Unternehmer aus Georgia, nutzte seine ausgeprägte Vorstellungskraft, um ein völlig neues Konzept im Fleischgeschäft zu entwickeln. Nachdem er nur zwei Wochen in einem Verpackungsunternehmen für Fleischwaren gearbeitet hatte, hatte er die Vision, dass alle Amerikaner begierig darauf warteten, ihr Fleisch direkt an die Haustür geliefert zu bekommen. Innerhalb kürzester Zeit wurde Peaden vom Arbeitnehmer zum Arbeitgeber und gründete seine Country-Fed Meat Company. Das Unternehmen bietet einen Heim-Lieferservice für Fleisch allerbester Qualität.

Peadens Konzept ging auf. Sein Unternehmen verkauft inzwischen pro Jahr fünfzehn Millionen Pfund Steak und Geflügelfleisch, von Haus zu Haus, in dreißig Bundesstaaten der USA. Er erwirtschaftet dabei einen Umsatz von 65 Millionen Dollar. Er nutzte seine Vorstellungskraft und ersann ein neues Vertriebssystem für eine alte und eingesessene Branche.

Kreativität ist auch dann gefragt, wenn es darum geht, neue Kunden zu gewinnen. Les Brown, ein ehemaliger DJ und erfolgreicher Motivationstrainer, hatte eine Begegnung mit einem außerordentlich findigen Schuhputzer: Les Brown ging schnellen Schrittes eine Straße in New York entlang, er hatte einen Termin und musste sich beeilen. Er passierte vier oder fünf Schuhputzer, ohne Ausnahme recht aufdringliche junge Männer. Da er in Eile war, wehrte er ihre Offerten ab. Als er die Straße überquerte, sah er einen anderen Schuhputzer, der vor seinem Stuhl stand. Dieser Schuhputzer war nicht aufdringlich, sondern zeigte auf alle Menschen, die an ihm vorbeigingen.

Als Brown näher kam, hörte er, wie der junge Mann schrie: «96, 97, 98, 99 ...», dann zeigte er auf Les Brown und schrie noch lauter als zuvor: «Einhundert, herzlichen Glückwunsch, Sir!» Brown stoppte sichtlich überrascht und starrte den jungen Mann an. Der erklärte daraufhin: «Jedes Jahr zu meinem Geburtstag erhält jeder hundertste Passant einen kostenlosen Schuhputzservice.»

«Garantiert kostenlos?», vergewisserte sich Les Brown ein wenig skeptisch.

Der junge Mann bestätigte: «Ja, natürlich.»

Les Brown schaute auf seine Uhr und sagte: «O.K., wenn es nichts kostet, dann bitte.»

Er setzte sich, und der Schuhputzer begann mit seiner Arbeit. Er säuberte, bürstete und polierte die Schuhe und erledigte seine Arbeit hervorragend. Les Browns Schuhe waren niemals besser geputzt gewesen.

Brown stand auf, bedankte sich bei dem jungen Mann,

wünschte ihm «Happy Birthday» und ging weiter. Doch sein Gewissen ließ ihn anhalten. Er ging noch einmal zurück und fragte: «Was kostet das Schuheputzen normalerweise?»

«Vier Dollar», sagte der Junge.

Les Brown sah in seinem Portemonnaie nach, fand dort einen Zehndollarschein, gab ihm diesen und sagte: «Danke, du hast deinen Job hervorragend gemacht, und noch einen schönen Geburtstag.» Der junge Mann bedankte sich überschwänglich.

Les Brown ging weiter und fühlte sich gut. Als er ein Stück gegangen war, hörte er ihn wieder schreien: «96, 97, 98 ...!»

Der junge Schuhputzer ist ein Musterbeispiel für Kreativität! Er nutzte seine Vorstellungskraft und ein wenig Genialität, um einen etwas höheren Gewinn im hart umkämpften New Yorker Schuhputzgewerbe zu erzielen.

Chris Whittle, ein Unternehmer aus Tennessee, schuf ein Multimillionen-Dollar-Unternehmen, indem er alte Ideen auf eine neue Art und Weise miteinander kombinierte – eine besonders kreative Technik in der Welt der Unternehmer. Am bekanntesten sind seine Innovationen im Medienbereich, wo er neue Wege entwickelte, um Werbung zielgruppengerecht platzieren zu können. Er kombinierte zum Beispiel die wirtschaftliche Stärke des Zeitschriftengeschäfts mit dem Flair gebundener Bücher und gründete den Verlag Whittle Publishing. Seine Idee war einfach: Er wollte Bücher verlegen, in denen einzelne Seiten mit Anzeigen untergebracht waren. Indem er bereits vorhandene Ideen miteinander verknüpfte, hatte er einen neuen und Erfolg versprechenden Anzeigenmarkt geschaffen.

Hege und pflege deine Kreativität

Du kannst deine Kreativität schulen, indem du dir neue Kombinationen überlegst. Es macht Spaß, dieses Spiel mit alltäglichen Situationen und Gegenständen zu praktizieren. Beispiel: Du hältst an einem Stoppschild und bemerkst eine Palme auf der anderen Straßenseite. Die Kreativübung: Stelle dir ein Stoppschild vor, das an einer Palme befestigt ist. Zweites Beispiel: Du isst einen Apfel und siehst einen FedEx-Lieferwagen vor deinem Fenster anhalten. In diesem Augenblick stellst du dir die Frage, ob eine Stiege Äpfel noch frisch wäre, wenn du sie per FedEx nach Kapstadt schicken würdest. Solche Kombinationsspiele sind nicht nur ein lustiger Denksport, sie zwingen dich auch, über Zusammenhänge aus einer anderen Perspektive nachzudenken. Sie sind ein hervorragendes mentales Training und verhelfen dir im Geschäftsleben zu mehr Kreativität.

Finde Möglichkeiten, Dinge und Sachverhalte anders zu nutzen als üblich. Während des letzten Sommers wurde ich Zeuge des ultimativen Beispiels für unternehmerische Kreativität. Ich war gerade auf dem John-F.-Kennedy-Flughafen in New York gelandet und nahm ein Taxi in die Stadt. Es war ein schwüler Tag, der Verkehr rund um den Flughafen staute sich einige Kilometer weit, und ich verspürte einen schrecklichen Durst. Glücklicherweise tauchte ein Unternehmer auf, der eisgekühlten Cappuccino verkaufte. Du fragst dich, wie er mitten in einem Stau eisgekühlte Getränke verkaufen kann? Er hatte einen Spritzmittelbehälter, den sonst Gärtner benutzen, umfunktioniert, mit eiskaltem Cappuccino gefüllt und auf seinen Rücken geschnallt. Die Papiertassen transportierte er in einer Hüfttasche. Der Taxifahrer und ich waren überglücklich, und beide zahlten wir bereitwillig zwei Dollar für diese willkommene Erfrischung. Der Mann hatte seine Kreativität genutzt, um ein akutes Bedürfnis befriedigen zu können.

Dir selbst bizarre Fragen zu stellen ist ebenfalls eine gute Übung, um dein kreatives Potenzial zu steigern. Spiele das «Was-wäre-wenn»-Spiel. Frage dich zum Beispiel, was passieren würde, wenn morgen mitten in Berlin Außerirdische landen würden. Denke über Fragen wie die nun folgenden nach und trainiere deine mentalen Muskeln:

- Was wäre, wenn Marathonläufer mit Cornflakes in den Socken laufen müssten?
- Was wäre, wenn die Europäische Union anordnen würde, dass alle Stühle fünf Beine haben müssten?
- Was wäre, wenn Restaurants nur noch Vorspeisen servieren würden?
- Was wäre, wenn Scheidungen illegal wären?
- Was wäre, wenn Schweine Turnschuhe tragen würden?
- Was wäre, wenn Wissenschaftler in der Lage wären, Erwachsene zu klonen?
- Was wäre, wenn es ebenso leicht wäre, zum Mond zu fliegen, wie einen Einkauf im Supermarkt um die Ecke zu erledigen?
- Was wäre, wenn mobile Bürgersteige Autos verschwinden lassen könnten?
- Was wäre, wenn Menschen unter Wasser fünf Stunden die Luft anhalten könnten?
- Was wäre, wenn jeder Mensch auf der Welt Bürger eines einzigen großen Staates wäre?

Das «Was-wäre-wenn»-Spiel wird dir helfen, auf eine andere Art und Weise über neue Dinge und Umstände nachzudenken. Es wird deine Vorstellungskraft anregen und deine Phantasie beflügeln. Es lässt dich offen bleiben für Neues und erweitert deinen Horizont.

Viele Menschen beschneiden ihre Kreativität, indem sie viel zu schnell über ihre Ideen urteilen. Wenn du über «Was-wäre-wenn»-Fragen nachdenkst, wenn du dir neue Anwendungsmöglichkeiten für bestimmte Dinge ausdenkst oder kreative Kombinationen entwickelst, dann sei in der Bewertung deiner Ideen nicht voreilig. Das meiste, was dir spontan einfällt, wirkt auf den ersten Blick sehr konfus; es lässt sich kein direkter Bezug zu deiner Arbeit als Unternehmer herstellen. Doch diese Ideen sind die Basis für Innovationen. Natürlich ist es versponnen, sich Schweine in Turnschuhen vorzustellen, doch diese Form des mentalen Trainings wird, wenn du es regelmäßig betreibst, deine Kreativität ganz allmählich steigern. Wenn du Ideen hast, lass ihnen ein wenig Zeit und verwirf sie nicht schon im nächsten Augenblick. Lasse nicht zu, dass die pragmatische Seite deiner Persönlichkeit deine kreativen und phantasievollen Ideen zerstört, bevor sie die Chance haben, weitere Gedanken anzuregen.

Als Unternehmer musst du die Dinge vernünftig, umsichtig und praxisbezogen angehen. Doch genauso wichtig ist, dass du dir deine Unbekümmertheit bewahrst und immer einen Blick über deinen Tellerrand hinauswirfst. Die Vorstellungskraft ist eine Eigenschaft, die nur sehr langsam erworben werden kann. Aber dein Einfallsreichtum wird einen wesentlichen Einfluss auf den Erfolg deiner Expedition in die Selbständigkeit haben. Höchstwahrscheinlich wirst du nie Eiscappuccino im Stau verkaufen, aber ein kreatives Herangehen an ganz gewöhnliche Herausforderungen wird dir ganz ungewöhnliche Profite bescheren.

Deine Vorstellungskraft wird deiner Expedition auf eine Weise dienen, die du dir im Moment noch gar nicht vorstellen kannst.

Teil III

Basiswissen für Abenteurer

Die grundlegenden Prinzipien, mit denen jeder Abenteurer vertraut sein muss, sind die Gesetze des Dschungels bzw. des Marktes. Die besten Unternehmer und die herausragenden Entdecker haben sie gleichermaßen beherzigt, um ihre Abenteuer zu überleben und erfolgreich zu sein. Vielleicht ist es vielen Entdeckern nicht bewusst, welche ihrer Verhaltensweisen ihnen den gewünschten Erfolg bescherten; denn wahrscheinlich waren sie mit den Anforderungen, die die Expedition an sie stellte, so sehr beschäftigt, dass ihnen keine Zeit blieb, ihr Erfolgskonzept zu analysieren. Ich habe genau das getan und daraus, sowie auf der Grundlage meiner eigenen Erfahrungen als Unternehmer, zehn verschiedene Strategien entwickelt, die eine erfolgreiche und abwechslungsreiche Reise in den Dschungel der Selbständigkeit ermöglichen.

Es ist möglich, den Weg in die Selbständigkeit zu wagen, ohne die wesentlichen Grundlagen zu erlernen, mit denen jeder Abenteurer vertraut sein sollte. Du kannst dich auf die Suche nach dem Schatz machen, dich dabei ausschließlich auf deine Intuition verlassen und dennoch erfolgreich sein. Es kann dir ergehen wie der Sourdough-Expedition, einer Gruppe von Männern, die versucht haben, den Mount McKinley, Nordamerikas höchsten Berg, ohne Kartenmaterial, mit einer unzulänglichen Ausrüstung und fast ohne Bergerfahrung zu bezwingen. «Jeder, der nur ein wenig vom Bergsteigen verstand», so James R. Ullman in seinem Essay in *The Great Explorers*, «war sich sicher, dass die Expedition nicht nur ein völliges Fiasko werden würde, sondern dass ihr Unterfangen ein fünffaches Selbstmord-Potenzial barg.»

Die Mitglieder der Sourdough-Expedition verfügten weder über eine vollständige Ausrüstung noch über die notwendige Erfahrung, und trotzdem waren sie erfolgreich und bezwangen den 6187 Meter hohen Berg im Norden von Fairbanks in Alaska. Als Beweis ihres überraschenden Erfolgs hissten sie die amerikanische Flagge auf dem Südgipfel des Berges.

Zu einem gewissen Teil ist der Erfolg der Sourdough-Expedition darauf zurückzuführen, dass die Männer über das Selbstvertrauen, den Mut und die Zielstrebigkeit verfügten, die notwendig waren, um diesen Triumph trotz ihrer Unzulänglichkeiten zu erzielen. Doch der größte Teil des Erfolges war dem Zufall zuzuschreiben. Es war reines Glück, dass sie den Auf- und Abstieg ohne ernsthafte Verletzungen überstanden.

Glücklicherweise musst du dich nicht allein auf dein Glück verlassen. Und du musst auch kein jahrelanges Training als Bergsteiger auf dich nehmen und dich durch die Aufzeichnungen anderer Bergsteiger quälen – diese mühevolle Arbeit habe ich dir abgenommen. Die nun folgenden grundlegenden Prinzipien für Abenteurer sind bewährte Strategien, die dir helfen, im Dschungel des Marktes zu überleben und erfolgreich zu sein. Sie werden dich von der Planungs- und Startphase deiner Expedition bis hin zu den alltäglichen Abläufen in deinem Unternehmen begleiten.

10

Erkunde das Terrain, bevor du aufbrichst

Die Lernfähigkeit ist kein Produkt des Zufalls, sie muss voller Leidenschaft erstrebt werden und bedarf des Eifers.
Abigail Adams (1744–1818)

Als Kolumbus 1492 in See stach, um nach Westen, auf seine Reise ins Ungewisse aufzubrechen, stellten sich viele seiner Zeitgenossen vor, dass er die Säulen des Herkules weit hinter sich lassen würde. Das Kartenmaterial des fünfzehnten und sechzehnten Jahrhunderts sah sein kleines Schiff zwischen turmhohen, heftigen Wellen, umringt von einer Horde todbringender Seeungeheuer. Mehr als dies und das Seemannsgarn einiger Seeleute wusste er nicht von dem, was ihn hinter dem Horizont erwarten würde.

Doch bevor er die Segel setzte, hatte Kolumbus viel Zeit mit Studieren und Lernen verbracht. Er hatte sich ein beachtliches praktisches Wissen angeeignet und zahlreiche wertvolle Informationen gesammelt. Er verfügte über Tausende Seemeilen Segelerfahrung, die er während seiner Reisen auf dem Atlantik und entlang der Westküste Afrikas gesammelt hatte. Ebenso eignete er sich alle praktischen Kenntnisse an, die notwendig waren, um ein Schiff auf Kurs zu halten. Er verstand es, Karten zu erstellen, sie zu lesen und sich an den Sternen zu orientieren. Auch hatte er frühe griechische und römische Texte gelesen, die zum grundlegenden Wissen in der Welt der Gelehrten seiner Tage zählten. Besonders belesen war er im Bereich der Geographie und Astronomie. Das hieß, er kannte fast alle aktuellen Theorien über die Form und Struktur der Erde und ihre Beziehung zu den Sternen.

Entscheidend war jedoch seine Erfahrung im Erstellen von Karten. Kolumbus betrieb nämlich ein florierendes Geschäft für Seekarten, sodass er viele berühmte Seefahrer seiner Zeit traf, von denen er zahlreiche wertvolle Informationen erhielt. So verfügte er über die neuesten Erkenntnisse, Karten und geographischen Skizzen des Atlantiks, nahm alles auf, was erfahrene Seefahrer ihm erzählten, und verfolgte aufmerksam ihre Berichte über ferne Länder.

Sollte ich etwas durch meine Lektüre über die großen Entdecker dieser Welt gelernt haben, dann ist es Folgendes: Die entscheidende Phase der Expedition wird lange Zeit vor dem tatsächlichen Beginn der Expedition durchlaufen! Der Lernprozess, der deine Reise in die Selbständigkeit schon weit vor ihrem Beginn begleitet, ist entscheidend für den Erfolg der Expedition. Als cleverer Selbständiger wirst du die wichtigsten Schritte unternehmen, bevor du dich auf die Reise begibst. Um eine angemessene Ausrüstung zusammenzustellen, musst du wissen, woher du das beste Material beziehen kannst. Wer den richtigen Weg gehen will, muss das vor ihm liegende Gelände kennen. Willst du einen Schatz finden, musst du die Fehler derjenigen vermeiden, die die Reise schon vor dir angetreten haben.

Es war kein Zufall, dass Kolumbus zu einem der berühmtesten Entdecker geworden ist. Auch wenn er einen Kontinent fand, nach dem er gar nicht gesucht hatte, steht doch außer Zweifel, dass er die Reise ohne die entsprechenden Vorbereitungen niemals hätte antreten können. Er wäre niemals nach Westen gesegelt, wenn er nicht über ein fundiertes navigatorisches, geographisches und kartographisches Wissen verfügt hätte. Kolumbus war erfolgreich, weil er das Terrain kannte, bevor er sich auf den Weg machte.

Vorbereitung ist das A und O

Ich glaube, dass ähnliche Vorbereitungen, wie Kolumbus sie getroffen hat, auch im Dschungel der Selbständigkeit Erfolg versprechen. Die Bereitschaft, von den Erfahrungen erfolgreicher Unternehmer zu lernen, steigert die Wahrscheinlichkeit deines Erfolges. Beschäftige dich deshalb eingehend mit den Unternehmern, die sich bereits auf deinem Markt tummeln.

- Ziehe Lehren aus ihren Erfolgen. Entdecke, was andere Selbständige unternommen haben, um ihre Unternehmen aufzubauen und zu optimieren.
- Ziehe Lehren aus ihren Misserfolgen. Finde heraus, warum manche Unternehmer scheitern, damit du ihre Fehler vermeiden kannst.
- Nutze ihre Erfahrung als Basiswissen und baue darauf auf. Indem du die Strategien anderer Unternehmer untersuchst und erlernst, wird es dir möglich sein, Nutzen aus ihren Erfahrungen zu ziehen. Vielleicht hat ein potenzieller Konkurrent ein ganzes Jahr damit verbracht, einen bestimmten Aspekt seiner Arbeit umzusetzen. Für dich ist es nun möglich, dieses Unternehmen zu untersuchen und innerhalb eines Tages das zu erfahren, was den betreffenden Unternehmer oder die betreffende Unternehmerin ein ganzes Jahr gekostet hat.

Livingstone ließ sich mit dem uneingeschränkten Verlangen, lernen zu wollen, auf seine Abenteuer in Südafrika ein. Er war so sehr auf seine eigene, möglichst perfekte Vorbereitung konzentriert, dass er sich sechs Monate fast vollständig von der Außenwelt abkapselte. Im Laufe seiner selbst gewählten Einsamkeit eignete er sich ein umfassendes Wissen der Stammessprachen, der Gewohnheiten und der Denkweise der Menschen an, in deren Mitte seine Reisen ihn führen würden. Er schrieb: «Diese Tortur … hat mir Erkenntnisse vermittelt, die sich als unschätzbarer Vorteil für mein Verhältnis zu ihnen erwiesen haben.» Sechs Monate des Forschens und des mentalen Trainings haben ihm ein Wissen beschert, das von nun an sein ganzes Leben begleitete. Während seiner gesamten Laufbahn als Abenteurer konnte er die Früchte dieser Lernphase ernten.

Als Faustregel gilt: Ein Tag theoretischen Studiums entspricht zwanzig Tagen praktischer Erfahrung. In seinem Buch *Das Robbins-Power-Prinzip* schreibt Anthony Robbins: «Die effektivste Weise, Zeit zu sparen, ist meiner Erfahrung nach, von den Erfahrungen anderer zu lernen.» Mach es wie Kolumbus: Erlange durch eigenes Nachforschen das Wissen deiner Konkurrenten und Vorgänger. Spare Zeit und Geld, indem du dich richtig vorbereitest.

Genau das beherzigte Mark David Norris, der CEO von Send Inc., einem Unternehmen in der Grußkartenbranche. Norris war überzeugt davon, eine Marktlücke entdeckt zu haben: Als Alternative zu den langweiligen und steifen Grußkarten, die von den Marktführern angeboten wurden, hatte er fröhliche und innovative Designs entworfen. Mit diesen neuen Designs wollte er einen speziellen Markt erobern. Doch statt seine Expedition zu starten, ohne sich zuvor über die Gegebenheiten informiert zu haben, begann er ein beeindruckendes Marktforschungs- und Lernprogramm.

Er telefonierte landesweit mit Designern und Herstellern,

um sich ein Bild von Druckverfahren und Vertriebskanälen zu machen. Er besuchte jeden Grußkartenladen, den er finden konnte, und kaufte alle Karten, die, wie er sagte, «in seiner Nähe waren». Er eignete sich Wissen über die unterschiedlichen Kartonagen und Papierstärken an, sammelte die Sprüche auf den Karten und trug so viele Informationen wie möglich über seine zukünftigen Konkurrenten zusammen. Er verbrachte ein gesamtes Jahr damit, seine Konkurrenten und das Wissen der Branche zu studieren.

«Ich betrachtete unsere Konkurrenten als entfernte Lehrmeister», so Mark David Norris. Er konzentrierte sich auf deren Produktlinien und profitierte so von ihrer jahrelangen Erfahrung. Er führte Gespräche mit Verkäufern, Vertretern und Druckern und konnte auf diese Weise die Beziehungen zwischen Kunden und Zulieferern in der Branche genau untersuchen. Er ging in Grußkartengeschäfte, befragte Kunden nach ihren Wünschen und wusste deshalb, wie loyal sich die Kunden den Marken der Konkurrenz gegenüber verhalten würden und welche Nischen der Markt hergab. Er wusste schon bald, welche Marketingstrategien der Konkurrenz erfolgreich waren und welche nicht.

Im Rahmen seiner Marktforschung besuchte Norris auch die alljährlich stattfindende Grußkarten- und Briefpapiermesse in New York. Es war eine große Messe. Er benötigte fast zwei Tage, um jeden Messestand zu besuchen, an dem es Grußkarten gab. Doch überall missfiel ihm das Kartendesign; nichts war modern, überzeugend oder gar brillant. Ein Jahr später war er mit einem eigenen Stand auf der Messe vertreten und präsentierte die Palette seiner Grußkarten. Sie waren *das* Messegespräch und eine wirkliche Sensation! Vor der Messe hatte Norris seine Karten an nur neun Geschäfte geliefert. Während der Messe konnte er zwanzig Vertreter für seine Produkte gewinnen, und nach einer Woche hatte er Aufträge von zweihundert Geschäften vorliegen. Drei Jahre später belieferte Send Inc. mehr als 750 Geschäfte in den gesamten Vereinigten Staaten, und ein Ende des Wachstums ist noch nicht abzusehen.

Norris' Geschäftsidee wurde sehr schnell zu einem bahnbrechenden Erfolg, weil er sich bestens auf seine Expedition in die Selbständigkeit vorbereitet hatte. Da er seine Konkurrenten genau studierte, aus ihren Erfolgen und ihren Misserfolgen lernte und konsequent in die Forschungsphase investierte, war dieses rasante Wachstum von Send Inc. möglich. Schon nach drei Jahren war das Unternehmen von Mark David Norris an einem Punkt, den seine größten Konkurrenten erst nach acht Jahren erreichten. Sein Vorteil war, dass er das Terrain ausgekundschaftet hatte, bevor er sich auf den Weg gemacht hat.

Weiterbildung ist ein Muss

Nachdem du das, was möglich war, im Rahmen deiner Forschungen und Untersuchungen hast lernen können, ist es nun an der Zeit, mit dem Abenteuer zu beginnen. Der Lernprozess hat dir Aufschluss darüber gegeben, wie du deine Ausrüstung bestmöglich zusammenstellen kannst, welche Route du einschlagen musst und wie du mögliche Fehler im Laufe deiner Reise vermeiden kannst. Der Lernprozess endet jedoch nicht in dem Moment, in dem du dich auf den Weg machst. Auch während deiner Reise durch den Dschungel der Selbständigkeit wirst du kontinuierlich lernen und dich weiterbilden müssen.

Jedes Mal, wenn du dich entscheidest, die Richtung zu ändern, musst du versuchen, etwas über den neuen Weg in Erfahrung zu bringen, der nun vor dir liegt. Wenn du nicht weißt, was dich hinter dem Horizont erwartet, hinter der nächsten Biegung oder hinter der nächsten Baumgruppe, so läufst du Gefahr, auf einem Riff zu stranden oder einen Abhang hinunterzustürzen.

Um den reibungslosen und effizienten Ablauf deiner Expedition nicht zu gefährden, musst du für eventuelle Veränderungen und neue Ideen offen bleiben und vor allem bereit sein, kontinuierlich zu lernen.

Stelle dir vor, du hättest Frankie's Uptown Deli eröffnet, ein exzellentes New Yorker Delikatessenrestaurant. Die Lage des Restaurants ist ideal, und du hast einen treuen Kundenstamm unter den Angestellten eines benachbarten Bürogebäudes. In deinem Restaurant werden nicht nur Gerichte serviert, aufgrund der großen Nachfrage verkaufst du auch Senfgläser, die ein Etikett mit der Aufschrift «Frankie's Uptown Deli» tragen. Das Restaurant ist nun seit annähernd einem Jahr in Betrieb, und die Umsätze sind jeden Monat gestiegen. Bislang war dein Abenteuer Selbständigkeit ein voller Erfolg.

Wie die größten Entdecker, so bist auch du ununterbrochen auf der Suche nach Wegen, um deine Expedition zu optimieren. Du möchtest deine derzeitige Wachstumsrate beibehalten, indem du dich in verschiedene Richtungen weiterentwickelst. Du hast zum Beispiel etwas über Direktmarketing-Anzeigen und Gutscheine, die per Post an die Haushalte verschickt werden, gehört und möchtest das ausprobieren. Du denkst: «Wenn ich Frankie's Uptown-Deli-Senf per Post vermarkte, steigere ich meine Umsätze.» Das klingt nach einer hervorragenden Idee. Theoretisch wäre es möglich, dass das Versandgeschäft von Frankie's den gesamten US-amerikanischen Markt beliefert. Andere Unternehmen machen Multimillionendollargeschäfte, indem sie ihre Produkte auf dem Postweg vertreiben. Für dich gibt es keinen Zweifel mehr, und du stürzt dich Hals über Kopf in das Geschäft.

Doch du hast versäumt, die notwendigen Vorbereitungen zu treffen. Du hast dir nicht die Mühe gemacht, herauszufinden, ob Konkurrenten von dir die Idee schon erfolgreich haben umsetzen können, und du hast keinen Gedanken daran verschwendet, ob die Idee für dein Produkt grundsätzlich infrage kommt. Du weißt somit nicht, dass Direktvermarktung ein sehr schwieriges und riskantes Geschäft ist und einen ganzen Wissenschaftszweig beschäftigt. Direktmarketing ist ein Glücksspiel, da die Kosten für eine Postwurfsendung außerordentlich hoch sind und nur ein sehr geringer Teil der Angeschriebenen jemals auf das Angebot reagiert. Du hast nichts davon gewusst, investierst 50 000 Dollar der 100 000 Dollar Barreserven des Unternehmens in die Aktion und erhältst Aufträge über ganze dreizehn Gläser Senf. Du bist mit deinem Unternehmen auf ein Riff gelaufen und hast ein großes Leck in den Rumpf des Schiffes gerissen. Auch wenn deine Expedition nicht vollends gescheitert ist, so hast du auf jeden Fall einen herben Rückschlag erlitten.

Mark Cohn, Mitbegründer der Damark Catalog Company, weiß den Wert ständiger Weiterbildung zu schätzen. Er begann 1986 mit 1000 Dollar und erwirtschaftete acht Jahre später einen Umsatz von 364 Millionen Dollar. Mark Cohn hat nicht nur ein Unternehmen aus dem Nichts geschaffen, er sichert darüber hinaus seinen Erfolg langfristig, indem er das Wissen, das er in seinem Geschäft und in seiner Branche benötigt, kontinuierlich erweitert. Mark Cohn beschreibt seine Auffassung vom Unternehmertum folgendermaßen:

> «Meine Herausforderung war es, zu wissen, was ich lernen muss, um das Unternehmen auf das nächsthöhere Niveau bringen zu können. Was muss ich wissen? Wo mangelt es mir an Wissen? Was habe ich noch nicht bedacht? Wie gelange ich an die Informationen? Es ist nicht der wirtschaftliche Zugewinn (über den wir verfügen), der mir die Freude an meiner Arbeit vermittelt. Erst die Fähigkeit zu lernen heißt für mich, Spaß an der Arbeit zu haben.»

Der Geist des Unternehmertums hat Mark Cohn erfasst. Auch wenn er Gefallen daran findet, den Schatz zu vergrößern, nichts ist ihm wichtiger als der Thrill des Abenteuers. Er lebt nicht für das Geld; für ihn sind Herausforderungen das Entscheidende – die kontinuierliche Erweiterung seines Wissens ebenso wie die Suche nach neuen Möglichkeiten, um sein Unternehmen erfolgreicher zu machen.

Das Gelernte umsetzen

Während einer Expedition notierte Peary in sein Tagebuch: «Ich begann damit, Pläne für ein neues Schiff anzufertigen, das im Großen und Ganzen der Roosevelt entsprach, die für arktische und antarktische Bedingungen gebaut worden war. Ich berücksichtigte dabei jedoch Verbesserungen und Detailmodifikationen, die sich aus den gesammelten Erfahrungen ergaben ...» Indem er seine Erfahrungen direkt in anwendbares Wissen – die Konstruktion eines neuen, besseren Schiffes – umsetzte, nutzte Peary das Erlernte besonders effektiv. Im Laufe deiner Expedition solltest du deine Erfahrungen ebenso sinnvoll nutzen und dein «Schiff» verbessern – oder, wenn notwendig, sogar ein ganz neues bauen. Einige der erfolgreichsten Unternehmer haben genau das getan.

Den Namen Bill Gates hast du mit Sicherheit schon einmal gehört. Er ist CEO, das heißt so viel wie Generaldirektor, und Gründer von Microsoft. Zurzeit ist er der reichste Mann Amerikas. Den Namen Kuzuhiko «Kay» Nishi wirst du wahrscheinlich noch nicht gehört haben. Er ist ein Freund und ehemaliger Geschäftspartner von Bill Gates. Der Computerhändler Nishi bereitete den Microsoft-Angriff auf den asiatischen Computermarkt vor. Daraufhin baute Nishi sich ein neues «Schiff».

Die Freundschaft zwischen Gates und Nishi war von Beginn an sehr eng. Beide legten die gleiche Energie und den gleichen Enthusiasmus an den Tag, wenn es um das Computergeschäft ging, und beide verfügten über hervorragende Qualifikationen und waren außerordentlich ehrgeizig. Ihr gemeinsames Geschäft wurde zu einem überwältigenden Erfolg. Beide verdienten im Laufe ihrer Partnerschaft Millionen von Dollar. Nishi, der Steuermann von Microsoft, blieb unbeirrt auf Kurs und surfte auf einer Welle des Erfolges durch das unberechenbare Gewässer des Softwaremarktes. Warum, so stellt sich die Frage, ist er dann von Bord gegangen und hat sich auf die Brücke eines anderen Schiffes gestellt?

Er glaubte, dass sein aktuelles Schiff den Anforderungen weiterer Expeditionen nicht gewachsen war. Nishi hatte im Bereich der Computertechnologie seinen Daumen immer am Puls der Zeit. Er verfügte über intime Kenntnisse der Vorgänge innerhalb der Computerbranche und hatte ein untrügliches Gespür für neue Trends. Für Nishi waren Halbleiterchips das Geschäft der Zukunft, Gates dagegen wollte sich auch weiterhin nur auf das Softwaregeschäft konzentrieren; beide Bereiche erwiesen sich im Laufe der nächsten Jahre als außerordentlich lukrativ.

Also trennte sich Nishi von Microsoft und investierte sein Wissen in sein eigenes Unternehmen ASCII. In Japan ist Nishi ein Held. Sein Unternehmen ASCII ist Japans größtes Prozessoren- und Softwareunternehmen und er fungiert auch als Herausgeber einiger der populärsten japanischen Zeitschriften.

Wissen ist das wertvollste Kapital

Wirf nun einen Blick auf die Firmenbilanz der Dandy Candy Inc., die dem Unternehmer und Süßigkeitenexperten Bubba Gum gehört und von ihm geleitet wird.

Aktiva *(wie das Geld investiert ist)*		Passiva *(woher das Geld stammt)*	
Anlagevermögen (Grundstücke, Gebäude, Fuhrpark und Inventar)	83 000 DM	Eigenkapital (setzt sich zusammen aus eigenen Anteilen, Gewinn und Rücklagen)	75 000 DM
Umlaufvermögen (kurzfristig gebundenes Kapital wie Lagerbestand, Barmittel und Forderungen, abzüglich der kurzfristigen Verbindlichkeiten, also der Summe, die du noch an andere Unternehmen bezahlen musst)	29 000 DM	Fremdkapital (Darlehen)	37 000 DM
Reinvermögen	112 000 DM	Gesamtkapital	112 000 DM

Rechts, auf der Passiva-Seite, findest du die Positionen, die dir Aufschluss darüber geben, woher das Geld im Unternehmen stammt. Auf der linken, der Aktiva-Seite, findest du die Vermögenswerte. Aufgelistet werden auch die Immobilien, die Barmittel, das Inventar und die offenen Rechnungen von Dandy Candy. Doch nirgendwo in dieser Bilanz findet sich ein Hinweis auf den wichtigsten Vermögenswert des Unternehmens: das Wissen, die Fähigkeiten und die Erfahrung des Unternehmers.

Als Gründer und Eigentümer des Unternehmens verfügst

du über ein umfassenderes Wissen im Bereich deines Unternehmens als jeder andere. Es war vom ersten Tag an dein Abenteuer. Du hast die gesamte theoretische Vorbereitungsarbeit geleistet: Du hast aus den Erfolgen und Fehlern deiner Konkurrenten gelernt und ihre wertvollen Erfahrungen umsetzen können. Du warst es, der die Ausrüstung zusammengestellt und dem Unternehmen auf hoher See zu einer unverwechselbaren Identität verholfen hat. Du hast das Unternehmen unaufhörlich optimiert und verbessert, indem du kontinuierlich bereit warst zu lernen.

Frage zum Beispiel Sol Price, wie wertvoll das Wissen des Unternehmers für den Erfolg eines Unternehmens ist. Nach siebzehn Jahren als praktizierender Anwalt entschied er sich, den Komfort und die Sicherheit eines gut bezahlten Berufes für ein Abenteuer als freier Unternehmer aufzugeben. Er war einer der Mitbegründer von Price Club, ein in den gesamten Vereinigten Staaten vertretener Warenhauskonzern, begann seine Karriere jedoch mit der Gründung von Fed-Mart, einer auf Markenartikel spezialisierten Supermarktkette, die er an einen deutschen Interessenten verkaufte. Der neue Eigentümer kündigte dem Firmengründer – und das war sein großer Fehler, denn nach dem Verlust dieser unschätzbar wertvollen Ressource war Fed-Mart zum Scheitern verurteilt. Price war so wichtig für das Unternehmen, dass es ohne ihn nicht überleben konnte.

Niemand außer dir als Eigentümer hat einen so großen Einfluss auf den Erfolg deines Unternehmens. Du bist der größte und entscheidende Vermögenswert deines Unternehmens. Du musst im Rahmen einer Bilanz aufgeführt werden, denn ein Unternehmen kann zwar das Inventar aufstocken oder ein neues Firmengebäude bauen, du jedoch bist durch nichts zu ersetzen. Eine vollständige Bilanz des Unternehmens Dandy Candy müsste darum folgendermaßen aussehen:

Aktiva *(wie das Geld investiert ist)*		Passiva *(woher das Geld stammt)*	
Anlagevermögen	83 000 DM	Eigenkapital	75 000 DM
Bubba Gum	unschätzbarer Wert	Fremdkapital	37 000 DM
Umlaufvermögen	29 000 DM	zuzüglich des Wissens des Unternehmers als unschätzbarer Wert	
Reinvermögen	112 000 DM	Gesamtkapital	112 000 DM

Wenn große Konzerne kleinere Unternehmen aufkaufen oder Banken die Kreditwürdigkeit eines Unternehmens bewerten, wird die *tatsächliche* Bilanz nicht berücksichtigt. Genau das ist der Grund, warum Umsätze und Gewinne oft nach einer Übernahme durch einen großen Konzern sinken. Ohne den Unternehmensgründer auf der Kommandobrücke verliert das Unternehmen an Effektivität. Auch Bankangestellte in den Abteilungen für Geschäftskredite schenken den herkömmlichen Vermögens- und Kapitalwerten eine viel zu große Aufmerksamkeit und versäumen es immer wieder, den Wert, den die Persönlichkeit des Unternehmers selbst darstellt, angemessen zu berücksichtigen. Das führt dann dazu, dass ein Kredit nicht bewilligt wird, weil die Sicherheiten nicht ausreichen. Doch oftmals rechtfertigt allein der unschätzbare Erfahrungs- und Wissensschatz des Eigentümers eines Unternehmens einen Kredit, selbst ohne jegliches Eigenkapital.

Als Kapitän eines Schiffes genießt du Privilegien, trägst aber auch große Verantwortung. Nur du allein verfügst über die notwendigen Fähigkeiten und kannst verhindern, dass das

Schiff untergeht. Damit mein Unternehmen und die Klienten meiner Unternehmensberatung vom aktuellsten Wissen im Bereich unternehmerischer Arbeit profitieren können, bilde ich mich regelmäßig weiter. Das beinhaltet Folgendes:

Die Lektüre von Büchern und Zeitschriften. Wenn ich in Buchhandlungen oder Bibliotheken gehe, bin ich immer wieder aufs Neue überrascht, welche Wissensressourcen einem Unternehmer zur Verfügung stehen. Ich empfehle dir, das *Manager Magazin* und die *Wirtschaftswoche* zu lesen, um allgemeine Wirtschaftstrends verfolgen zu können; ebenso wie *brand eins*, eine weniger bekannte, aber oftmals sehr informative Zeitschrift. Auch Tageszeitungen wie das *Handelsblatt*, die *Frankfurter Allgemeine* oder die *Süddeutsche Zeitung* bieten oft brandaktuelle Informationen über neue Entwicklungen und Chancen. Um weiter gehende Informationen aus deiner eigenen Branche zu erhalten, ist es sinnvoll, das Gespräch mit anderen Unternehmern zu suchen und Zeitschriften und andere Publikationen zu lesen, die sich direkt auf deine Branche beziehen. Suche in der Bibliothek gezielt nach Büchern oder anderen Medien, die dir weiterhelfen können.

Das Besuchen von Seminaren, Konferenzen und Präsentationen. Veranstaltungen dieser Art haben mir immer wertvolle Einsichten und entscheidende Erkenntnisse beschert. Sie sind zudem eine Möglichkeit, die «Großen» einer Branche kennen zu lernen und zu erfahren, welche bahnbrechenden Entwicklungen sich abzeichnen.

Das Hören von Audiokassetten. Seit kurzem ist ein Boom auf dem Markt für Audiokassetten zu beobachten. Die Auswahl an vertonten Büchern ist zumindest in den Vereinigten Staaten überwältigend. Das schließt auch ein breites Angebot an

Kassetten zum Thema Wirtschaft und Management sowie eine ebenso große Auswahl an Ratgebern zur Persönlichkeitsentwicklung ein. Vertonte Bücher auf Kassetten sind ideal, wenn dir die Zeit zum Lesen fehlt. Du kannst sie hören, während du Sport treibst, ein Essen kochst, putzt, Auto fährst oder mit öffentlichen Verkehrsmitteln unterwegs bist. Wenn du nur dreißig Minuten pro Tag in der U-Bahn oder im Auto verbringst, macht das 11 000 Stunden deines Lebens aus. Nutze diese Zeit für deine Weiterbildung! Zum Vergleich: Eine fünfjährige Ausbildung an einem College beinhaltet ungefähr 2000 Unterrichtsstunden.

Die Bereitschaft zu lernen ist die Grundlage aller erfolgreichen Unternehmer. Die berühmtesten Entdecker dieser Welt waren außerordentlich gebildete Menschen, für die Lernen ein fester Bestandteil des Lebens war und die ihren Wissensschatz unaufhörlich vergrößert haben. Auch du wirst dich einem lebenslangen Lernen verschreiben müssen, sowohl vor als auch während jeder deiner Expeditionen. Nur so kannst du erwarten, dass deine Reise durch den Dschungel des freien Marktes ein Erfolg wird.

**Lernen und Leistung sind untrennbar miteinander verbunden.
Je mehr du lernst, desto größer ist deine Leistungsfähigkeit,
und je mehr du erreichst, desto mehr wirst du lernen.**

11

Nimm die richtige Ausrüstung mit

Sparsam ist der, der sich schon heute auf die Bedürfnisse von morgen einstellt.
Äsop (6. Jh. v. Chr.), legendärer griechischer Fabeldichter

Nachdem du dich auf das bevorstehende Abenteuer theoretisch vorbereitet und dein Wissen vertieft hast, musst du nun die geeignete Ausrüstung zusammenstellen, mit der du das schwierige Terrain voller Fallen und Hinterhalte bewältigen und dein Ziel sicher erreichen kannst. Dabei wirst du eine Vielzahl weit reichender Entscheidungen treffen müssen. Doch glücklicherweise kann ich dir hierzu eine ganze Reihe wertvoller Ratschläge mit auf den Weg geben. Erstens: Eine gute Ausrüstung heißt nicht, so viel wie möglich mit auf die Reise zu nehmen. Es geht darum, die richtige Auswahl zu treffen. Wenn die theoretische Vorbereitung deines Abenteuers erfolgreich war, sollte es kein Problem sein zu entscheiden, was zur Ausrüstung gehört und was überflüssig ist.

Wenn du eine Liste absolut unerlässlicher Gegenstände erstellst, solltest du zwei Dinge beachten. Erstens: Bedenke, dass deine Reise ins Ungewisse geht und viel länger dauern könnte, als du geplant hast. Um gegen unvorhergesehene Ereignisse gewappnet zu sein, solltest du immer mehr Proviant als notwendig einkalkulieren. Zweitens: Achte trotzdem darauf, dass du nicht zu viel mit auf die Reise nimmst.

Wenn du diese Regel nun auf die Finanzierung deines Unternehmens überträgst, so heißt das: Du musst sehr sorgfältig mit dem Kapital umgehen, das dir zur Verfügung steht. Dabei spielt es keine Rolle, ob das Geld aus deinem Vermögen oder als Darlehen von einer Bank stammt. Viel zu oft habe ich beobachten müssen, dass Unternehmer sorglos und unachtsam mit ihrem Kapital umgegangen sind. Ohne Zweifel, du benötigst das Startkapital, um notwendiges Inventar zu kaufen – einen Computer, ein Telefon, einen Tisch, einen Stuhl und so fort. Doch es gibt noch andere Dinge, die für dein Unternehmen ebenso wichtig sind wie Konserven für eine Expedition.

Die drei Bedürfniskategorien eines Unternehmens

Wenn du eine Liste der einzelnen Ausrüstungsposten zusammenstellst, die du für notwendig hältst, wirst du schnell feststellen, dass einige davon wichtiger oder unwichtiger sind als andere. Du solltest nun herausfinden, welche Teile deiner Ausrüstung Vorrang haben, welche du im Laufe deiner Arbeit erwerben kannst (und wenn, wie das geschehen soll) und welche überflüssig erscheinen, obwohl sie tatsächlich unverzichtbar sind.

Die folgenden drei Bedürfniskategorien werden dir helfen herauszufinden, was auf deiner Einkaufsliste ganz oben stehen muss und welche Investitionen du getrost auf einen späteren Zeitpunkt verschieben kannst.

Elementare Bedürfnisse. Die elementaren Bedürfnisse sind die Teile der Expeditionsausstattung, die dazu dienen, die alltäglichen Abläufe des Unternehmens zu garantieren. Dieser Bedarf muss zuerst gedeckt werden. Wenn ein Büro Voraussetzung für dein Unternehmen ist, müssen ein Computer, ein Faxgerät, ein Telefon und möglichst auch ein Internetanschluss vorhanden sein, bevor du dich um weiteres Inventar kümmern kannst. Bevor dieser elementare Bedarf nicht gedeckt ist, solltest du den ebenholzfarbenen Kaffeehaustisch aus dem Schaufenster des Möbelhauses um die Ecke ganz bestimmt nicht kaufen.

Alle Unternehmen – und dabei spielt ihre Größe ebenso wenig eine Rolle wie die Waren oder Dienstleistungen, die sie anbieten – haben das grundlegendste aller wirtschaftlichen Bedürfnisse gemeinsam, den Cashflow. Darunter versteht man die Menge der verfügbaren Geldmittel, die ein Unternehmen innerhalb eines bestimmten Zeitraums einnimmt oder ausgibt. Cash ist das Grundnahrungsmittel eines jeden Unternehmens. Ein junges Unternehmen hat einen Appetit wie ein junger Elefant: Kaum hat er ein reichhaltiges Mahl verschlungen, kann das nächste aufgetischt werden. Als Teil der Basisausstattung deiner Expedition ist jederzeit verfügbares Geld der wichtigste Vermögenswert. Du wirst dieses Geld nicht nur in die elementaren Bedürfnisse deines Unternehmens investieren, du wirst es auch nutzen müssen, um dein Geschäft zu etablieren (Produktentwicklung, Werbung usw.). Am Ende wird dein profitables Geschäft den größten Teil des Cashflows abdecken. Bis dein Unternehmen aber Gewinn erwirtschaftet, musst du deinen Cashflow mit Hilfe des ursprünglichen Startkapitals aufrechterhalten.

Hilfsmittel, die die Versorgung während der Expedition sichern. Wenn du mit leichtem Gepäck reisen willst, solltest du Gerät mitnehmen, das dir erlaubt, deine Bedürfnisse unterwegs zu befriedigen. Wenn du beispielsweise eine Angelrute dabeihast, kannst du dir unterwegs Fische fangen und musst nicht so viel Proviant mitschleppen, wie du ursprünglich für die Reise eingeplant hast.

Einige der großen Entdecker verstanden es, diese Erkenntnis genial umzusetzen. Die Mannschaft der Kon-Tiki-Expedition hat keine Mühen gescheut, um ihre Wasservorräte aufzufüllen. Da sie lange Zeit auf offener See mit einem Floß unterwegs sein würden, mussten sie sich Gedanken darüber machen, wie sie ihre Trinkwasserversorgung aufrechterhalten konnten. Die Möglichkeit, ausreichende Trinkwasservorräte mit an Bord zu nehmen, scheiterte am beschränkten Stauraum, darüber hinaus hätten die schweren Kanister die Seetüchtigkeit des Floßes stark eingeschränkt. Das Problem wurde gelöst, indem sie Regenwasser sammelten und rohem Fisch, der in nahezu unbegrenzter Menge verfügbar war, die Flüssigkeit entnahmen. Mit Genialität und Kreativität konnten sie ihre Versorgung im Laufe der Expedition aufrechterhalten und darauf verzichten, die gesamte Menge dessen mitzunehmen, was sie im Laufe ihrer Reise benötigten.

Die Fähigkeit, die eigene Versorgung im Laufe einer Expedition zu sichern, ist entscheidend für den Erfolg. Die verfügbaren Geldmittel sind unter diesem Aspekt das wichtigste Gerät. Wenn du mit einem Startkapital von 10 000 Dollar beginnst, kannst du dieses Geld sinnvoll einsetzen und 100 000 Dollar, später sogar deine erste Million daraus machen. Ein ausreichender Cashflow nutzt dir in zweierlei Hinsicht. Er erlaubt es dir, das Wachstum deines Unternehmens zu finanzieren, und gestattet dir Entnahmen (denn wer ein Unternehmen gründet, möchte damit ohne Zweifel Gewinne erzielen). Wenn du genug verfügbare Geldmittel besitzt, wirst du die Versorgung deines Unternehmens ununterbrochen aufrechterhalten können.

Ich hatte das Glück, die Vorteile eines ausreichenden Cashflows von einem der größten Abenteurer unter den Unternehmern der Gegenwart lernen zu können. Während einer Konferenz des World Economic Forum in der Schweiz hatte ich die Möglichkeit, ein Gespräch mit Kay Nishi zu führen, und war gespannt darauf zu erfahren, wie einer der reichsten und erfolgreichsten Unternehmer Japans es geschafft hat, sein Softwareimperium aufzubauen. Ich fragte ihn: «Kay, wie sieht die sinnvollste Geschäftsstrategie aus, die du einem jungen Unternehmer empfehlen würdest?»

Seine Antwort war denkbar einfach. Er schaute mir ausdruckslos in die Augen und antwortete trocken: «Cashflow.» Nun öffnete sich sein Gesicht zu einem Lächeln, und er fuhr fort: «Dann kannst du dir einen Hubschrauber kaufen und gleichzeitig das Wachstum deines Unternehmens vorantreiben.»

Wie du dir denken kannst, sind Hubschrauber das bevorzugte Spielzeug von Kay Nishi. Der extravagante Geschäftsmann lässt keine Gelegenheit ungenutzt, per Hubschrauber zu reisen. Und solange er einen ausgeprägten Cashflow seiner Geschäfte aufrechterhalten kann, ist es ihm möglich, einen großen Teil des Geldes als Gewinn abfließen zu lassen. Da er Unternehmen mit einem ausreichenden Cashflow geschaffen hat, kann er sich seine teuren Hobbys leisten.

Was noch viel wichtiger ist: Du kannst den Cashflow nutzen, um das Wachstum deines Unternehmens zu finanzieren. Ich habe, indem ich dem Ratschlag Nishis gefolgt bin, mein eigenes Unternehmen weiterentwickelt und optimiert. Ich habe den Cashflow vergrößert und beschleunigt, indem ich die Arbeitsabläufe im Bereich des Rechnungseingangs optimiert habe. Die Rechnungslegung wurde vereinfacht, mit dem Ergebnis, dass die Rechnungen inzwischen doppelt so schnell beglichen werden. Der Bestand an offenen Forderungen blieb auf diese Weise vergleichsweise niedrig, und die direkt verfügbaren Mittel vergrößerten sich. Mit diesem Geld im Rücken kann ich Wachstumschancen für mein Unternehmen dann wahrnehmen, wenn sie sich bieten.

Die direkte Verfügbarkeit der Geldmittel ist sowohl für den Erfolg als Unternehmer als auch für dein Privatleben entscheidend. Kay Nishi und sein Hubschrauber stellen das unter Beweis. Doch diese Erkenntnis ist keineswegs neu. Benjamin Franklin, ein Mann, der für seine Genügsamkeit, seinen Fleiß und seine Vernunft bekannt war, beschrieb jederzeit verfügbares Geld als einen seiner treuesten Freunde. Diese Erkenntnis ist heute noch ebenso gültig wie 1736, als Franklin sie niederschrieb. Kein Geschäftsfreund wird vertrauenswürdiger sein als verfügbare Geldmittel, die durch einen ausgeprägten Cashflow erwirtschaftet werden.

Luxusgüter. Die Ausrüstungsgegenstände, die unter diese Kategorie fallen, sind nicht unbedingt notwendig, doch sie helfen dir, die Reise einfacher und angenehmer zu gestalten, und sind darum oft wünschenswert. Zudem können auch sie einen entscheidenden Einfluss auf den Erfolg deines Unternehmens ausüben. In diesem Bereich ist es allerdings noch wichtiger, eine kluge Auswahl zu treffen.

Im Rahmen einer Expedition durch den Urwald wären zum Beispiel Gewürze, Kopfkissen oder Musikinstrumente ein solcher Luxus. Diese Teile der Ausrüstung spielen keine Rolle, wenn es um die Sicherung der alltäglichen Grundbedürfnisse während der Expedition geht, und sie helfen nicht, das Angebot am Wegesrand besser nutzen zu können. Doch sie leisten auf subtilere Art und Weise einen wertvollen Beitrag zum reibungslosen und effektiven Ablauf deiner Expedition.

Der eine oder andere Luxus hat für dein Unternehmen die gleiche Wirkung. Eine manchmal gar nicht wesentlich teurere Ausstattung kann die Stimmung in deinem Unternehmen unglaublich positiv beeinflussen. Wenn du das gesamte Büro zum

Beispiel mit ergonomisch geformten Stühle ausstattest, werden deine Angestellten komfortabler und länger sitzen können und auf diese Weise ihre Arbeit in angemessener Qualität schneller und effektiver bewältigen.

Denke, während du die Ausrüstung für deine Expedition zusammenstellst, daran, dass ein kleiner Luxus oft großen praktischen Nutzen nach sich zieht. Nachdem die Grundbedürfnisse deines Unternehmens befriedigt sind und du weißt, mit Hilfe welcher Werkzeuge du das Angebot am Wegesrand nutzen kannst, schaffe Platz für das eine oder andere Utensil, das die Moral deines Teams entscheidend stärken kann.

Die Packtechnik

Nachdem du entschieden hast, wie Ausrüstung und Proviant aussehen sollen, musst du nun entscheiden, wie du die Gegenstände packst. Vielleicht hast du diesem Aspekt deiner Reise noch keine Bedeutung beigemessen, doch es ist eine wirklich wichtige Aufgabe, die du nicht auf die leichte Schulter nehmen solltest. Einige der größten Abenteurer haben sich in ernsthafte Schwierigkeiten gebracht, weil sie ihre Ausrüstung nicht sorgfältig gepackt hatten.

Einer von ihnen war der chinesische Mönch Hsuan-Tsang, der im 17. Jahrhundert durch ganz Asien reiste. Auf seinem Weg durch die Wüste Gobi verirrte er sich und verlor dann aufgrund eines Packfehlers auch noch seinen gesamten Wasservorrat. In den Aufzeichnungen eines Schülers des Mönchs ist zu lesen: «Als er aus dem Schlauch seines Wasserbehälters trinken wollte, glitt ihm der Behälter aufgrund seines großen Gewichts aus der Hand, und das Wasser war verloren. Ein Vorrat, der für tausend Li [fast 500 Kilometer] gereicht hätte, war innerhalb eines kurzen Augenblicks vernichtet.» Hätte Hsuan-Tsang sein Wasser stattdessen in mehreren kleinen Behältern aufbewahrt, wäre der Verlust des gesamten Vorrats vermeidbar gewesen und er nicht in Lebensgefahr gekommen.

Vermeide also potenzielle Unglücksfälle, indem du deine Vorräte sorgfältig portionierst und überlegt verstaust. Wenn du zum Beispiel ein Unternehmen gründen willst, das auf umfangreiche Informationen zurückgreifen muss, die auf einem Computer gespeichert sind, dann fertige immer externe Sicherungskopien an. Auf diese Weise verhinderst du, dass deine gesamte Arbeitsgrundlage zerstört wird, wenn ein Kurzschluss, ein Virus oder ein Programmfehler deine Dateien zerstören. Planst du, ein Einzelhandelsgeschäft zu eröffnen, in dem sich täglich große Summen Bargeld in den Kassen ansammeln, dann solltest du dir überlegen, ob es sinnvoll wäre, pro Tag mehrere Kassenabrechnungen durchzuführen, und nicht, wie üblich, nur eine zu Geschäftsschluss. So kannst du das Verlustrisiko bei einem möglichen Raubüberfall begrenzen.

Ein begrenztes Startkapital als Chance

Ein erfolgreicher Unternehmer sagte mir einmal: «Daryl, ich kenne kein einziges Unternehmen, das über zu viel Kapital verfügt. Wie du siehst, ist es Teil der unternehmerischen Herausforderung, nicht über ausreichende finanzielle Mittel zu verfügen – und genau darum macht es Spaß, ein Unternehmen zu gründen.» Die Bedeutung dieser Worte traf mich wie ein Blitz. Es war immer wieder ärgerlich, dass mir für die Verwirklichung einiger Projekte nicht genug Kapital zur Verfügung stand. Kein Unternehmen verfügt jemals über ausreichend Kapital für ein angemessenes wirtschaftliches Wachstum – und Banken leihen dir nur dann Geld, wenn du beweisen kannst, dass du das Geld nicht benötigst! Kein Unternehmer und keine Unternehmerin beginnt mit dem Startkapital, das er oder sie sich wünscht. Die verfügbaren Mittel scheinen immer knapp; das jedoch ist kein Grund zur Besorgnis, es ist Teil des Abenteuers.

Das wird deutlich, wenn du dir vor Augen führst, was Dana Sinkler und Alex Dzieduszycki widerfahren ist. Sie gründeten Terra Chips und führten eine neue Produktlinie exotischer vegetarischer Knabbereien ein. Das Unternehmen konnte astronomische Wachstumsraten vorweisen, und das Produkt war in aller Munde (wer kann schon Süßkartoffelchips mit Cayennepfeffer widerstehen?). Innerhalb von nur zwei Jahren waren die Umsätze von 600 000 Dollar auf 3 Millionen Dollar katapultiert, was einem fast 500-prozentigen Anstieg entspricht.

Selbst mit diesen unglaublichen Wachstumsraten hatten diese beiden Unternehmer Probleme, an Kapital zu gelangen. Sie stellten einen Kreditantrag bei einer renommierten Geschäftsbank, um so größere Büroflächen ankaufen zu können und die Produktion auszuweiten. Doch die Bank lehnte die Finanzierung ab. Terra Chips erhielt die Mittel erst nach aufwendigen betriebswirtschaftlichen und unternehmensstrategischen Manövern.

Jeder weiß, dass es schwer ist, Geld – von welcher Seite auch immer – zu erhalten, und das macht das Leben als Unternehmer so spannend. Wäre es ein Leichtes, an das notwendige Startkapital zu gelangen, wäre es kein Abenteuer, ein Unternehmen zu gründen. Aus wenig Geld viel Geld zu machen ist Teil der Herausforderung, der sich ein Unternehmer stellen muss. Ein begrenztes Startkapital sollte darum nicht als Defizit betrachtet werden, es steht für den Sinn eines Unternehmens. Lass dich durch die Tatsache, dass deine Kapitaldecke dünner wird, nicht von deiner Expedition in die Selbständigkeit abschrecken.

Während du die Ausrüstung und den Proviant für deine Expedition zusammenstellst, gilt: Mache einen Schritt nach dem anderen. Haushalte besonders sorgfältig mit deinem Startkapital. Nutze es geschickt, um die elementaren Bedürfnisse befriedigen zu können. Das verbleibende Kapital solltest du in Hilfsmittel investieren, die dich in die Lage versetzen, «Nahrung entlang des Weges zu sammeln», und schließlich solltest du darauf achten, dass du dein Expeditionsgepäck sorgfältig verstaust, um zu vermeiden, dass eine kleine Unachtsamkeit dich aus der Bahn wirft.

Eine Dose Ölsardinen mag deinen Hunger für einen Tag stillen. Mit einer Angel kannst du dich ein ganzes Leben lang versorgen.

12

Steck dir hohe Ziele

Auf lange Sicht trifft der Mensch nur das Ziel, das er sich gesteckt hat.
Henry David Thoreau (1817–1862), amerikanischer Schriftsteller

Einige erfahrene Entdecker zogen mit der Elefantenbüchse im Anschlag durch die afrikanische Savanne. Ihre Expeditionen wurden von verschiedenen Führern begleitet, die Gruppen setzten sich aus einem Dutzend Teilnehmern zusammen und trugen mehrere hundert Kilo an Proviant und Ausrüstung mit sich. Sie verfügten über ein umfangreiches Equipment und hatten nur große Tiere im Visier: Löwen, Tiger und Elefanten. Andere Jäger machten sich allein und mit leichtem Tagesgepäck auf den Weg. Ihr Abenteuer war unkompliziert und leicht zu bewältigen. Sie führten eine Schrotflinte mit sich und jagten damit hauptsächlich kleine Beutetiere wie Hasen, Fasane und Truthähne.

Der größte Unterschied zwischen diesen beiden Typen von Jägern bestand nicht in der Größe ihrer Schusswaffen, dem Umfang ihrer Ausrüstung oder der Anzahl der Menschen, die für sie arbeiteten. Der entscheidende Unterschied zwischen ihnen war, dass sie unterschiedliche Ziele vor Augen hatten. Der zugrunde liegende Arbeitsaufwand war ähnlich, und beide verfügten über detaillierte Kenntnisse der Tiere, die sie jagten. Der Tagesablauf beider war von der Jagd bestimmt. Der einzige auffällige Unterschied war die Größe der Tiere, die sie erlegten.

In den meisten ostafrikanischen Regionen ist die Großwildjagd seit vielen Jahren glücklicherweise verboten. Auch wenn ich die Jagd als Sport ablehne, glaube ich, dass die Analogie der Groß- und Kleinwildjagd sehr hilfreich ist, wenn es darum geht, dir zu helfen, deine Unternehmensziele zu erreichen. Der einzige Unterschied zwischen einem großen und einem kleinen Unternehmen ist das Ziel, das der Unternehmer vor Augen hat. Viele Aufgaben des Geschäftsführers eines kleinen Unternehmens entsprechen denen des Verantwortlichen eines großen Unternehmens. Beide arbeiten zwölf Stunden pro Tag, erweitern ihr Wissen, denken über Möglichkeiten nach, das Unternehmen zu optimieren, verschaffen sich einen Überblick über die Arbeit der Mitarbeiter, überwachen die Produktionskosten und führen Kundengespräche. Der Unterschied besteht darin, dass der Großunternehmer nach wesentlich höheren Umsatzzahlen strebt als der Kleinunternehmer.

Wenn du Geschäftsführer eines kleinen Unternehmens bist, so leistest du bereits fast die gleiche Arbeit wie der Geschäftsführer eines Weltkonzerns – und zwar mit demselben Zeitaufwand. Das kann nur heißen: Wenn du dich einmal entschlossen hast, auf die Jagd zu gehen, dann kannst du dich ebenso gut auf das Großwild konzentrieren. Warum peilst du nicht anstelle der 100 000 Dollar einen Umsatz von einer Million an? Wer seine Ziele nicht hoch steckt, wird auch keine fette Beute machen.

Thoreau strebte zeit seines Lebens danach, seine Persönlichkeit voll zu entfalten. Für ihn war offensichtlich, dass er sein gesamtes Potenzial nur dann würde nutzen können, wenn er sich kontinuierlich immer mehr abverlangte: Nur wenn er nach

Vollkommenheit strebte, würde er Vollkommenheit erlangen. Und nur wenn du dir das maximal Mögliche zum Ziel setzt, wirst du es auch erreichen. Du musst den Mut haben, bis an deine Grenzen zu gehen. Auch wenn das kitschig klingen mag: Ich glaube an die Kraft hoch gesteckter Ziele.

Der Gründer der Lone-Star-Steakhäuser, einer Restaurantkette aus Wichita, hatte von Beginn an Großes vor, und er ließ sich darin nicht beirren. Die meisten Betreiber kleinerer Restaurants erwarten Bruttoeinnahmen in Höhe von 200 000 Dollar bis 500 000 Dollar pro Jahr, um einen angemessenen Gewinn erwirtschaften zu können. Die Manager von Lone Star hatten andere Erwartungen. Sie strebten Umsätze in Höhe von 3 Millionen Dollar pro Jahr und Restaurant an – und sie erreichten ihr Ziel. Die Preise weichen nur unerheblich von denen anderer Restaurants ab, und auch die wirtschaftliche Ausnutzung des Raumes ist ähnlich. Das heißt, die Restaurants unterscheiden sich kaum von den Konkurrenzunternehmen. Das Essen dort ist hervorragend und der Service Spitzenklasse. Das jedoch hat kaum Auswirkungen auf die Tatsache, dass die Einnahmen pro Restaurant die der Konkurrenten um mehr als 600 Prozent übersteigen.

Nur die visionäre Zielsetzung der Gründer von Lone Star macht den wesentlichen Unterschied zu allen anderen Restaurants aus. Wenn sie gedacht und gehandelt hätten wie alle anderen Betreiber von Restaurants, so hätten sie sich wahrscheinlich mit wesentlich niedrigeren Umsatzzahlen zufrieden gegeben. Schon Bruttoeinnahmen in der Größenordnung von einer Million wären doppelt so hoch gewesen wie das, was andere Restaurants üblicherweise einnehmen.

Ich weiß, was du nun denken wirst. Ein Umsatz von drei Millionen Dollar ist eine vermessene Vorstellung, denn selbst ein Umsatz von einer Million sprengt die Dimensionen deines Garten- und Landschaftsbaubetriebes, deiner Apotheke oder deines Handels für Installationsbedarf. Doch auch wenn du deine

Ziele sehr hoch steckst – schlimmstenfalls könntest du sie verfehlen.

Stell dir vor, du würdest drei kleine Waschsalons betreiben. Jeder Salon würde pro Jahr einen Umsatz von 35 000 Dollar erwirtschaften, was pro Jahr einem Gesamtumsatz von 105 000 Dollar entspräche. Doch für das laufende Jahr hast du deine Erwartungen höher geschraubt. Du erwartest einen Gesamtumsatz von 500 000 Dollar, was einen Umsatz von ungefähr 166 000 Dollar pro Salon bedeutet. Das entspräche einem 500-prozentigen Zuwachs des Umsatzes.

Du versuchst, dieses Ziel mit Hilfe einer engagierten Werbekampagne zu erreichen: Werbespots im lokalen Radio, farbige Anzeigen in der regionalen Tageszeitung sowie größere und attraktivere Schilder über jedem Salon. Du renovierst die Geschäftsräume und stattest sie mit komfortablen Wohnzimmermöbeln aus, die du preiswert in einem Secondhand-Möbelladen gekauft hast. Deine Kunden werden sich in den bequemen Sofas mit Sicherheit wohler fühlen als auf den harten Klappstühlen, die bislang zum Inventar der Geschäfte gehörten.

Das Ziel, 500 000 Dollar im Jahr umzusetzen, verfehlst du zwar, aber immerhin erreichst du 300 000 Dollar. Und das ist fast das Dreifache des Umsatzes, den du bislang innerhalb eines Jahres erzielt hast. Du hast das Endziel verfehlt, aber weil du es hoch gesteckt hattest, hast du trotzdem entscheidende Fortschritte gemacht.

Wenn du die hoch gesteckten Ziele, die du für dich und dein Unternehmen gesetzt hast, nicht erreicht haben solltest, wirst du trotzdem Beachtliches geleistet haben. Les Brown bringt das auf den Punkt: «Versuche, den Mond zu erreichen; wenn du ihn verfehlst, wirst du auf einen Stern treffen.»

Fünf Vertriebsebenen

Die Jagd auf die fette Beute ist wichtig. Ebenso wichtig aber ist, dass die Auswahl der Beute auf deine Erfahrungen und deinen persönlichen Hintergrund abgestimmt ist. Bist du zum Beispiel ein erfahrener Jäger und weißt mit einer Elefantenbüchse umzugehen, dann kannst du an einer Großwildjagd teilnehmen. Sind deine Erfahrungen begrenzt, solltest du klein beginnen und dir deinen Weg nach oben erarbeiten.

Ich habe fünf Vertriebsebenen ausgearbeitet, die dir helfen können, einen geeigneten Ort für den Beginn deiner Jagd zu finden. Diese Ebenen entsprechen ungefähr der Einstufung von Unternehmen in Kategorien von klein bis groß. Setze dir einige nicht zu hoch und nicht zu niedrig gesteckte Ziele, mit denen du auf einer niedrigen Ebene beginnst. Arbeite dich dann, von einer Ebene zur nächsten, bis an die Spitze vor.

Beginne auf der Vertriebsebene, auf der du dich am wohlsten fühlst. Stütze deine Entscheidung dabei auf die Erfahrungen, die du innerhalb einer bestimmten Branche erworben hast, und auf das dort gesammelte Spezialwissen. Nachdem du dein Unternehmen der vorgegebenen Ebene entsprechend aufgebaut hast, bewege dich auf die nächsthöhere Stufe, indem du deinen Blickwinkel erweiterst. Beginne klein und plane in großen Dimensionen!

Der lokale Bereich. Es handelt sich hier um die niedrigste Stufe. Sie bezieht sich auf die direkte Umgebung deines Geschäftes und die Nachbarschaft. Auf dieser Ebene finden Waren und Dienstleistungen kaum den Weg aus dem Stadtteil hinaus. Das bedeutet, dass dein Produkt oder deine Dienstleistung in erster Linie auf die Umgebung abgestimmt sein müssen, in der dein Geschäft oder Unternehmen sich befindet. Ein Friseursalon zum Beispiel, der hauptsächlich Kunden aus der Nachbarschaft anspricht, arbeitet auf der lokalen Ebene.

Der urbane Bereich. Diese Ebene ist etwas größer als der lokale Bereich. Unternehmen auf dieser Stufe bedienen einen zahlenmäßig größeren Kundenstamm und vertreiben ihre Waren in einem größeren Gebiet. Ein Bäcker zum Beispiel, der Lebensmittelläden, Restaurants und Hotels in der Stadt mit Kuchen, Brot und Gebäck beliefert, zählt zu dieser Kategorie. Wenn du dir sicher bist, dass du deine Stadt und ihre Bevölkerungsstruktur gut kennst, dann solltest du auf dieser Ebene beginnen.

Der regionale Bereich. Dieser Bereich umfasst den Transport von Waren und Dienstleistungsangeboten über weitere Strecken und richtet sich an eine deutlich größere Zahl potenzieller Kunden. Hier zu operieren setzt einige Erfahrungen voraus. Du kannst dich auf diese Ebene emporarbeiten, indem du eine Filiale in einer anderen Stadt deiner Region eröffnest oder indem du Backwaren in andere Städte der Region lieferst.

Der nationale und EU-Bereich. Wer auf nationaler und EU-Ebene arbeitet, ermöglicht allen Bewohnern eines Landes oder eines gemeinsamen Wirtschaftsraumes den Zugriff auf die jeweiligen Güter. Es ist nicht notwendig, überall im Land Filialen zu eröffnen. Oft reichen eine gebührenfreie Telefonnummer, ein Faxgerät und ein 24-Stunden-Lieferservice aus, um mit Kunden, die Tausende Kilometer entfernt leben, genauso problemlos arbeiten zu können wie mit denen, die in der nächsten Straße wohnen.

Der internationale Bereich. Um mit einem internationalen Unternehmen in die Selbständigkeit starten zu können, solltest du bereits über Erfahrungen in der Zusammenarbeit mit internationalen Behörden verfügen, mehrere Sprachen sprechen, die eine oder andere fremde Kultur besonders gut kennen oder besonders gute Kontakte zu Menschen in anderen Ländern haben. Ist das nicht der Fall, beginne mit deinem Unternehmen auf einer der unteren Ebenen und arbeite dich bis auf das internationale Level vor. Wenn du zum Beispiel Kekse herstellst und vertreibst, versuche sie zuerst in den Regalen der Lebensmittelgeschäfte deiner Stadt zu positionieren. Dann innerhalb deiner Region, danach im ganzen Land oder der Europäischen Union und schließlich in Nord- und Mittelamerika, Osteuropa und Asien. Vom Standort deiner Bäckerei aus macht es keinen Unterschied, ob du die verpackte Ware in die nächstgelegene Stadt oder nach Mexiko City schickst.

Wie gelangt man zur nächsthöheren Ebene?

Denke immer daran, dass die Vertriebsebenen nur einen groben Anhaltspunkt markieren. Nutze sie, um deine Chancen für die Großwildjagd angemessen einzuschätzen. Michael Gerber stellt in seinem Buch *Erfolgsstrategien für Unternehmer* ein besonders überzeugendes System vor, das dir helfen wird, den Weg von einer Ebene zur nächsthöheren zu beschreiten. Sein Konzept beinhaltet, dass du dein Unternehmen als Prototyp für zahllose andere Unternehmen betrachtest, die noch gegründet werden sollen. Dein Ziel ist es dabei, dein Modellunternehmen bis ins kleinste Detail zu vereinfachen und zu perfektionieren.

Wenn du zum Beispiel ein Restaurant betreibst, perfektioniere alle Arbeitsabläufe und vereinfache alles so weit, dass es ohne Probleme dupliziert werden kann. Richte dein Augenmerk vor allem auf die gesamte Innenausstattung und das äußere Erscheinungsbild, also die Gestaltung der Außenanlagen, die Architektur des Gebäudes und den Grundriss. Die Bilder, die Speisekarten und die Gedecke auf den Tischen sollten einheitlich sein. Entwickle ein Standardsystem für die Aufnahme der Bestellung, die nächtliche Abrechnung und die Entsorgung der Abfälle. Standardisiere alles. Entwirf eine einheitliche Kleidung für die Mitarbeiter, und lasse sie jeden Gast, der das Restaurant betritt, mit einer festgelegten Grußformel empfangen. Egal ob in Atlanta, Boston oder San Francisco, überall werden die Kunden in deinen Restaurants mit den gleichen Worten begrüßt.

Nachdem du die Standards deines Unternehmens perfektioniert und jeden noch so nebensächlichen Geschäftsablauf vereinfacht hast, kannst du dein Unternehmen nun quasi klonen! Zuerst eröffnest du Restaurants an anderen Stellen der Stadt, dann in anderen Orten deiner Region. Ist dieser Schritt zu deiner Zufriedenheit vollzogen, eröffnest du die nächsten Restaurants in verschiedenen Teilen des Landes. Selbst während der Wachstumsprozess deines Unternehmens in vollem Gange ist, kannst du deine Ziele fortlaufend höher stecken. Es ist möglich, die einzelnen Ebenen sehr schnell zu durchlaufen, indem du dein Unternehmen klonst.

Michael Gerber gibt noch einen weiteren Rat, der dir helfen wird, deinen Weg durch die jeweiligen Ebenen zu bahnen: «Arbeite *an* deinem Unternehmen, nicht *in* deinem Unternehmen.» Verbringe deine Zeit also nicht mit dem unerheblichen Kleinkram des täglichen Geschäfts, sondern nutze deine Energie, um die Arbeitsabläufe in deinem Unternehmen zu verbessern und weiterzuentwickeln.

Das Konzept der «Folgebesteigung»

Alle erfolgreichen Unternehmer, die ich getroffen habe, sind sich einig, dass es nicht ausreicht, in großen Dimensionen zu denken und hoch gesteckte Ziele zu verfolgen. Nach den Sternen zu greifen ist ein guter Beginn, doch das kontinuierliche Heraufsetzen deiner Ziele ist das Geheimnis außergewöhnlicher

Leistungen. Willst du auf deiner Reise erfolgreich sein, musst du mit jedem weiteren Schritt in immer wieder größeren Dimensionen denken. Jedes Mal, wenn du eine neue Ebene erreicht hast, musst du dir ein neues Ziel stecken.

Ich möchte dieses Konzept «Folgebesteigung» nennen. Wenn du ein hoch gestecktes Ziel verfolgst und es dann erreicht hast, fühlst du dich bestätigt. Dein Projekt war erfolgreich. Herzlichen Glückwunsch! Du stehst nun auf dem Gipfel, der Blick ist überwältigend. Die Erde liegt zu deinen Füßen, und die Wolken erscheinen als greifbare Trophäen. Die Sonne lugt kurz hinter ihnen hervor, um dir zu deiner hervorragenden Leistung zu gratulieren. Doch verweile nur für einen kurzen Augenblick in diesem Hochgefühl. Halte Ausschau, und schon wird in der Ferne ein weiterer, noch höherer Berg auftauchen. Du wirst feststellen, dass es eine unendliche Kette von Bergen gibt, die alle nur darauf warten, bezwungen zu werden. Erfolgreiche Forscher und Unternehmer gleichermaßen werden ihr Visier neu ausrichten und den nächsten Gipfel in Angriff nehmen.

Als Unternehmer mit Abenteurergeist wirst du jedes Mal, wenn du ein dir gesetztes Ziel erreicht hast, automatisch damit beginnen, ein neues Ziel zu suchen. Achte darauf, dass du nicht selbstzufrieden wirst. Stecke deine Ziele immer höher. Erwarte von dir, dass du dich kontinuierlich weiterentwickelst und deine Leistungen verbesserst. Nur mit hoch gesteckten Zielen wirst du erfolgreich sein, und nur mit noch höher gesteckten Zielen wirst du es bleiben.

**Du wirst das erreichen, was du dir zum Ziel setzt.
Darum solltest du nach etwas streben, was dir am Herzen liegt.**

13

Wenn du vor einem Abgrund stehst, dann bau eine Brücke

Die große Chance, an die ich denke, ist kein Versprechen – sie ist eine Herausforderung.
John F. Kennedy (1917–1963), 35. Präsident der Vereinigten Staaten

Ein einsamer Abenteurer bahnt sich, mit einer Machete in der Hand, seinen Weg durch den dichten Urwald. Die wertvollen Edelsteine, nach denen er sucht, liegen in einer Höhle, nicht weit von seinem augenblicklichen Standort entfernt. Seinen Hut hat er weit ins Gesicht gezogen, um sich vor Verletzungen durch das wild wuchernde Unterholz zu schützen. Seine Augen suchen dabei den Boden vor ihm genau ab. Er beschleunigt seinen Schritt, bewegt sich schneller und kommt näher. Plötzlich, wie aus dem Nichts, verborgen hinter dichten Urwaldbäumen, tut sich vor ihm eine 300 Meter tiefe Schlucht auf. Er reagiert rechtzeitig und kommt kurz vor dem Abgrund zum Stehen.

Was wird unser Abenteurer jetzt tun? Die Schlucht ist zu breit, um hinüberspringen zu können, zu steil, um zu klettern, und zu lang, als dass er sie umgehen könnte. Wird er aufgeben und umkehren? Wird er wütend werden, seinen Ärger herausschreien und den unfähigen Kartenzeichner verfluchen? Wird er unsicher werden und verzweifeln? Nein, natürlich nicht! Er setzt sich hin und analysiert die Situation. Er führt sich besonnen vor Augen, welche Möglichkeiten er hat, und entscheidet sich für einen Plan. Er flicht aus Ranken, die den Boden bedecken, ein Seil und befördert es auf die andere Seite der Schlucht. Mit Hilfe dieser Behelfsbrücke kann er sich nun ohne große Schwierigkeiten über den Abgrund auf die andere Seite hangeln. Er hat nur wenig Zeit verschenkt, und der Schatz ist immer noch in Reichweite. Sein Einfallsreichtum und seine Zielstrebigkeit waren für ihn von großem Nutzen.

Trotz einer ausgeklügelten Planung und egal, wie angemessen deine Expeditionsausrüstung auch sein mag, unvorhergesehene Hindernisse werden sich dir wahrscheinlich immer wieder in den Weg stellen. Es gibt keine Garantie für einen sicheren und reibungslosen Ablauf im Dschungel des freien Unternehmertums!

Auch Peary beschrieb seine Probleme: «Es gibt so viele Trümpfe in der Hand gegen den, der versucht, ernsthafte Arbeit auf höchstem Niveau zu verrichten, dass es immer wieder einen Punkt mit einer solchen Eigendynamik geben wird, der trotz aller Sorgfalt, Weitsicht und Planung befürchten lässt, dass ein Projekt aus dem Ruder läuft.» Peary wusste, dass Probleme unausweichlich sind, wenn ein Forscher sich auf ein solches Wagnis einlässt, egal, wie gut die Reise zuvor geplant wurde.

Die Herausforderungen warten schon auf dich

Als Unternehmer musst du einfach mit unvorhergesehenen Hindernissen rechnen. Anzahl und Form der Fallgruben im Dschungel der Selbständigkeit sind beliebig. Es kann sich um ein kleines Problem mit dem Belegdrucker im Zentrallager handeln, das sich zuspitzt, weil der Techniker, der schon gestern vor Ort sein wollte, auch heute noch nicht gekommen ist. Es kann sich auch um schwerwiegendere Probleme handeln. Ein Brand nach einem Kurzschluss zum Beispiel hat drei Viertel deines Inventars zerstört. Vielleicht gibt es in diesem Jahr einen sehr milden Winter, und dein viel versprechendes Geschäft mit modernen Schneepflügen wird um Meilen zurückgeworfen. Du weißt nicht, welche Hürde sich dir als nächste in den Weg stellt.

Doch wenn Forscher und Entdecker vor Hindernissen stehen, finden sie Lösungen. Peary hat schließlich den Nordpol erreicht. Und auch du als Unternehmer musst auf deinen Einfallsreichtum und deine Zielstrebigkeit vertrauen, um Lösungen zu finden, wenn Probleme, Hindernisse oder unglückliche Umstände sich dir in den Weg stellen.

Die Ross-Barriere

Sei nicht überrascht und verzweifle nicht, wenn dich das Unglück trifft. Unvorhergesehenes lauert überall und ist ein natürlicher Bestandteil des Dschungels. Trotzdem ist es möglich, die gefährlichste Meerenge, den tiefsten Canyon und die wildesten Stromschnellen zu passieren. Erfahrene Unternehmer wissen, dass es im Laufe ihrer Arbeit immer wieder zu extrem entmutigenden Situationen kommt. Turmhohe Hindernisse stellen keine Ausnahmen dar. Du kannst davon ausgehen, dass sie, ebenso wie die tagtäglichen Stolpersteine, in regelmäßigen Abständen vor dir auftauchen werden.

James Ross gibt ein besonders gutes Beispiel hierfür ab: Der britische Polarforscher und Entdecker verbrachte mehrere Monate unter extremen Bedingungen in der Antarktis und versuchte den Südpol zu erreichen. Er wurde schließlich von einer gigantischen Eiswand aufgehalten und beschrieb seine Mutlosigkeit wie folgt: «Eine Barriere solchen Ausmaßes, die keinen Zweifel daran ließ, dass auch unsere zukünftigen Versuche so Erfolg versprechend sein dürften wie der Versuch, durch die Kliffs von Dover zu segeln.»

Ross sah keine Möglichkeit, das Hindernis, das sich ihm in den Weg stellte, zu überwinden. Daraufhin suchte er weiter südlich nach einer Passage, aber es gelang ihm nicht, den Südpol zu erreichen. Schließlich wurden die gewaltigen Eismassen nach ihm benannt. Siebzig Jahre später nahm ein anderer Entdecker die Herausforderung an und überquerte die Ross-Barriere auf seinem direkten Weg zum Südpol. Was dem einen als unüberwindliches Hindernis erschien, wurde dem anderen zur Chance.

Lass deine Probleme und Hindernisse nicht zur Chance anderer werden. Oft ist das, was als nicht zu bewältigendes Hindernis erscheint, in Wirklichkeit eine Herausforderung. In der Zeit vor FederalExpress gab es nur eine Möglichkeit, sicherzustellen, dass ein Paket tatsächlich am nächsten Tag seinen Bestimmungsort erreichte. Du musstest einen Boten in ein Flugzeug setzen. Am Zielort angekommen, gab der Bote das Paket persönlich beim Empfänger ab und rief dich an, um dir den Zeitpunkt der Zustellung mitzuteilen. Eine ziemlich teure Angelegenheit!

Während eines Seminars über Betriebswirtschaft hatte Fred Smith, der Gründer von FedEx, erstmals die Idee für sein Unternehmen. Dessen Herzstück war ein zentrales Verteilersystem: Flugzeuge aus den gesamten Vereinigten Staaten sollten mitten in der Nacht nach Memphis fliegen. Dort würden die Pakete ausgeladen, durch ein Sortiercenter geschleust, in die startbereiten Flugzeuge eingeladen und in ihre Bestimmungsorte geflogen. Dieses geniale System machte es möglich, die Kosten für Flüge zwischen den einzelnen Städten einzusparen.

Fred Smiths Professor an der Yale University bescheinigte ihm nur unterdurchschnittliche Leistungen im Fach Wirtschaftswissenschaften. Doch diese Kritik beeindruckte Smith wenig; er hielt an seiner Idee fest und gründete ein Unternehmen, das unser Leben nachhaltig verändert hat.

Nutze deine Findigkeit und Zielstrebigkeit, um unerwartete Hindernisse in phantastische Chancen für dich und deine Expedition zu verwandeln. Lass es nicht dazu kommen, dass eine Barriere nach dir benannt wird!

Der direkte Weg ist nicht immer der beste

Ein Problem zu umgehen ist manchmal die beste Möglichkeit, es zu lösen. Wenn du dich auf den Weg in das Abenteuer Selbständigkeit machst, wirst du feststellen, dass es sehr einfach ist, sich von der aggressiven und abenteuerlustigen Natur des Unternehmertums in den Bann ziehen zu lassen. Du möchtest nun jeden Stier bei den Hörnern packen und zu Boden ringen. Dennoch ist es nicht immer die sinnvollste Lösung, jedes Problem frontal anzugehen.

Als Livingstone und seine Expedition mit Kanus flussabwärts auf einem Fluss in Südafrika fuhren, stießen sie auf die annähernd 100 Meter tiefen Wasserfälle von Gonye. Vorausschauend ließ Livingstone die Kanus aus dem Fluss ziehen und an einer seichteren Stelle flussabwärts wieder zu Wasser lassen. Andere Abenteurer hätten vielleicht, viel zu selbstsicher, der Gefahr getrotzt, dabei alles riskiert und wahrscheinlich alles verloren.

Die nahe liegende Lösung, nämlich sich in der Strömung weitertreiben zu lassen, wäre nicht die beste Lösung gewesen. Da Livingstone seine Entscheidungen überlegt und sorgfältig zu treffen vermochte und ein gutes Urteilsvermögen besaß, konnte die Expedition ihren Weg flussabwärts sicher fortsetzen. Er war erfolgreich, weil er dem Hindernis auswich, anstatt es direkt zu konfrontieren.

Oftmals gibt es Lösungen oder Möglichkeiten, die sinnvoller und praktischer sind als diejenigen, die dir spontan einfallen werden. Sie zu finden erfordert ein präzises und sachliches Denken. Agiere vorsichtig, um genug Zeit für die richtige Entscheidung zu haben. Thoreau sagte einmal: «Weisheit ist der Verzicht auf Verzweiflungstaten.» Weisheit ist auch die Fähigkeit, rational zu denken und zu handeln. Du musst unüberwindlichen Eisbarrieren und tosenden Wasserfällen nicht wie ein Mensch gegenübertreten, dem als einzige Wahl eine Verzweiflungstat bleibt.

Ein solches Verhalten konnte ich schon sehr oft beobachten. Ein Unternehmer steht vor einem Problem; er muss sich um überfällige Rechnungen kümmern oder missmutige Mitarbeiter motivieren. Doch statt alle Lösungsmöglichkeiten gegeneinander abzuwägen, setzt der Unternehmer den erstbesten Lösungsansatz um, der ihm in den Sinn kommt. Erbost darüber, dass Kunden zu lange warten, um ihre Schulden zu begleichen, beauftragt der betroffene Unternehmer ein Inkassobüro; genervt von seinen Mitarbeitern, entlässt ein Unternehmer die gesamte Belegschaft und beginnt mit neuen Mitarbeitern von vorn.

Erfahrene Unternehmer überdenken sorgfältig jedes Problem, mit dem sie konfrontiert werden, wobei es keine Rolle spielt, ob es sich um ein großes oder ein kleines Problem handelt. Zu schnelle und direkte Reaktionen sind oft irrational und wirken wie Verzweiflungstaten. Entspann dich, denke unvoreingenommen nach und wäge alle Möglichkeiten gegeneinander ab.

Die richtige Wahl zu treffen kann darüber entscheiden, ob du dein Ziel erreichen oder in den Stromschnellen umkommen wirst. Versuche, Schwierigkeiten, Hindernisse und Fallen möglichst zu umgehen. Stürze dich nicht in die Stromschnellen, wenn du den Schatz finden kannst, ohne dieses Risiko einzugehen.

Doch wie kannst du wissen, ob du mutig voranschreiten oder lieber innehalten sollst, dich aggressiv verhalten oder passiv abwarten musst? Glücklicherweise gibt es Strategien, die dir helfen können, zu entscheiden, ob du über den Abgrund springen oder lieber eine Behelfsbrücke bauen sollst.

Spektrumdenken

Eine nicht zu unterschätzende Zahl erfolgreicher Unternehmer haben potenzielle Probleme als Chancen für sich nutzen können. Ich habe eine Technik entwickelt, die dir helfen wird, es genauso zu schaffen wie sie: das «Spektrumdenken». Dabei gibt es drei Phasen:

1. *Versuche, das Hindernis oder das Problem möglichst genau zu benennen.* Lass dich nicht durch nebensächliche Empfindungen und Befürchtungen von der möglichen Lösung ablenken. Konzentriere dich auf die Herausforderung, vor der du stehst, bis du sie mit Hilfe von zehn oder weniger Wörtern beschreiben kannst.
2. *Notiere die zwei offenkundigsten Lösungen für dein Problem.* Sie liegen gewöhnlich an den beiden äußeren Enden des Spektrums. Es sind «Alles oder nichts»-Optionen, die kaum zu einer praktischen und umsetzbaren Lösung führen. Die findet sich in der Regel irgendwo in der Mitte des Spektrums, zwischen den beiden Extremen.
3. *Erstelle einige Alternativen, die die gesamte Bandbreite der Möglich-*

keiten abdecken. Unter einer dieser Optionen wird der adäquate Lösungsansatz zu finden sein.

Erinnerst du dich an Tom Sawyer? Auch er musste als junger Abenteurer zahllose Probleme lösen, zum Beispiel das mit dem Zaun. Die beiden «Alles oder nichts»-Optionen wären gewesen, entweder den Zaun zu streichen oder nicht. Doch im ersten Fall hätte er auf das Fischen verzichten müssen, im zweiten eine Strafe für die nicht erledigte Aufgabe erhalten. Keine dieser Optionen schien die beste Lösung des Problems zu sein. Nun nutzte Tom seinen Einfallsreichtum und seine Kreativität, um eine dritte Lösung zu finden, die zwischen diesen beiden Extremen lag. Er überzeugte zwei Freunde, dass es nichts Spannenderes gebe, als einen Zaun zu streichen! So konnte er in Ruhe fischen gehen und musste keine Strafe fürchten.

Ich kenne einen Unternehmer, der genau diese Technik anwandte und so eine besonders günstige Wachstumschance für sein kleines Unternehmen wahrnehmen konnte. Er unterhielt eine sehr erfolgreiche Änderungsschneiderei in einem Gebäude direkt gegenüber einem großen Einkaufszentrum und hatte keine Konkurrenz in der Nähe zu befürchten. Obwohl sein Geschäft also in ruhigen Bahnen verlief und er für sein Abenteuer als Unternehmer bestens gerüstet war, ergab sich ein unerwartetes Problem. Als er den Mietvertrag für seine Geschäftsräume verlängern wollte, musste er nämlich feststellen, dass seine zukünftige Miete fast das Dreifache der bisherigen Miete betragen sollte.

Der Vermieter, ein sympathischer Mensch, erklärte: «Es tut mir wirklich sehr Leid, aber eine Fastfood-Kette hat mir erst vor kurzem das Dreifache dessen geboten, was Sie zahlen. Diese Chance kann ich mir nicht entgehen lassen! Wenn Sie bereit sind, denselben Preis zu bezahlen, bleiben wir natürlich weiterhin Geschäftspartner.»

«Sie wissen, dass ich diese Miete unmöglich bezahlen

kann», erwiderte der Schneider enttäuscht. «Ist da denn gar nichts mehr zu machen?»

Daraufhin der Vermieter: «Es war sehr angenehm mit Ihnen als Mieter, aber Sie müssen verstehen, dass ich das Beste für mein Geschäft herausholen muss, es tut mir Leid.»

Die große Ross-Barriere türmte sich binnen kürzester Zeit vor dem Schneider auf. Doch der reagierte wie ein guter und erfahrener Entdecker. Er besann sich auf seinen Einfallsreichtum, auf seine Besonnenheit und Zielstrebigkeit. Er wandte die Technik des Spektrumdenkens an.

Zuerst machte er sich daran, das Problem genau zu benennen: Um sein Geschäft weiter betreiben zu können, benötigte er neue Geschäftsräume. Er vergeudete keine Zeit damit, den Vermieter oder die Fastfood-Kette für seine Misere verantwortlich zu machen. Er verbrachte auch keine Zeit damit, sich die finanziellen Konsequenzen vor Augen zu halten oder sich die eventuelle Aufgabe seines Geschäfts vorzustellen. Es wäre verschwendete Energie gewesen. Stattdessen versuchte er, das Problem einzugrenzen, und bündelte daraufhin seine Energien, um all seine Aufmerksamkeit auf die Herausforderungen richten zu können, die vor ihm lagen.

Als Nächstes machte er die beiden «Alles oder nichts»-Optionen ausfindig: die eine, sein Geschäft aufzugeben und sich eine andere Arbeit zu suchen; die andere, seiner Wut und seinem Ungemach freien Lauf zu lassen und seinen ehemaligen Vermieter zu verklagen. Doch beide Möglichkeiten waren, wie so häufig bei «Alles oder nichts»-Lösungen, schlechte Alternativen. Kaum zu sagen, was besser wäre: zu resignieren und seine Träume aufzugeben oder sich im Laufe eines langen und sehr teuren Prozesses aufzureiben.

Statt eine dieser Optionen zu wählen, ersann der Schneider Alternativen, die die gesamte Bandbreite der Möglichkeiten abdeckten:

- Er suchte nach neuen Geschäftsräumen möglichst nah am bisherigen Standort und legte dabei vor allem Wert auf einen langfristigen Mietvertrag.
- Er führte Gespräche mit den Managern der Bekleidungsgeschäfte im Einkaufszentrum, um zu erkunden, ob er sich innerhalb eines der Läden etablieren könnte.
- Er erkundigte sich nach freien Ladenlokalen im Einkaufszentrum, um eventuell dort ein Geschäft zu eröffnen.
- Er fragte seinen alten Vermieter, ob es möglich wäre, einen Teil des Parkplatzes zu mieten, um von dort sein Geschäft aus einem Anhänger heraus zu betreiben.

Der Schneider sorgte dafür, dass er zwischen mehreren Alternativen wählen konnte, und fand schließlich zwei Straßen weiter ein akzeptables Ladenlokal. Er war sich bewusst, dass die größere Entfernung zwischen seiner Änderungsschneiderei und dem Einkaufszentrum seinem Geschäft schaden würde, und vertiefte deshalb den Kontakt zu den Mitarbeitern der Bekleidungsgeschäfte, damit sie mehr Kunden zu ihm schickten.

Wenn du vor einem Hindernis oder Problem stehst, oder wenn du vom Pech verfolgt wirst, so kannst du diese Situation mit Hilfe des Spektrumdenkens in eine Chance und Herausforderung verwandeln.

1. *Grenze dein Problem so weit ein, dass du es mit zehn Wörtern beschreiben kannst.* Denk präzise und lass dich nicht von anderweitigen Befürchtungen ablenken. Solltest du dein Problem nicht mit zehn Wörtern beschreiben können, so hast du es nicht weit genug eingegrenzt.
2. *Führe dir die beiden offensichtlichsten Lösungen vor Augen, es sind in den meisten Fällen die «Alles oder nichts»-Optionen.* Sie markieren die beiden äußeren Pole des Lösungsspektrums, und es dürfte keine Mühe machen, sie zu benennen.

3. *Arbeite mindestens vier Optionen aus, die zwischen den beiden Extremen des Spektrums liegen.* Bemühe hierbei deinen Einfallsreichtum und deine Ausdauer; es gibt in jeder Situation mehr als nur die zwei extremsten Punkte, und die Wahrscheinlichkeit ist groß, dass eine dieser Möglichkeiten dein Problem lösen kann.

Herausforderungen sind die besten Lehrer

Erst die Probleme lassen dein Abenteuer zur Herausforderung werden. Nicht das Ziel verspricht die größte Befriedigung, sondern die erlebten Abenteuer auf dem Weg dorthin. Du fährst nicht mit 250 Sachen über die Autobahn, um schneller zum Biergarten zu kommen, vielmehr bist du berauscht von der Geschwindigkeit: Der Weg ist bereits das halbe Vergnügen. Erlebnis und Abenteuer sind der eigentliche Schatz!

Probleme, Hindernisse und Herausforderungen auf deinem Weg sind wie Lehrer. Sie packen dich beim Kragen, stecken dich ins Klassenzimmer, und dir bleibt nichts übrig, als ihre Lektionen zu lernen. Kein Lehrer stellt Hausaufgaben, Klassenarbeiten oder Klausuren, um dich zu bestrafen oder scheitern zu lassen (auch wenn es oftmals den Anschein hat). Lehrer sind dazu da, dir zu helfen, und die Aufgaben, die sie dir stellen, zielen darauf ab, dich voranzubringen. Und genauso solltest du den Problemen begegnen, die sich dir im Rahmen deiner Selbständigkeit in den Weg stellen. Nutze diese Probleme, um daran zu reifen, dich weiterzuentwickeln und Erfolg zu haben.

Sei darauf gefasst, dass sich dir während deiner Expedition Hindernisse in den Weg stellen werden, und hab keine Angst davor. Sie können enorme Chancen und Perspektiven bergen, mit deren Hilfe du deine Expedition optimieren kannst. Denke besonnen über die Probleme nach, denen du gegenüberstehst, vergegenwärtige dir die gesamte Vielfalt möglicher Lösungen und wähle die aus, die dich überzeugt. Nutze deinen Einfallsreichtum und deine Hartnäckigkeit.

Ist Wasser dein Hindernis, so baue ein Floß; stehst du vor einer tiefen Schlucht, dann baue eine Brücke; türmt sich ein Berg vor dir auf, dann besorge dir das passende Schuhwerk.

14

Achte auf Anzeichen für Veränderungen

Doch die Zeiten ändern und wandeln sich unaufhörlich.
Edmund Spenser (1522–1599), englischer Dichter

Stell dir vor, du befindest dich auf einer Safari und kommst nur mühsam und langsam auf deinem Weg durch die afrikanische Steppe voran. Du bist dreihundert Kilometer und etwa eine Woche von der nächsten Siedlung entfernt. Alles, was du benötigst, um überleben zu können – Lebensmittel, Wasser, Kocher, Kleidung, Zelte und Werkzeug –, ist auf die Rücken deiner Mulis geschnallt. Du weißt nicht, welche Überraschung hinter dem nächsten Busch auf dich wartet – ein Löwenrudel, gefährlicher Treibsand oder eine Herde angriffslustiger Elefanten. Unzählige verborgene Fallen liegen vor dir. Ungewissheit und Veränderung sind die einzigen Konstanten. Das Gelingen deiner Expedition hängt allein davon ab, wie du auf Veränderungen reagierst und ob du es schaffst, die Fallen zu vermeiden.

Ich habe einmal etwas über einen Elefantenjäger gelesen, der quer durch eine weite Steppe zog. Eine Herde trampelnder Zebras auf der einen und ein Wald in weiter Ferne auf der anderen Seite. Die Sonne stand hoch am strahlend blauen Himmel; ein Dunstschimmer bedeckte den Horizont. Die Hitze war nahezu unerträglich, und es hatte seit Wochen nicht mehr geregnet. Der Jäger bemerkte ein Rascheln in den Baumkronen, das durch aufgeregt hin- und herspringende kleine Affen verursacht wurde, die gellende Schreie von sich gaben.

Da er ein erfahrener Abenteurer war, wusste er, dass dieses Verhalten ein Anzeichen für ein bevorstehendes Unwetter war. Hätte er diese Warnung nicht verstanden, so wäre er dem Unwetter plötzlich und unerwartet ausgesetzt gewesen. Die scheuenden Maultiere wären ziellos in die Steppe galoppiert und für immer verschwunden; den Proviant hätten Wind, Blitzschlag und Regen zerstört und verdorben. Die gesamte Expedition wäre gescheitert, und möglicherweise hätten einige Expeditionsteilnehmer ihr Leben verloren.

Doch der Jäger war hellwach und nahm jede Veränderung war. Er verstand die Zeichen und handelte unverzüglich. Er führte sein Expeditionsteam in sicheres Gelände und wies die einheimischen Führer an, die Maultiere anzubinden, die Vorräte zu sichern und ein Camp in einer nahe gelegenen Höhle aufzuschlagen. Die Tatsache, dass er aufmerksam auf Hinweise achtete, die Veränderungen ankündigen, rettete seine Expedition und gewährleistete ihren reibungslosen, effizienten und produktiven weiteren Verlauf.

Wenn du eine reibungslose und effektive Entwicklung deines Unternehmens gewährleisten willst, so wirst auch du immer auf der Hut sein müssen. Vor allem, wenn es darum geht, die Aufmerksamkeit deiner Kunden zu erlangen. Die Ansprüche der Kunden sind wie das Wetter in der südafrikanischen Steppe: fortwährend und oft unerwartet wechselnd. Willst du den Ansprüchen deiner Kunden gerecht werden und mit dem Wandel ihrer Wünsche und Bedürfnisse Schritt halten, so wirst du ihr Verhalten kontinuierlich und sorgfältig beobachten müssen.

Die Kundenperspektive

Halte Augen und Ohren offen. Achte auf die Interessen der Kunden und lasse sie die Richtung bestimmen, die deine Expedition nehmen soll. Laotse, einer der Begründer des Taoismus, stellte fest: «Um Menschen zu führen, musst du ihnen folgen.» Das System ist einfach: Führe sie dorthin, wohin sie wollen.

Es sind schon einige Jahre vergangen, seit ich in der Nähe von Bordeaux einen Gastronomen traf, der diese Strategie sehr profitabel nutzte. Alle Tische seines kleinen Restaurants waren besetzt, als wir es betraten. Er konnte uns innerhalb von fünf Minuten einen Tisch zuweisen und reichte uns die Karten. Die Speisen klangen viel versprechend, und als der Kellner kam, bat ich ihn um eine Empfehlung.

«Mein Herr», sagte er, «ohne Zweifel ist jedes der Gerichte exzellent, das Pilzrisotto allerdings ist besonders beliebt. Fast alle Gäste hier haben dieses Hauptgericht bestellt.»

«Also gut», erwiderte ich, «dann hätte ich gern das Pilzrisotto.»

Als mein Essen serviert wurde, stimulierten die wohlriechenden Aromen meine Sinne. Nachdem ich den ersten Bissen des Reisgerichtes mit Muscheln nach italienischer Art gekostet hatte, wusste ich, warum das Restaurant so voll war. Es schmeckte außergewöhnlich gut, und die Stammgäste waren versessen darauf.

Der Restaurantbesitzer kam an unseren Tisch, und ich fragte ihn, wie er dieses Gericht entwickelt habe. Offensichtlich hatte er schon lange darauf gewartet, dass ihm jemand diese Frage stellte; er zog einen Stuhl an unseren Tisch, setzte sich und erzählte die Entstehungsgeschichte des Pilzrisottos.

Sein Erfolgsgeheimnis, so sagte er, sei ein kontinuierlicher Austausch mit seinen Kunden. Er verbringe einen großen Teil seiner Zeit im Restaurant damit, von Tisch zu Tisch zu gehen, um sich von seinen Gästen loben zu lassen, aber mehr noch, um ein aussagekräftiges Feedback zu erlangen. Willst du herausfinden, was die Kunden wirklich mögen, ist es das Einfachste, sie danach zu fragen!

Nachdem er sein Restaurant eröffnet hatte, mischte sich der Besitzer von Zeit zu Zeit als Gast unter seine Gäste, um ein unvoreingenommenes Gespräch mit den Kunden führen zu können. So fragte er einmal ein elegant gekleidetes Paar am Nebentisch ganz unverbindlich: «Wie schmeckt denn die Vorspeise?»

«Ah, exzellent», antwortete die Frau spontan, «probieren Sie es, dieses Risotto ist ein Genuss, ich wünschte nur, man würde es hier auch als Hauptgericht anbieten.»

«Tatsächlich?», antwortete der Restaurantbesitzer.

«O ja, es ist wirklich hervorragend», fügte ihr Mann hinzu, «das einzige Problem sind die kleinen Portionen. Ich würde mir dieses Gericht auch als Hauptspeise wünschen.»

Am folgenden Abend informierte das Personal alle Gäste darüber, dass die Vorspeisen aufgrund der großen Nachfrage auch als Hauptgerichte serviert würden. Als an diesem Abend die Champignonvorräte zur Neige gingen, wusste der Besitzer, dass sein Restaurant ein Erfolg werden würde. Schnell sprach sich die Qualität des Essens herum, und viele Gäste kamen nur, um das beliebte Gericht zu probieren. Ich war beeindruckt.

Als der Restaurantbesitzer und ich nach dem Essen über die Herausforderungen sprachen, die der Betrieb eines kleinen Unternehmens mit sich bringt, fügte er seinen Ausführungen hinzu, dass er regelmäßig einen Freund bitte, in seinem Restaurant zu Abend zu essen. Der Freund, der sich dann wie ein ganz normaler Gast verhält, achtet auf die Qualität der Zubereitung sowie auf den Service und schildert dem Eigentümer hinterher seine Eindrücke. Dauert es zu lange, bis die Gerichte aus der Küche gebracht werden, oder verhalten sich die Kellner oder Kellnerinnen nicht optimal, werden geeignete Veränderungen vorgenommen. Dieser Unternehmer versteht es, die Perspektive der Kunden richtig zu nutzen!

Nun eine Zusammenfassung der einfachsten Techniken, die es dir ermöglichen, einen engen Kontakt zu den Kunden aufrechtzuerhalten und ihnen zu ermöglichen, dorthin zu gelangen, wohin *sie* wollen.

- Versuche, jeden Tag ein etwas längeres Gespräch mit zumindest einem Kunden zu führen.
- Versuche, ein Feedback zu erhalten, indem du selbst als Kunde in deinem Geschäft auftrittst (wenn das möglich ist).
- Bemühe einen Freund oder Geschäftsfreund, Informationen für dich zu sammeln, indem er oder sie die Rolle eines Kunden übernimmt.

Entferne dich nicht zu weit von den Wünschen und Bedürfnissen deiner Kunden, damit du sie erkennen und *schnell* auf Veränderungen reagieren kannst. Soll eine Expedition erfolgreich verlaufen, so muss sie kontinuierlich überprüft und optimiert werden, um den ständigen Veränderungen der Umgebung gerecht zu werden.

Die BAR-Methode

Ich habe eine Methode entwickelt, die es dir erleichtern soll, Anzeichen für Veränderungen zu erkennen. Ich nenne sie BAR: *B*eobachte, *A*nalysiere und *R*eagiere. Du kannst diese Methode auf drei Ebenen anwenden.

Die Makroebene. Hier geht es um den Blick auf das große Ganze. Beobachte die gesamtwirtschaftlichen Zusammenhänge und lass die Bedürfnisse und Wünsche der gesamten Gemeinschaft über die Ausrichtung deines Geschäftes entscheiden.

Suche daraufhin im Markt nach einer Nische, die du besetzen kannst.

Michael Krasny nutzte die BAR-Methode für ein recht einfaches Geschäft und gründete so eines der größten Computerversandhäuser der Vereinigten Staaten. Er schaltete eine private Kleinanzeige in seiner Lokalzeitung, um seinen Computer zu verkaufen. Unzählige Interessenten riefen ihn an. Krasny hatte den Eindruck, dass er nicht nur einen, sondern sehr viele Computer hätte verkaufen können.

Er *beobachtete* eine große Nachfrage, *analysierte* das Marktpotenzial sehr schnell und *reagierte* daraufhin. Er gründete das Computer Discount Warehouse in Illinois. Die Zahl der Anfragen, die er nach seiner ersten Anzeige in der Zeitung erhielt, und die Mengen, die nun seine Auftragsbücher füllen, halten keinem Vergleich mehr stand. Erst vor kurzem gingen innerhalb nur eines Monats 23 000 Kundenanrufe ein, die in den Genuss der günstigen Preise und des umfassenden Serviceangebots kommen wollten!

Nutze die BAR-Methode auf der Makroebene, um noch nicht besetzte Marktnischen ausfindig zu machen. Suche nach einer großen Nachfrage und befriedige sie!

Die mittlere Ebene. Hier ist die Bezugsgröße für unsere BAR-Methode geringfügig kleiner. Im Mittelpunkt des Interesses stehen hier die allgemeinen Entwicklungen innerhalb deiner Branche. Bist du zum Beispiel Eigentümer eines Bekleidungsgeschäftes, musst du die aktuellen Modetrends kennen. Stellst du Fertighäuser her, musst du wissen, welche Architektur zurzeit en vogue ist und welche Materialien das beste Preis-Leistungs-Verhältnis bieten. Wenn du versuchst, dein Unternehmen kontinuierlich aus der Vogelperspektive zu beobachten, wirst du in der Lage sein, mit den sich stets wandelnden Bedürfnissen deiner Kunden Schritt zu halten.

Michael Fiorito wandte die BAR-Methode auf der mittleren Ebene an und revolutionierte das Kurierdienstgeschäft in New York City. In den siebziger Jahren wurden Briefe und kleinere Pakete zu Fuß von Läufern befördert. Sie waren schneller als die Post, wenn es darum ging, Dokumente in ein Büro zu transportieren, das nur zwei Blocks entfernt war. Doch schon bald wurde deutlich, dass selbst viele Läufer mit einer besonders guten Kondition der immer größer werdenden Nachfrage nicht gerecht werden konnten.

Michael Fiorito *beobachtete* die Notwendigkeit von Verbesserungen innerhalb seiner Branche und *analysierte* die Situation. Gelänge es ihm, die Dokumente schneller als mit Hilfe der Läufer zu transportieren, so würde er damit zweierlei erreichen: Er könnte sein Geschäftsvolumen sehr ausweiten, indem er eine größere Anzahl von Dokumenten pro Tag transportieren würde, und er hätte einen Wettbewerbsvorteil gegenüber seinen Konkurrenten, da er einen schnelleren Service anbieten könnte.

Fiorito *reagierte* und schuf den ersten Kurierdienst in New York City, der sowohl Fahrräder als auch Läufer und Lieferwagen einsetzte. Erhielt er den Auftrag, Dokumente zu einem wenige Blocks entfernten Büro zu transportieren, schickte er einen Fahrradboten. Ging es darum, größere Zeichnungen in einen anderen Stadtteil zu transportieren, kam ein Lieferwagen zum Einsatz. Sein Unternehmen wuchs rasch, und aus einem kleinen Büro in einem Hinterhof in Manhattan wurde Early Bird Express, ein Sieben-Millionen-Dollar-Unternehmen mit neun über die gesamte Stadt verteilten Filialen.

Doch Michael Fiorito beließ es nicht dabei. Auch nach seinen außerordentlichen Erfolgen wandte er weiterhin die BAR-Methode an. Als die Verbreitung der Faxgeräte sein Geschäft nachhaltig gefährdete, schuf er ein computergestütztes Netzwerk – und war damit seinen Konkurrenten wieder um einen Schritt voraus.

Die Mikroebene. Hier konzentriert sich die BAR-Methode auf die untergeordneten Bereiche deines Unternehmens. Im Mittelpunkt des Interesses stehen zum Beispiel die Länge der Telefonkabel, die Gestaltung des Pausenraums oder die Anordnung der Schreibtische. Die Überprüfung deines Unternehmens bis in die kleinsten Details wird deine Produktivität steigern und deine Gewinnspanne maximieren.

Kaizen

Japaner kennen ein Wort, das die Idee der ständigen Verbesserung beschreibt: *kaizen. Kaizen* basiert auf der Annahme, dass grundsätzlich alles optimiert und verbessert werden kann, da kein betriebswirtschaftlicher Ablauf jemals das Stadium absoluter Perfektion erreicht. Diese Annahme betrifft alle drei zuvor beschriebenen Ebenen gleichermaßen. Von der besseren Platzierung deines Unternehmens im Branchenvergleich bis hin zum Auswechseln des defekten Klebebandspenders auf deinem Schreibtisch wird der Prozess der ständigen Optimierung deinen Arbeitsalltag erleichtern und vielleicht zu einem entscheidenden Anstieg deiner Gewinne beitragen.

Anders als in westlichen Industrieländern, wo man häufig davor zurückschreckt, etwas zu verändern, was recht passabel funktioniert, fordert *kaizen* mit Nachdruck dazu auf!

Halte deine Fühler ausgestreckt

Es spielt keine Rolle, ob du auf interne Anforderungen reagierst, auf externe Ansprüche deiner Kunden oder auf Notwendigkeiten, die sich aus der allgemeinen Wettbewerbssituation ergeben – du wirst dich immer in irgendeiner Weise anpassen müssen. Sowohl durch große als auch kleinere Veränderungen kannst du dein Unternehmen jederzeit optimieren.

Im Laufe seiner zahlreichen Reisen quer durch Afrika bemerkte Livingstone, dass bereits geringe Temperaturschwankungen wesentliche Wetterveränderungen zur Folge haben können. Diese einfache Beobachtung hatte nachhaltige Auswirkungen auf den Ablauf seiner Expeditionen. Während der Regenzeit war er so in der Lage, eventuelle Verzögerungen in seinem Zeitplan mit einzukalkulieren. Stellte er daraufhin fest, dass die Temperaturen nicht so weit anstiegen wie erwartet, forderte er seine Männer auf, Löcher zu graben, die sich danach innerhalb von achtundvierzig Stunden mit Wasser füllten. Ebenso war es ihm möglich, anhand seiner Beobachtungen die Wasserrationierung zu verschärfen, um die Vorräte nicht vorzeitig zu verbrauchen. Wenn die weiten Ebenen, die er mit seiner Expedition durchzog, dürr und trocken waren, gelang es Livingstone, seine Expedition vor ernsthaften Problemen zu bewahren, indem er das Wetter beobachtete, die Situation analysierte und angemessen reagierte.

Auch James Cook ergriff außergewöhnliche Vorsichtsmaßnahmen, um sein Schiff während seiner Entdeckungsfahrten um Australien sicher durch das Great Barrier Reef zu steuern. Seine Crew bemerkte eines Tages, dass das Schiff von extrem gefährlichen Korallenriffen dicht unter der sich kräuselnden Wasseroberfläche umgeben war. Diese lebensgefährliche Situation ließ kaum Zeit für lange Überlegungen, und Cook reagierte, indem er mehrere Dingis um das Schiff herum befestigte. Die kleinen Boote dienten nun als Fühler und Sensoren, die Informationen darüber gaben, wie weit das Schiff vom Riff entfernt war und wie viel Platz unter dem Kiel verbleiben würde. Indem er die Informationen, die er von den kleinen Schiffen erhielt, analysierte, gelang es ihm, das Schiff sicher durch das zerklüftete Riff und die aufgepeitschte See zu navigieren. Auch er machte sich in einer besonders kritischen Situation die BAR-Methode zunutze, und seine Reise wurde zu einem außergewöhnlichen Erfolg.

Solltest du deine Expedition durch tückische Gewässer navigieren oder durch unsicheres Terrain führen, dann halte deine Fühler ausgestreckt. Bleibe wachsam und achte auf Anzeichen, die Veränderungen ankündigen. Eine nicht nachlassende Aufmerksamkeit und ständige Verbesserungen sind wesentlich für den Erfolg deines Unternehmens.

Als Unternehmer bist du sozusagen Kapitän eines Schiffes, das gegen die Strömung ankämpft. Benutze die BAR-Methode, um dich nicht von deinem Weg zum Ziel abbringen zu lassen.

15

Konzentriere dich auf dein Unternehmen, nicht auf die Konkurrenz

Wer andere regieren will, sollte zuvor Herr seiner selbst geworden sein.
Philip Massinger (1583–1640), englischer Dramatiker

Sicherlich hast du schon einmal gehört, dass jemand das Geschehen im Wirtschaftsleben mit einer kriegerischen Auseinandersetzung verglichen hat. Der Markt als Kriegsschauplatz, auf dem sich die Konkurrenten auf das Bitterste bekämpfen, mit dem Ziel, die eigene Haut zu retten. Jede Seite plant und startet Offensiven und wendet Verteidigungsstrategien an. Jedes Unternehmen analysiert die Bewegungen der anderen Seite in einem hochkarätigen Schachspiel, dem kapitalistischen Kampf ums Überleben. Der Gewinner dieses Spiels erhält die gesamte Siegprämie. Das Unternehmen mit dem besten Produkt und der überzeugendsten Marketingstrategie kann die Siegesglocken läuten. Die anderen sind aus dem Weg geräumt, am Boden zerstört.

Sicherlich ist das kein ganz unpassender Vergleich. Denn

im Dschungel des freien Unternehmertums wimmelt es nur so von Abenteurern, die auf der Suche nach dem gleichen Schatz sind – und das muss nicht unbedingt ein Nachteil sein. In diesen Kategorien zu denken kann durchaus förderlich sein, um die notwendige Selbstsicherheit zu erlangen, die für ein Überleben im Dschungel unabdingbar ist. Das entscheidende Problem einer solchen Mentalität ist jedoch, dass sie zu einem übermäßig aggressiven Potenzial auf dem Markt führen kann, das dann in letzter Konsequenz für alle Beteiligten nur negative Folgen hat.

Die Analogie zur Kriegsführung betont viel zu sehr die direkte Konfrontation. Wäre die Unternehmensführung mit der Kriegsführung gleichzusetzen, dann müssten die erfolgreichsten Unternehmen besonders aggressiv und kriegerisch agieren. Die Unternehmer müssten, immerzu kampfbereit, jede noch so geringe Provokation mit brachialer Gewalt im Keim ersticken. Das ist jedoch mit Sicherheit nicht die beste Wettbewerbsstrategie.

Oftmals ist die Angst vor einer Gefahr nicht einmal begründet. Das Schlachtgetöse deines Konkurrenten verhallt im Wind, und was bedrohlich und real erschien, erweist sich oft nur als heiße Luft. Livingstone erinnert sich in seinen Aufzeichnungen daran, dass er in der afrikanischen Savanne Löwen brüllen hörte, die in einer Entfernung von etwa zwei Meilen herumlungerten. Und obwohl das Geräusch Furcht einflößend war, stellte es für die Gruppe um Livingstone keine ernst zu nehmende Bedrohung dar, weil die Löwen zu weit entfernt waren. Schere dich nicht allzu sehr um das laute Gebrüll des Wettbewerbs, solange du nicht den heißen Atem im Nacken spürst!

Doch selbst wenn die Gefahr real ist, musst du nicht unbedingt groß angelegte offensive oder defensive Feldzüge starten, um die Angriffe deiner Konkurrenten abzuwehren und erfolgreich zu sein. Meine Erfahrungen haben mich gelehrt, dass es besser ist, Wettbewerbskämpfe zu meiden und sich auf sein eigenes Unternehmen zu konzentrieren. Sollte also der Wettbewerb heftiger werden, dann kümmere dich um dein eigenes Unternehmen! Lass dich nicht in eine Wettbewerbsschlacht mit rivalisierenden Unternehmen verwickeln! Zeit, Geld und Energie für Streitigkeiten mit anderen Unternehmen aufzuwenden wird deiner Arbeit nicht nützen. Nur die Zeit, das Geld und die Energie, die du in dein Unternehmen steckst, werden dir helfen, erfolgreich zu bleiben.

Verschwende keine Zeit darauf, dir Sorgen um deine Wettbewerbsfähigkeit zu machen. Es ist müßig, sich Gedanken über die Strategien deiner Konkurrenten zu machen, denn du kannst kaum etwas daran ändern, wie sie ihr Unternehmen führen. Auch sie werden immer sehr intensiv daran arbeiten, ihre Produkte weiterzuentwickeln, die Produktion auszudehnen und neue Marketingstrategien auszutüfteln. Das wirst du nicht verhindern können. Du solltest deine Zeit besser in Aktionen investieren, die dem Wachstum deines Unternehmens zugute kommen.

Selbst wenn der Charakter deines Unternehmens es erforderlich macht, dass du den Wettbewerb mit großen Konzernen aufnehmen musst, so gilt auch in diesem Fall: Konzentriere dich auf dein eigenes Unternehmen. Genau dieser Ansatz half Snapple, sich gegen eine Blitzkampagne zu behaupten, die von Lipton und Nestea gestartet wurde. Snapple hatte im Segment der Eistees eine Marktlücke entdeckt und Fertigtees mit unterschiedlichen Fruchtaromen angeboten. Die Großen der Branche verschwendeten keine Zeit darauf, um sich mit Macht einen Weg in das nun von Snapple besetzte Marktsegment zu bahnen.

Snapples CEO und Mitbegründer Leonard Marsh entschied, Snapples Werbestrategie nicht auf die Konkurrenten Lipton und Nestea auszurichten, sondern direkt auf die Bedürfnisse der Kunden zuzuschneiden. Um Snapples Tees in Misskredit zu bringen, startete Lipton daraufhin eine Kampagne, die später als

«Guerilla-Radiokampagne» bezeichnet wurde. Lipton behauptete nämlich, dass Snapples Tees aus Instantpulver und nicht wie Liptons Tees aus zuvor aufgegossenen Teeblättern hergestellt würden. Marsh hätte diesen Unterstellungen mit vehementen Gegendarstellungen in Anzeigen oder Radio- und Fernsehspots entgegnen können. Oder er hätte die Produkte von Lipton auf eine ähnliche Weise schlecht reden können.

Aber statt zur Gegenoffensive überzugehen, konzentrierte sich Leonard Marsh auf die Stärken seines Produktes. Snapple produzierte Werbespots, in denen Briefe von zufriedenen und begeisterten Käufern präsentiert wurden. Die Kampagne war eine äußerst professionelle Strategie, um auf die Behauptungen von Lipton zu reagieren. Die Anzeigen konzentrierten sich ausschließlich auf die Vorzüge der Snapple-Produkte und ignorierten die verleumderische Kritik von Lipton.

Größe und Marktposition des Unternehmens, mit dem du im Wettbewerb stehst, sind nicht von Bedeutung. Auch die Drohgebärden der Konkurrenten spielen keine Rolle. Snapples Plan ging auf, das Unternehmen konnte 37,1 Prozent des Marktes für sich behaupten. Im Vergleich dazu betrug Liptons Marktanteil 26,4 Prozent und der von Nestea 15,2 Prozent.

Konzentriere dich darauf, dein Produkt zu verkaufen, und verschwende weder Geld noch Energie, um deine Konkurrenten zu attackieren.

Das Sicherheitsbedürfnis

Der Psychologe Abraham Maslow stellte die Theorie auf, dass es eine Hierarchie der Motive gebe, die das menschliche Verhalten bestimmen. Er benutzte die Form einer Pyramide, um die Bedürfnisse des Einzelnen zu veranschaulichen. Die grundlegenden physischen Bedürfnisse wie Hunger und Durst bilden die Basis der Pyramide. Sind diese Bedürfnisse befriedigt, wenden sich die Menschen der nächsten Stufe der Hierarchie zu: dem Bedürfnis nach Sicherheit.

Auf dieser Ebene geht es den Menschen darum, sich vor körperlichen Gefahren zu schützen, vor den Einflüssen des Wetters ebenso wie vor gefährlichen Tieren, Übergriffen anderer Menschen und so fort. Erst wenn dieses Verlangen nach Sicherheit gestillt ist, können wir uns den Bedürfnissen auf den nächsthöheren Ebenen zuwenden: Eigentum, Besitz, Wertschätzung (Anerkennung aussprechen und erhalten), kognitiven Bedürfnissen (Lernen und Verstehen), ästhetischen Bedürfnissen (Schönheit, Harmonie etc.) und das Verlangen nach Selbstverwirklichung.

Die großen Entdecker haben sich dieses Prinzip zu Eigen gemacht. Bevor Livingstone sich auf seine Entdeckungen konzentrieren (das Bedürfnis nach Anerkennung), die Sprache eines Dorfes erlernen (ein kognitives Bedürfnis) oder ein Naturwunder finden konnte (ein ästhetisches Bedürfnis), musste er sich gegen die natürlichen Gefahren seiner Umgebung absichern: Trockenheit im Sommer, Überschwemmungen im Winter, gefräßige Raubtiere und tropische Krankheiten. Peary andererseits musste sich gegen das raue arktische Klima schützen, bevor er seine Energie auf die Expeditionsleitung konzentrieren konnte.

Auch als Unternehmer musst du dafür Sorge tragen, dass dein Verlangen nach Sicherheit gestillt ist. Erst dann kannst du dich daranmachen, geldwerte Profite zu erwirtschaften und dich selbst zu verwirklichen. Du musst sicher sein, dass dein Unternehmen gegen Angriffe gewappnet ist, damit du als pragmatischer und einfühlsamer Expeditionsleiter agieren kannst. Du musst für dein Unternehmen ein gewisses Gefühl der Sicherheit etablieren. Stell dir vor, dass ein Abenteurer auf einen Baum klettert, um einem hungrigen, die Zähne fletschenden Tiger zu entrinnen. Während er sich an einen viel zu dünnen Ast klammert und um sein Leben bangt, wird er kaum den Kompass hervorholen und eine rationale Entscheidung darüber treffen, in welche Richtung die Expedition am nächsten Tag ihren Weg fortsetzen soll. Er ist vielmehr damit beschäftigt, den wackeligen Ast und den hungrigen Tiger unter sich sehr genau zu beobachten. Müsstest du dir ununterbrochen Gedanken darüber machen, ob dein Unternehmen überlebt, könntest du dich nicht auf die wesentlichen Bestandteile deiner unternehmerischen Arbeit konzentrieren. Weder könnte dein Unternehmen wachsen, noch würdest du Spaß an der Arbeit finden.

Die Kunst, eine Festung zu bauen

Die überzeugendste Möglichkeit, sich vor der Konkurrenz zu schützen – was nichts anderes bedeutet, als Sicherheit zu schaffen –, ist es, sich auf das eigene Unternehmen zu konzentrieren. Nur so wirst du an einen Punkt gelangen, der dein Unternehmen so gefestigt erscheinen lässt, dass es keiner wagen wird, es anzugreifen. Um die Sicherheit für mein Unternehmen zu gewährleisten, habe ich eine praktische dreistufige Strategie entwickelt. Ich habe sie mit großem Erfolg angewandt und bin mir sicher, dass sie auch für dich eine große Hilfe sein wird. Wenn du diese Strategie anwendest, wirst du dein Unternehmen so gut schützen können, als wäre es von uneinnehmbaren Steinmauern umgeben.

Baue intensive Beziehungen zu allen deinen Kunden auf. Du kannst eine sichere Basis für dein Geschäft schaffen, indem du dir einen festen Kundenstamm erarbeitest. Wenn deine Kunden von deinem Produkt oder deiner Dienstleistung überzeugt sind und, was noch schwerer wiegt, wenn sie dich aufrichtig schätzen, werden sie die Beziehung zu dir nicht abbrechen, um einen neuen Konkurrenten zu unterstützen.

Stell dir vor, du wärst Eigentümer eines kleinen Lebensmittelgeschäftes. Du genießt einen exzellenten Ruf. Überall in der Stadt werden deine besonders frischen Backwaren geschätzt, ebenso die vorzügliche Auswahl an Fisch, Fleisch und Geflügel. Dein Geschäft ist dafür bekannt, dass es gut geführt ist und die Regale immer gefüllt sind. Der Laden ist angenehm eingerichtet, und im Hintergrund spielt dezente Musik. Deine Kunden müssen nicht anstehen, da immer genug Kassen besetzt sind. Deine Stammkunden kennst du alle beim Namen. Auch deine Mitarbeiter haben inzwischen ein freundliches Verhältnis zu deinen Kunden aufgebaut.

Stell dir nun vor, ein Unternehmer sucht dein Geschäft mit dem Vorsatz auf, herauszufinden, ob es sich lohnt, ein weiteres Lebensmittelgeschäft in der Gegend zu eröffnen. Wenn er deinen Umgang mit den Kunden beobachtet, wird ihn das abschrecken und einen Standort wählen lassen, an dem die Menschen den Lebensmittelhändler nicht persönlich kennen. Die enge Kundenbindung kann verhindern, dass du dir den Markt mit einem zusätzlichen Wettbewerber teilen musst. Solltest du in deinem Unternehmen hingegen keine engen Beziehungen zu den Kunden aufgebaut haben, so wird dein Geschäft regelmäßig von Konkurrenten bedroht werden.

Erst vor kurzem konnte ich einen Konkurrenzkampf verfolgen, der diesen Punkt recht gut veranschaulicht. Auf meinem Weg zum Büro befindet sich ein alteingesessener und florierender Bagel-Shop. Der Besitzer öffnet sein Geschäft jeden Morgen gegen fünf Uhr. Kurz darauf komme ich dort vorbei und kaufe von Zeit zu Zeit zwei Rosinenbagel und eine Tasse Kaffee. Das ist dann mein morgendliches Frühstück auf dem Weg zum Büro. Vor etwa sechs Monaten stellte sich Konkurrenz durch einen weiteren Bagel-Shop ein, der auf der gegenüberliegenden Seite eröffnete. Das bereits bestehende Geschäft möchte ich Manny's Bagels nennen und den neuen Konkurrenten Bagels Inc.

Manny's Bagels war nach meiner Einschätzung ein sehr einträgliches Unternehmen, weil es weit und breit der einzige Bagel-Shop war. Doch leider schmeckte der Kaffee manchmal abgestanden, und die Mitarbeiter waren oft mürrisch, nicht selten sogar unverschämt. Ich wusste nie ganz genau, was mich erwarten würde, wenn ich zu Manny's ging, denn die Qualität von Angebot und Service war extrem unbeständig.

Bagels Inc. machte sich die Schwächen von Manny's zunutze und legte den Grundstock für ein solides Geschäft. Als die Bagelbäckerei in der Nähe eröffnete, waren die Menschen neugierig und probierten sie aus. Da bei Manny's Bagels kein Wert auf eine feste Beziehung zu den Kunden gelegt wurde, war es kein Problem, sie dort abzuwerben. Bagels Inc. konnte sehr schnell auf einen treuen Kundenstamm bauen, weil das Geschäft einen freundlicheren Service und qualitativ bessere Produkte anbot.

Schmiede solide Allianzen mit deinen Zulieferern. Deine Zulieferer versorgen dich mit den Produkten, die es dir im Gegenzug ermöglichen, den Wünschen deiner Kunden gerecht zu werden. Aus diesem Grund sind sie ein wesentlicher Bestandteil deines Enterprise. Durchleiden sie eine Durststrecke, wird es dir ähnlich ergehen. Wenn du nicht die bestmöglichen Produkte von ihnen erhältst, erhält dein Kunde sie nicht von dir. Es ist nicht möglich, einen effizienten Arbeitsablauf zu gewährleisten oder qualitativ hochwertige Waren und Dienstleistungen anzubieten, wenn dem nicht ein solider Versorgungskreislauf zugrunde liegt. Die Zulieferer sind das Rückgrat deines Versorgungskreislaufs.

Du kannst dein Unternehmen wirtschaftlich stärken, indem du sichere und verlässliche Beziehungen zu deinen Zulieferern aufbaust. Begegne ihnen respektvoll und fair. Behandele sie so, wie du selbst behandelt werden willst. Überlege dir gut, ob du sie andauernd unter Preisdruck setzen sollst. Auch deine Zulieferer müssen Gewinne erzielen, und, was viel schwerer wiegt, sie müssen sich wohl fühlen, wenn sie mit dir zusammenarbeiten. Wenn du sie unentwegt zwingst, an ihr Preislimit zu gehen, werden sie die Freude an der Zusammenarbeit mit dir verlieren.

Einige der berühmtesten und erfolgreichsten Forscher und Entdecker hatten ein besonders feines Gespür für den Umgang mit ihren Zulieferern. Livingstone, der ein ausgezeichneter Beobachter war, bemerkte, dass einige Völker im Süden Afrikas wenig effektive Methoden zur Nahrungssuche nutzten. Wenn die Früchte eines bestimmten Baumes reif waren, fällten die Menschen den Baum. Natürlich war es viel einfacher, die Früchte aufzusammeln, als zum Pflücken auf den Baum klettern zu müssen. Doch der Versorgungskreislauf war zerstört, die Ernte im nächsten Jahr nicht mehr zu wiederholen. Diese Afrikaner konnten sehr schnell und bequem über eine große Menge an Früchten verfügen, genauso, wie du einmal ein besonders gutes Geschäft machst, wenn du deine Zulieferer unter massiven Preisdruck setzt. Doch wenn du in den Verhandlungen mit deinen Zulieferern nicht behutsam bist, kann es geschehen, dass du den Baum fällst, dessen Früchte du immer wieder ernten möchtest.

Eines war sicher, Manny's Bagels hatte Probleme, die Qualität seiner Produkte auf einem gleich bleibenden Niveau zu halten, und ich möchte wetten, dass Manny's Bagels immer wieder seine wertvollsten Obstbäume gefällt hat. Wahrscheinlich hat er den Vertretern immer wieder niedrigere Preise abgerungen und damit gedroht, den Zulieferer zu wechseln, um günstigere Preise durchzusetzen. Mit dem Ergebnis, dass seine Zulieferer ihn nicht als «guten Kunden» führten und keinen Wert darauf legten, ihn mit den besten Rosinen, dem frischesten Mehl oder dem Kaffee aus der neuesten Ernte zu beliefern. Gewinne waren aus der Zusammenarbeit nicht zu erzielen, und es bereitete keine Freude, sich mit dem Eigentümer zu unterhalten. So sahen sich die Zulieferer nicht genötigt, ihre Waren regelmäßig in gleich bleibender Qualität zu liefern. Weil Manny nur bereit war, den niedrigsten Preis für seinen Kaffee zu bezahlen, war auch die Qualität des Kaffees, den er anbot, immer wieder miserabel, und seine Kunden waren unzufrieden.

Vielleicht hat Manny bisweilen auch seine Drohungen wahr gemacht und den Zulieferer gewechselt. Auch das wiederum wäre ein Grund für die stark schwankende Qualität des Kaffees. Sein Geschäft stand und fiel mit der Qualität seiner Produkte und den unsteten Beziehungen zu seinen Zulieferern.

Mark Cohns Unternehmen Damark konnte zu einem besonders erfolgreichen und soliden Versandhaus werden, weil er exzellente Beziehungen zu seinen Zulieferern unterhielt. Er muss mit ihnen hervorragende Preise ausgehandelt haben, sonst wäre es ihm nicht möglich gewesen, seine Produkte so außergewöhnlich günstig anzubieten. Die Beziehung zu seinen Zulieferern beruhte auf Gegenseitigkeit, denn er ließ sie am Erfolg seines Unternehmens teilhaben. Die gut funktionierenden strategischen Allianzen mit den Herstellern waren ein Gewinn für Damark, seine Zulieferer und schließlich und vor allem für die Kunden.

Darüber hinaus haben diese Beziehungen Damark wirtschaftlich so sehr gefestigt, dass kein Unternehmen auf die Idee kam, diesen Markt ebenfalls zu besetzen. Schon der Versuch, ein ähnliches Unternehmen zu etablieren, wäre zum Scheitern verurteilt, weil niemand in der Lage wäre, mit solch günstigen Preisen zu konkurrieren. Die hervorragenden und dauerhaften Beziehungen von Mark Cohn zu seinen Zulieferern ließen der Konkurrenz nicht den Hauch einer Chance.

Unterstreiche die Vorteile deines Unternehmens und seiner Produkte. Richte deine Werbekampagnen nicht gegen die Schwächen, Probleme oder Unzulänglichkeiten deiner Konkurrenten. Stelle die einzigartigen Qualitäten, Vorteile und Stärken deines Unternehmens in den Vordergrund. Durch Wiederholung wirst du Aufmerksamkeit erzielen. Indem du die positiven Aspekte deines Unternehmens immer wieder betonst, wird sich ein positives Bild bei den potenziellen Kunden einprägen, und deine Marktposition wird gefestigt werden.

Wenn dein Unternehmen floriert und du einen Mangel anprangerst, den du an einem Produkt deines Konkurrenten entdeckt hast, empfindet er das als Beleidigung. Was dann folgt, kennst du vielleicht aus deiner Schulzeit, wenn du das Fahrrad eines anderen schlecht machtest. Du behauptest, sein Lenker sei verbogen. Daraufhin zeigt der andere auf dein Fahrrad und behauptet, deine Sattelstange sei krumm. Andere Kinder bilden einen Kreis um euch und verfolgen, wie ihr euch darin übertrefft, die Fehler und Mängel eurer Fahrräder aufzulisten und euch Beleidigungen an den Kopf zu werfen. Dann fliegen die Fäuste, und wenn das Scharmützel vorüber ist, verschwinden die anderen Kinder, und eines sagt: «Ich hab noch nie bemerkt, dass Joes Lenker verbogen ist.» «Ja», sagt ein anderes Kind, «ich habe auch noch nie bemerkt, dass Lukas' Sattelstange krumm ist.» Zweierlei hast du erreicht, indem du den Streit vom Zaun gebrochen hast: Du hast eine blutige Nase, und alle Kinder aus der Nachbarschaft kennen die Schwächen deines Fahrrades – und alles nur, weil du an Joes verbogenem Lenker herummäkeln musstest.

Konzentriere dich auf dein Geschäft. Repariere dein Fahrrad – vor allem die krumme Sattelstange –, sodass andere Kinder keine Gelegenheit haben, dich und dein Fahrrad zu verunglimpfen. Dann wird dich keiner stören, wenn du durch den Park fährst.

Angriffe abwehren

Leider sind diese Strategien nicht absolut narrensicher. Hat sich jemand in den Kopf gesetzt, ausgerechnet dein Unternehmen aus dem Weg zu räumen, wird es ihm oder ihr egal sein, wie sicher und hoch dein Schutzwall ist. Manchmal ist ein Konkurrenzkampf nicht zu vermeiden. Er ist in der Natur des freien Unternehmertums begründet. Auch wenn konkurrierende Unternehmen mit dem Versuch, dir Marktanteile abzuringen, viel Zeit verschwenden, werden sie es trotzdem versuchen. Wenn du zu einem erfahrenen Abenteurer geworden bist, wird sich dein Marktanteil vergrößern, und du wirst immer höhere Gewinne erzielen. Wenn die anderen das beobachten, werden sie alles daransetzen, einen Teil des Kuchens für sich abzuzweigen. Das ist ein nur allzu menschliches Verhalten.

Den Angriff eines Konkurrenten abzuwehren ist eine besonders schwierige und heikle Angelegenheit. Das gilt umso mehr, je größer und wohlhabender das Unternehmen ist, das sich dir in den Weg stellt. Dein Ziel in dieser Schlacht ist simpel: Die Auseinandersetzung muss schnell und mit den geringstmöglichen Verlusten beendet werden. Hier nun einige Vorschläge, welche Reaktionen sinnvoll sind und welche nicht.

Verteidige deine Stellung. Achte, wie zuvor beschrieben, besonders auf dein Unternehmen. Erhöhe deine Marktpräsenz, indem du Angebote machst, die den Zufriedenheitsgrad deiner Kunden steigern. Achte auf gute Beziehungen zu deinen Zulieferern und preise die Vorzüge deiner Produkte oder Dienstleistungen an.

Doch damit nicht genug. Gib dich nicht damit zufrieden, nur deine Position zu halten. Bemühe dich darum, Fortschritte zu machen. Das Leben von Henry Morton Stanley und seiner Mannschaft hing davon ab, inwieweit sie in der Lage waren, ihre

Stellung zu verteidigen und den Feind zurückzudrängen. Als sie den Kongo flussabwärts befuhren, reichte die bloße Anwesenheit Stanleys und seiner Mannschaft aus, um die Einheimischen aufzubringen. Als sie seine Boote attackierten, drängte Stanley die Angreifer nicht nur von seiner Position auf dem Fluss zurück, sondern verfolgte sie bis in den Busch. «Wir sind unverzüglich an Land gegangen und haben die Kampfhandlungen fortgesetzt … und sie bis tief in den Wald hineingetrieben, denn schon das kleinste Nachgeben hätte die wagemutigen Kannibalen zu einem weiteren Besuch veranlasst.» Nur mit Hilfe dieser Verteidigungsstrategie konnte es Stanley als erstem Menschen gelingen, den gesamten Lauf des Kongos bis zum Meer zu befahren.

Als Verantwortlicher deiner Expedition zum Erfolg darfst du dich nicht damit zufrieden geben, den Gegner in die Flucht zu schlagen; verfolge ihn zurück bis in sein Lager.

Die Macht des einen Gegenschlags. Einer der großen Mythen über den wirtschaftlichen Wettbewerb lautet, dass man die Konkurrenz gnadenlos fertig machen und aus dem Weg räumen sollte. Um eine starke Marktposition zu erlangen, ist es aber nicht notwendig, dass du deine Gegner vollständig auslöschst; gewöhnlich reicht ein einziger gezielter Schlag aus, um sie zu schwächen.

Als Thomas Thornville Copper China bereiste, musste er sich mit der Feindseligkeit der dort wohnenden Menschen auseinander setzen. Irgendwann wurde er von einer kleinen Räuberbande überfallen. Um sich zu verteidigen, feuerte Cooper zur Einschüchterung mit seiner Muskete Warnschüsse in Richtung der Gesetzlosen ab. Er schrieb in seinen Aufzeichnungen: «Wären Blitz und Donner mitten zwischen die Bande gefahren, so hätte das keine größere Verwirrung stiften können.» Die Banditen flüchteten daraufhin ziellos in die umliegenden Berge, und Cooper konnte seinen Weg ungehindert fortsetzen. Natürlich hätte er die Räuber verwunden oder töten können, aber es genügte ihm, ihnen mit Hilfe eines Paukenschlags Furcht einzuflößen. Denn schließlich war China groß genug für Cooper *und* ein paar Banditen.

Auf dem Markt ist Platz genug für eine friedliche Koexistenz vieler Unternehmen. Vergegenwärtige dir, dass dein Ziel das Wachstum deines Unternehmens ist, und nicht die Chance, jemand anderen aus dem Geschäft zu katapultieren. Solltest du in einen erbitterten Konkurrenzkampf verwickelt werden, musst du nicht auf deinen Gegner feuern, bis er regungslos am Boden liegt. Eine überzeugende Aktion deines Unternehmens – eine bahnbrechende Verbesserung des Kundenservice (eine garantierte Lieferzeit von dreißig Minuten für die Pizza) oder eine neue strategische Allianz mit einem anderen Unternehmen (Northwest und KLM) – wird deine Konkurrenten in die Flucht schlagen.

Lasse dich nicht auf eine lange Schlacht ein. Langwierige Konkurrenzkämpfe sind teuer, zermürbend und demotivierend. Wenn du in der Defensive bist, solltest du versuchen, den Konflikt einzudämmen. Handele entschlossen und schnell, um das Scharmützel zu beenden.

Der erbitterte Konkurrenzkampf zwischen MCI und AT&T auf dem amerikanischen Telefonmarkt ist ein gutes Beispiel für die negativen Folgen jahrelanger Attacken in der Zeitschriften-, Radio- und Fernsehwerbung:

- *Finanzieller Schaden.* Jedes Unternehmen hat einen gewaltigen finanziellen Aufwand betrieben, um mit den Werbekampagnen der jeweils anderen Seite Schritt zu halten. Auf jede Anzeige und jeden TV-Spot musste eine zumindest gleichwertige Antwort gefunden werden. Beide Unternehmen verschwendeten Millionen, um die Kampagnen der jeweils anderen Seite zu bekämpfen.

- *Frustrierte Kunden.* Ein erbitterter und lang andauernder Konkurrenzkampf kann ein gehöriges Maß an Abneigung und Unzufriedenheit unter den Kunden erzeugen. Die unaufhörlichen Beschimpfungen und Anschuldigungen langweilen sie nur noch. Diese negative Grundstimmung wird nach einer Weile dazu führen, dass die Kunden die Frage in den Vordergrund stellen, welche Vorteile sie von der einen oder anderen Gesellschaft zu erwarten haben, und nicht, welche Nachteile sie durch den Wechsel zu einer anderen vermeiden. Erbitterte Konkurrenzkämpfe, wie der zwischen MCI und AT&T, können negative Auswirkungen auf die gesamte Branche haben. Wenn deine Pizzeria Pisa zum Beispiel einen erbitterten Konkurrenzkampf mit Pizzarama und Pizzahaus ausficht, werden sich eure Kunden und die Menschen, die in der Gegend wohnen, irgendwann enttäuscht abwenden und stattdessen das mexikanische oder chinesische Restaurant in der Nähe aufsuchen.
- *Die Offenlegung der eigenen Schwächen.* In Schlachten, die nur einen Sieger kennen, sind es gerade die gegenseitigen Beschimpfungen und Anschuldigungen, die großen Schaden anrichten können. Dein Gegner wird all deine Schwächen und Unzulänglichkeiten erbarmungslos offen legen – und ebenso wirst du mit ihm verfahren. Unter Kosten-/Nutzenerwägungen ist diese Schlacht eine einzige Ressourcenverschwendung. Vor der großen Pizzaschlacht genossen die Gäste die Pizza in allen drei Gaststätten. Nach der Schlacht war bekannt, das jede der Pizzerien Nachteile hat. Je länger die Schlacht dauert, desto umfangreicher wird die Liste der Unzulänglichkeiten, von denen die Kunden erfahren.

Vermeide Lähmungserscheinungen. Wenn dein Unternehmen einem Angriff ausgesetzt ist, so sollte dich das nicht vor Schreck lähmen. Es ist zwingend notwendig, dass du deine Gefühle und Empfindungen unter Kontrolle hast, da eine schnelle und effektive Reaktion die Schlacht beenden kann, bevor sie richtig in Gang gekommen ist.

Verharre nicht vor Angst zitternd. Zeige Entschlossenheit und kontere den Angriff mit der bestmöglichen defensiven Strategie.

Stanley erinnerte sich an seine Gedanken, kurz bevor er von einheimischen Kriegern angegriffen wurde: «Es bleibt keine Zeit zu beten, über die Grausamkeiten der Welt nachzudenken oder auch nur ein kurzes und trauriges Lebewohl zu äußern. Es gibt so viel anderes, was rasch und sorgfältig verrichtet werden muss.» Angesichts Hunderter mit Speeren bewaffneter Krieger durfte er keine Sekunde lang zögern, sondern musste umgehend handeln.

Livingstone verdeutlicht am Beispiel eines rasenden Elefanten die Notwendigkeit, sich auf mögliche Angriffe vorzubereiten, um ihnen nicht wehrlos ausgeliefert zu sein: «Wenn der Elefant aufgebracht ist, kann sein Brüllen oder Trompeten dazu führen, dass ein Pferd, das dieses Geräusch nicht gewohnt ist, vom Schreck gelähmt seiner Pflicht kaum mehr nachkommt, zusammenbricht und den Reiter der Gefahr aussetzt, überrannt und zu Tode getrampelt zu werden.» Nach Livingstone sei die einzige Möglichkeit, sich vor einem solchen Ereignis zu schützen, sein Pferd schon vorher darauf vorzubereiten.

Gehe davon aus, dass es Herausforderungen geben wird, denen du dich stellen musst. Sei darauf vorbereitet zu handeln, wenn es so weit ist. Plane deine Verteidigungsstrategien rechtzeitig. Sollte ein Elefant auf dich losgehen, wirst du wissen, wie du dich verteidigen kannst.

Du bist bestens für einen Konkurrenzkampf gerüstet, wenn du dich auf *dein* Geschäft und *dein* Unternehmen konzentrierst. Indem du dein Unternehmen stärkst, wirst du die meisten Wettbewerbsschlachten vermeiden können. Wirst du angegriffen, führe einen intelligenten, beherzten und kurzen Feldzug, und du wirst als Sieger aus der Schlacht hervorgehen.

**Du hast nur zwei Augen.
Richte sie auf dein Unternehmen.**

16 Genieße die kleinen Freuden

Das Glück der Menschen hängt nicht so sehr von einzelnen großen und seltenen Glücksmomenten ab, als vielmehr von den kleinen alltäglichen Freuden und Aufmerksamkeiten.
Benjamin Franklin (1706–1790), amerikanischer Autor, Staatsmann und Wissenschaftler

Hast du dir jemals im Laufe eines anstrengenden Arbeitstages einen Augenblick Zeit genommen, um dir zu vergegenwärtigen, wie herrlich einfach es ist, mit deinem Computer einen Text zu verändern? Oder für einen Moment innegehalten, um dir bewusst zu machen, was für ein gutes Gefühl es ist, mit einem potenziellen Kunden zu telefonieren? Hast du dir die Zeit genommen, um eine kurze Pause zu machen, aus dem Fenster zu schauen und die Schönheit der Natur und des Lebens zu genießen? Hast du jemals nur einen kurzen Augenblick «angehalten», um die kleinen alltäglichen Dinge zu bemerken, die dein Leben zu etwas so Besonderem machen?

Es lassen sich Tausende kleine erfreuliche Ereignisse aufzählen, die im Laufe eines Tages geschehen. Viele Menschen versäumen es, diese Dinge wahrzunehmen und sich an ihnen zu erfreuen. Es ist dieser spezielle Augenblick, wenn du allmorgendlich an deinen Arbeitsplatz gelangst und der noch stille und unberührte Raum auf die Geschäftigkeit des Tages wartet. Es ist die Freude, die du empfindest, wenn deine Mitarbeiter während ihrer Arbeit gut gelaunt Späße machen und du merkst, dass sie die Zeit, die sie in deinem Unternehmen verbringen, genießen. Oder wenn du einen Kunden beobachtest, der durch die Gänge deines Geschäfts schlendert und gut gelaunt stoppt, um das Angebot in deinen Regalen genau in Augenschein zu nehmen.

Das alles sind Ereignisse, die jeden Tag stattfinden! Sie alle gleichen einem Wunder und sind einzigartig. Die kleinen und einfachen Dinge, die zusammen die Basis deiner alltäglichen geschäftlichen Aktivitäten bilden, gehören zu den angenehmsten Seiten deines Abenteuers als selbständiger Unternehmer. Diese kleinen, oftmals trivialen Geschehnisse sind es, die das Potenzial bergen, dir große Freude zu bereiten. Viel zu häufig haben Unternehmer ihr Augenmerk ausschließlich auf den Schatz gerichtet, sodass sie es versäumen, die Erlebnisse und Abenteuer auf dem Weg dorthin zu genießen – die kleinen Dinge, die die gesamte Expedition so angenehm, befriedigend und lohnend erscheinen lassen.

Die meisten der großen Entdecker haben ihre Umgebung zu jedem Zeitpunkt der Reise sehr aufmerksam wahrgenommen. Der portugiesische Entdecker Amerigo Vespucci wurde während des 16. Jahrhunderts für seine Reisebeschreibungen berühmt. Seine erste Begegnung mit dem neuen Kontinent, der nach ihm benannt wurde, beschrieb er mit erstaunlicher Genauigkeit: «Meine Männer und ich sahen unzählige Vögel von unterschiedlichster Form und Farbe, und Papageien, in einer Vielfalt, die an ein Wunder grenzte: Einige rot ... andere grün und rot und zitronengelb, wieder andere ausschließlich grün oder schwarz und fleischfarben.» Daneben beschrieb er den «köstlichen Duft der Kräuter und Blumen und den Geschmack der Früchte und Wurzeln». Obwohl er noch weit von seinem selbst gesteckten Ziel entfernt war, beschrieb Vespucci jedes Detail der Szenerie, die sich ihm auf seiner Fahrt auf dem Amazonas bis ins heutige Brasilien bot. Bis er Gold, Silber und Gewürze finden würde, lag zu diesem Zeitpunkt noch ein langer Weg vor ihm und seiner Mannschaft.

Vespucci hätte seine Beobachtungen ebenso gut auf den Horizont konzentrieren können, um frühzeitig zu erkennen, wann das Ende der Reise absehbar wäre. Er hätte, wie mit Scheuklappen, weder rechts noch links des Weges blicken können. Stattdessen entschied er sich, während seiner Reise Freude und Befriedigung in den kleinen Dingen am Rand des Weges zu suchen.

Jeder Tag bescherte ihm neues Terrain und weitere atemberaubende Beobachtungen und Aussichten – und das gilt auch für deine Expedition. Jeder Tag beschert dir unzählige neue kleine Erfahrungen und Freuden. Jeder Tag bringt dir neue Abenteuer, neue Kraft und mehr Energie. Wenn du die Ereignisse und Freuden, die sich im Laufe eines Tages ansammeln, zu schätzen lernst, wirst du deine Expedition mit mehr Enthusiasmus, Lust und Energie verfolgen.

Kolumbus, ein Zeitgenosse von Vespucci, empfand während seiner ersten Reise nach Amerika ebenso. Mit den Worten «Que era plazer grande el gusto de las mañanas» («Welche Freude es war, jeden Morgen genießen zu können») beschrieb Kolumbus in seinem Logbuch die Freude und Hochstimmung, die er empfand, wenn er früh aufwachte. Jeder Morgen schenkte ihm die Schönheit der Morgendämmerung: das Bild der rosafarbenen Sonne, die unter dem Schleier dünner Wolken im Osten aufgeht, während eine leichte Brise die Wellen gegen den Schiffsrumpf schlagen lässt und die Segel füllt. Kolumbus freute sich auf jeden Tag, der vor ihm lag. Zum einen, weil damit sein Ziel ein Stück näher rückte, zum anderen, weil er ihm ein weiteres grandioses Naturschauspiel bescherte.

Das Unternehmertum ist ein wunderbares und aufregendes Abenteuer, das Tausende kleiner Freuden bereithält. Im Laufe meines Geschäftstages sind es die kleinen Dinge und Ereignisse, die sich oft innerhalb von fünf Minuten abspielen, die mir ein Gefühl der Zufriedenheit und der Freude vermitteln:

- ein kaltes Malzbier zu trinken, während ich meine Konten prüfe;
- in meinem komfortablen Chefsessel zu sitzen;
- einen Kunden «Danke schön» sagen zu hören;
- einen Briefumschlag in die Frankiermaschine zu stecken und meinen Kopf angesichts der Geschwindigkeit der Maschine ungläubig zu schütteln;
- den Gesamtumsatz auf meinem PC abzurufen und wieder einmal beeindruckt von dem phantastischen Computersystem zu sein, das im Herzen des Unternehmens arbeitet;
- brandaktuelle Umsätze überfliegen zu können;
- zwei Gummibärchen aus der Dose auf meinem Schreibtisch zu naschen;
- zu verfolgen, wie eine Auftragsbestätigung aus dem Faxgerät kommt (das macht ganz besonders viel Spaß!).

Es ist tatsächlich so: Die kleinen Dinge sind die spannendsten. Da mir Nebensächlichkeiten Freude bereiten, verlasse ich mein Büro jeden Abend zufrieden und gut gelaunt durch die Abenteuer, die ich im Laufe des Tages erlebt habe.

Halte dir jeden Tag, an dem du in dein Geschäft oder Büro gehst, vor Augen, dass es die Reise ist, die dir die Freude bereitet, und nicht das Ziel. Wenn du nicht bereit bist, die kleinen Freuden zu suchen, wirst du sie nicht finden. Wenn du jeden Tag in dein Geschäft oder dein Büro gehst, ohne dich darum zu bemühen, dass dir deine Arbeit Spaß macht, wird sie dir auch keinen Spaß machen. Vielmehr wird die tägliche Routine dich sehr schnell abstumpfen lassen.

Einige der berühmtesten Entdecker sind in eine solche monotone Stimmung verfallen. Ihr Tatendrang und ihre Energie wurden dadurch erheblich in Mitleidenschaft gezogen. Während seiner Expedition zum Nordpol schrieb Peary: «Durch die täglichen Gewaltmärsche waren mein Geist und mein Körper so sehr damit beschäftigt, so viele Meilen pro Tag wie nur möglich zurückzulegen, dass ich mich nicht einmal mehr an der Schönheit der eisigen Wildnis erfreuen konnte, durch die wir zogen.» Eine unvergleichliche Landschaft, die sich in alle Richtungen erstreckte, und Peary war nur noch damit beschäftigt, möglichst viele Meilen herauszuschinden!

Glücklicherweise hast du die *Wahl*, ob du dich für die stumpfe Plackerei entscheidest oder möglichst viele Meilen gehen und dabei die Schönheit der Landschaft genießen willst. Du kannst wählen, ob du die kleinen Freuden auf deinem Weg wahrnimmst oder ob du dich vom Alltagstrott vereinnahmen lässt. Du kannst dich entweder auf die Hinterläufe deiner Schlittenhunde konzentrieren oder die überwältigende Landschaft bewundern. Du hast die Wahl.

Die Freuden des Alltags

Der US-amerikanische Forscher und Entdecker John Charles Fremont, der Mitte des 18. Jahrhunderts den Westen hinter den Rocky Mountains bereiste, konnte sich an ganz einfachen Erlebnissen berauschen. Während einer Reise durch den Norden Kaliforniens beschrieb er die herannahenden Regenwolken: «Schon bald … hörten wir Donner grollen, und als wir in das Tal blickten, lag es vollständig unter einem Gewitter. Die Stimmung, die dieses Bild vermittelte, war von unverwechselbarem Reiz, und gebannt verfolgten wir das Naturschauspiel, bis die Sonne fast gänzlich untergegangen war.»

Fremont und seine Begleiter reisten während der trostlosesten Zeit des Winters, kurz vor den ersten Anzeichen des herannahenden Frühlings. Der Anblick eines heraufziehenden Gewitters dürfte ein nicht besonders außergewöhnliches Ereignis gewesen sein. Während dieser Jahreszeit sammelten sich wahrscheinlich täglich dichte Gewitterwolken zwischen den Berghängen. Doch er und seine Männer hielten an, um dieses Gewitter so lange zu verfolgen, wie es ihnen das Tageslicht erlaubte. Fremont empfand sich selbst als Entdecker, weil er Landstriche von beachtlicher Größe westlich der Rocky Mountains vermessen und kartographisch erfasst hatte. Aber es waren die alltäglichen Geschehnisse seiner Reise, die ihn erst wirklich glücklich gemacht haben.

Ruhm und Glück können auch zu Wegbegleitern deiner Expedition werden. Ich würde es dir gönnen! Doch du kannst deine Stimmung im Laufe der Expedition wesentlich verbessern, indem du dich, wie Fremont, auf die Suche nach dem unverwechselbaren Reiz alltäglicher Ereignisse machst. Du musst nicht bis zur Hebung des Schatzes – dem großen Erfolg am Ende der Reise – warten, um gute Gefühle zuzulassen. Finde nur einige wenige der unzähligen wunderbaren Dinge, die jeden Tag geschehen, und du wirst sehen, dass das Abenteuer selbst schon der große Erfolg ist.

Was kleine Unannehmlichkeiten so sympathisch macht

Wahre Entdecker erfreuen sich nicht nur an den kleinen Dingen des Alltags, es gelingt ihnen sogar, Unannehmlichkeiten und Irritationen positive Aspekte abzugewinnen. Évariste Régis Huc, ein französischer Missionar, der im 19. Jahrhundert durch China bis nach Tibet reiste, beschrieb, wie sich eine Karawane sammelte und auf den Aufbruch vorbereitete:

> Die traurigen Schreie der Kamele, das Grunzen der Yaks, das Wiehern der Pferde, die Rufe und lauten Gesänge der Reisenden, die Flöte, mit der der Hirte die Gepäcktiere zusammentrieb, untermalt von den unzähligen Glocken, die um die Hälse der Kamele und Yaks geschnürt waren – all dies mischte sich zu einem unbeschreiblichen Konzert, das, alles andere als ermüdend, in jedem Mut und Kraft weckte.

Kannst du dir vorstellen, früh am Morgen aufzustehen, dich auf eine schwierige und steile Tagesetappe deiner Reise vorzubereiten, während das Grunzen und Schnaufen der bepackten Tiere und das entnervende Geschrei der Menge in deinen Ohren dröhnt? Huc hätte stöhnen und sich über den Radau beklagen können. Er hätte zornig und mürrisch werden können. Doch stattdessen gewann er Mut und Kraft aus dem akustischen Durcheinander. Er fand Gefallen an dem «Konzert» der Geräusche.

Du wirst zu einem glücklicheren und erfolgreicheren Unternehmer, wenn du lernst, Gefallen an der Geräuschkulisse zu finden, die es in deinem Unternehmen von Zeit zu Zeit gibt. Oft ist es gar nicht so schwer, die kleinen Unannehmlichkeiten als bescheidene Anzeichen für einen Erfolg zu werten. Das herzliche Gelächter und Gerede aus einem Nebenraum deines Geschäftes ist nicht nur ein Zeichen dafür, dass die Arbeit ruht. Auch wenn das in diesem Augenblick der Fall ist, so ist es doch auch ein Zeichen für die gute Stimmung in deinem Unternehmen. Sei froh, dass deine Mitarbeiter während ihrer Arbeit Spaß haben, denn zufriedene Mitarbeiter sind in der Regel produktiver als unzufriedene.

Feiere auch die kleinen Erfolge

Wenn du auch kleine Erfolge feierst, wirst du die Freude an den alltäglichen und einfachen Dingen nicht verlieren. Genieße sie nicht nur; feiere sie. Versuche nach Möglichkeit, zwei- oder dreimal pro Tag innezuhalten und dich selbst für deine Arbeit zu belohnen. Diese Strategie wird dir helfen, dich in erster Linie auf das Abenteuer zu konzentrieren und weniger auf den Schatz, den du suchst.

Wenn zum Beispiel ein umfangreicher Auftrag eingeht, genehmige ich mir zwei Gummibärchen aus der Dose auf meinem Schreibtisch. Und wenn ein zufriedener Kunde sich für die gute Arbeit meines Unternehmens bedankt (was ungefähr alle zwei Tage geschieht), gönne ich mir eine fünfminütige Pause und genieße draußen die Sonne.

So lassen sich Hunderte kleiner Anlässe finden, die eine Belohnung wert sind. Du musst ja nicht gleich für jeden neuen Kunden ein Fest ausrichten oder nach jedem umsatzstarken Tag die Sektkorken knallen lassen. Die kleinen Belohnungen erinnern dich immer wieder daran, wie wichtig auch weniger auffällige Leistungen sind. Lehn dich nicht nur zurück und rede dir ein, dass du dich an den kleinen Dingen des Lebens erfreust; feiere die vielen Erfolge, die du jeden Tag erzielst!

Der Mythos Timbuktu

Die meisten Menschen haben im Wirtschaftsleben nur das große Geschäft im Auge: volle Kassen am Ende des Tages, der umfangreiche Auftrag eines neuen Kunden, das Erzielen von Jahresumsatzrekorden oder die Eröffnung einer Filiale. Für sie zählt nur die Größe des Schatzes – der materielle Gewinn. Aber eine derart begrenzte Sichtweise solltest du dir auf deiner Expedition Unternehmen nicht zu Eigen machen, weil du dir dadurch nicht nur die Freude an deiner alltäglichen Arbeit nimmst, sondern zugleich schon den Weg für zukünftige Enttäuschungen und Misserfolge ebnest. Denn den hohen Erwartungen, die du an den abschließenden Triumph, den einen überwältigenden Gewinn, stellst, wird der tatsächliche Wert des Schatzes kaum jemals gerecht werden.

Eine unrealistische Erwartungshaltung an den Schatz, den es zu entdecken galt, erwies sich für viele berühmte Entdecker als ernsthaftes Problem. So wurde in Europa das sagenumwobene Timbuktu in Afrika mystifiziert. Jahrhundertelang kursierten Gerüchte und Spekulationen um die unschätzbaren Werte, die diese Stadt bergen sollte. Gold, Silber, kostbare Gewürze und erlesenste Handarbeiten würden, so die Legende, auf den Märkten der Stadt in solchen Mengen feilgeboten, wie Wasser durch Venedig fließt.

Doch eine Reise nach Timbuktu war nahezu unmöglich. Der Zutritt zur an der südlichen Spitze der Sahara und am Ufer des Niger gelegenen Stadt war nur den afrikanischen und arabischen Muslimen gestattet. Um überhaupt dorthin zu gelangen, mussten die Europäer sich auf eine gefährliche Reise begeben. Sie führte sie von der afrikanischen Westküste durch unwegsames Gelände, vorbei an räuberischen Banden, immer der Seuchengefahr der tropischen Sümpfe ausgesetzt und begleitet von zähen Verhandlungen mit feindseligen Einheimischen, deren Land sie passieren mussten. Mehr als 300 Jahre sollte es dauern, bis der erste Europäer die sagenumwobene Stadt erreichte.

Es war der französische Entdecker René Caillé, der im Jahr 1827 Timbuktu als Erster besuchte und wohlbehalten von dort zurückkehrte. Caillé und Europa hatten große Erwartungen an die Entdeckung der Stadt geknüpft: Eine neue Quelle unbegrenzten Reichtums sollte für die westliche Welt erschlossen werden. Doch die Berichte Caillés blieben weit hinter diesen Erwartungen zurück:

Ich schaute mich um, und was ich sah, erfüllte meine Erwartungen nicht. Die Stadt hatte nichts zu bieten ... außer einigen baufälligen, aus Lehm gebauten Häusern. Gelblich weißer Treibsand, so weit das Auge blicken konnte, der Himmel blassrot bis zum Horizont; die Natur bot ein trostloses Bild, und über alldem lag eine bedrückende Stille.

Timbuktu war eine verfallene Stadt, seine blühenden Märkte hatten Jahrhunderte vor jener Zeit existiert. Größer hätte eine Enttäuschung nicht sein können! Vom einstigen Reichtum Timbuktus war nicht mehr geblieben als eine Legende.

Hier geht es nicht darum, dass der Schatz, den du findest, eventuell eine Entäuschung sein könnte. Zweifellos kann Geld dein Leben und das derer, mit denen du zusammenlebst, erleichtern und bereichern. Die Botschaft ist folgende: Achte auf die kleinen Freuden, die sich dir während deines geschäftlichen Alltags bieten. Dann wirst du auf deinem gesamten Weg zufriedener sein, und jeder Erfolg, egal wie groß, wird dich ein Stück glücklicher machen.

Bleibe wachsam

Vergiss also nicht, dir Zeit zu nehmen, um die kleinen Freuden des Alltags zu genießen. Aber lasse dich dadurch nicht zu sehr ablenken. Verliere dein vorrangiges Ziel nicht aus den Augen: Du willst Gewinne machen. Nur so kannst du deine Mitarbeiter bezahlen, Rohstoffe kaufen, deine Aktivitäten ausweiten.

Wenn die kleinen Freuden und Abwechslungen dich von der vor dir liegenden Aufgabe ablenken, kann das fatale und kostspielige Folgen haben. Ein Entdecker des 19. Jahrhunderts, Paul du Chaillu, hätte für sein schwärmerisches Träumen fast einen sehr hohen Preis bezahlt:

> Weit entfernt im Osten zeichneten sich die blauen Gipfel der entlegenen Sierra del Crystal ab. Ich richtete meine Augen in die Ferne, um die Berge, die ich erreichen wollte, möglichst genau ausmachen zu können. Ich träumte von Plantagen, die auf dem Boden der Wälder entstehen würden, … von friedliebenden [Stämmen], von Kirchen und Schulen; als ich kurz aufblickte, sah ich von dem Ast des Baumes, unter dem ich saß, eine riesige Würgeschlange hängen, die sich offensichtlich darauf vorbereitete, ihren Leib um diesen träumenden Eindringling zu schlingen.

Seine Bewunderung für die Landschaft ließ Chaillu vergessen, dass er sich auf einer gefährlichen Expedition befand, deren Weg voller Hindernisse und gut getarnter Fallen war. Die Bewunderung hätte ihn fast das Leben gekostet. Genieße die Schönheiten während deiner Expedition, doch mache dir immer wieder bewusst, dass du mitten in einem Abenteuer steckst und jederzeit Probleme auftreten können, die deine uneingeschränkte Aufmerksamkeit fordern.

Warte nicht auf den atemberaubenden Blick vom Gipfel des Berges. Genieße die betörenden Gerüche, Aussichten und Geräusche, die sich dir auf deinem Weg bieten.

17 Kalkuliere jedes Risiko

Gehe kalkulierte Risiken ein. Das ist etwas anderes, als waghalsig und unbesonnen zu sein.
George S. Patton (1885–1945), General der Vereinigten Staaten

Für die meisten Menschen sind Unternehmer waghalsige Spielernaturen und Draufgänger, die ständig mit dem finanziellen Ruin flirten: Fahrlässig und selbstvergessen setzen sie ihre Karrieren aufs Spiel, Sicherheit ist für sie ein überflüssiger Luxus, rationales Denken eine nebulöse Abstraktion und Vorsicht eine absolute Nebensächlichkeit. Mit Haut und Haar verschreiben sie sich halb ausgegorenen Plänen, die entweder im totalen Bankrott oder in märchenhaftem Reichtum enden. Für diese Menschen also sind Unternehmen ein riskantes Abenteuer und Unternehmer leichtsinnige Reisende auf der Suche nach schmutzigem Geld auf unsicheren und gefährlichen Wegen.

Scott Schmidt aber ist alles andere als ein waghalsiger Mensch. Er ist ein Abenteurer der Gegenwart und ein Pionier im Extremskisport, in dem atemberaubende Stunteinlagen an der Tagesordnung sind. Mit Sprüngen von fast zwanzig Meter hohen Felsen kann Schmidt seinen Lebensunterhalt bequem bestreiten, weil verschiedene Produktionsfirmen Videos von seinen Sprüngen produzieren und vermarkten. Doch auch wenn Schmidt als fahrlässiger Draufgänger erscheinen mag, vertraut er nicht nur auf sein Talent und seine Skikünste. Denn vor jedem Sprung prüft er die Temperatur-, Wind- und Schneeverhältnisse und berechnet genau, wie Absprung und Landung verlaufen werden. Schmidt ist keineswegs verrückt. Jeder seiner Stunts ist sorgfältig und überlegt vorbereitet. Er überlässt nichts dem Zufall.

Das Bild vom Unternehmer als waghalsigem Draufgänger ist ebenso falsch. Selbständiges Unternehmertum funktioniert nicht wie Black Jack, und Unternehmer sind keine Spieler. Spieler sind süchtig: Sie haben sich dem Terror des Zufalls unterworfen und jegliche Kontrolle verloren. Sie würfeln und hoffen, dass ihre Zahlen kommen werden. Allein Glück oder Zufall entscheiden darüber, ob sie alles gewinnen oder alles verlieren.

Ein Unternehmer hingegen spielt mit gezinkten Würfeln: Er weiß genau, welche Zahl oben liegen wird, wenn der Würfel gefallen ist. Ein Unternehmer analysiert seine Branche, führt Tests durch und lernt den Markt immer genauer kennen. Die Unbekannten Zufall und Glück werden durch das Wissen, die Fähigkeiten und die Weiterentwicklung des Unternehmers kalkulierbar. Als Unternehmer entscheidest du darüber, was für ein Unternehmen du führen willst, wie viel du bereit bist zu investieren, wo sich der Standort befinden und wie die Struktur des Unternehmens aussehen soll. Du allein hast die Kontrolle.

Jeder Unternehmer geht zweifellos Risiken ein. Doch es sind kalkulierbare Risiken. Ein Unternehmer investiert Zeit, Geld und Energie erst dann, wenn er einen wirtschaftlichen Bewertungsprozess abgeschlossen hat. Vor dem ersten Schritt wird die Reise von allen Seiten unter die Lupe genommen. Auch die Erträge werden grob vorausbestimmt, und das Risiko wird kalkuliert und, wenn eben möglich, auf ein Minimum begrenzt.

Niemand gründet ein Unternehmen, das keinen Erfolg verspricht. Unternehmer gehen ein Risiko ein, weil sie wissen, dass sie Erfolg haben werden.

Eine Studie der Purdue-Universität zeigt, dass die überwiegende Zahl der Unternehmer nicht waghalsig ist – im Gegenteil. Für die meisten Menschen ist die Tatsache, dass sie ihre gesamten Fähigkeiten zum Einsatz bringen können, der vorrangige Grund, ein Unternehmen zu gründen. Gleich danach kommt der Wunsch, ihr Leben selbst in die Hand zu nehmen. Nur weniger als zwanzig Prozent der Befragten gaben an, dass sie ihr Unternehmen ausschließlich mit dem Ziel gegründet haben, Geld zu verdienen. Die meisten Menschen, die ein Unternehmen gründen, sind keine tollkühnen Draufgänger, die es auf den Thrill und auf große Gewinne abgesehen haben. Es sind Menschen, die ihre Fähigkeiten möglichst optimal ausnutzen und ihr Leben selbst in die Hand nehmen wollen. Gewinne sind dann nur ein weiterer positiver Aspekt in einem bereits ausgefüllten Leben.

Wie ein Kaffeegeschäft zum Glücksspiel wurde

Bewertet ein Unternehmer die Risiken nicht richtig, die ein Unternehmen birgt, so wird das Unternehmen zum Glücksspiel. Wer sich mit geschlossenen Augen blindlings in das Abenteuer Unternehmen stürzt, dem bleibt wie beim Würfelspiel nur die Hoffnung auf Erfolg. Es mag sein, dass du gewinnst, es mag sein, dass du verlierst. Wenn du dich nicht sorgfältig auf den Schritt vorbereitest, den du planst, wenn du Absprung und Landung nicht genau berechnest, wirst du schon bald an einem steilen Abhang Halt suchen und um dein Leben bangen!

Erst vor kurzem eröffnete ein Paar ganz in der Nähe meines Büros ein Kaffeegeschäft. Sie wählten ihren Standort in einer Geschäftszeile, einen Block entfernt von einer belebten Kreuzung. Verschiedene Läden waren dort schon seit Jahren an die gleichen Geschäftsleute vermietet: eine Trattoria, ein Wertpapierbroker, ein Schreibwarengeschäft, ein Reisebüro und verschiedene andere Einzelhandelsgeschäfte (warum ein Tauchsportgeschäft mitten in Arizona erfolgreich bestehen kann, ist mir ein Rätsel – oder ein Erfolgsgeheimnis, das ich noch nicht kenne). Daneben hatte ich im Laufe der Jahre einige Geschäfte in der Passage kommen und gehen sehen: eine Bücherei, eine Sandwich-Bar, ein Golfgeschäft für Frauen, ein Friseursalon und einige andere, an die ich mich nicht mehr erinnern kann. Auch wenn es einige erfolgreiche Unternehmen in der Passage gab, so war die Fluktuation doch recht hoch. Deshalb wunderte ich mich, warum das Paar ausgerechnet diesen Standort für sein Kaffeegeschäft ausgewählt hatte.

Einige Tage nach der Eröffnung suchte ich das Geschäft auf, weil ich die neuen Unternehmer in der Gegend kennen lernen wollte. Als ich das Geschäft betrat, war ich sehr beeindruckt. Ansprechende Holztische und -stühle waren in den übersichtlichen Verkaufsräumen gelungen arrangiert. Eine interessante Auswahl an Kunstdrucken zierte die Wände, angenehme Jazzmusik drang dezent aus kleinen Lautsprechern, und der Duft frisch gerösteten kolumbianischen Kaffees füllte den Raum. Die gesamte Atmosphäre war sehr angenehm und geprägt von kolonialem Charme, gerade so, wie ein Kaffeegeschäft sein sollte.

Noch mehr war ich von dem Paar beeindruckt, dem das Geschäft gehörte und das es betrieb. Sie waren sehr sympathisch und von ihrem Unternehmen überzeugt. Es war offensichtlich, dass sie über den Abenteuergeist verfügten, der notwendig war, um als selbständige Unternehmer bestehen zu können. Sie waren von der Idee begeistert, ihre Ziele selbst bestimmen zu können.

Auf meinem Weg zum Tresen begrüßte die Frau mich mit

einem warmen Lächeln: «Guten Morgen, was kann ich für Sie tun?»

Ich grüßte sie und sagte, dass ich nur einen Kaffee trinken wolle.

Sie strahlte mich an: «Sie können unter vier verschiedenen Kaffeesorten wählen, wenn sie einen frisch aufgebrühten Kaffee trinken wollen. Darüber hinaus haben wir fünfunddreißig Kaffeesorten im Angebot, die Sie gemahlen oder ungemahlen als 250- oder 500-Gramm-Packung nach Hause mitnehmen können.»

Sie erklärte mir die unterschiedlichen Geschmacksrichtungen der Kaffeesorten und hätte mir sicher auch noch die Geschichte jeder einzelnen Kaffeebohne erzählt, wenn ich sie nicht unterbrochen und einen Kaffee bestellt hätte.

Ihr Mann schaltete sich nun in das Gespräch ein und bot mir an, ein halbes Pfund Kaffee meiner Wahl als Geschenk mit nach Hause zu nehmen, um ihn dort mit meiner Familie zu verkosten. Er war von seinem Angebot überzeugt und wollte offensichtlich, dass auch andere Menschen dessen Vorzüge erkannten. Zudem wusste er von der Überzeugungskraft einer Probierpackung. Ich bezahlte meinen Kaffee, wählte eine entkoffeinierte französische Röstung zur Probe und unterhielt mich mit den Inhabern noch eine Weile über ihr neues Geschäft.

Als ich ging, hatte ich den Eindruck, dass sie über alles verfügten, was erfolgreiche Geschäftsleute benötigen. Sie besaßen ein wunderschönes Ladenlokal, verfügten über ausgezeichnete Produktkenntnisse und waren in der Gegend ohne Konkurrenz. Sie waren begeistert von ihrem Geschäft, freundlich und entgegenkommend, und sie hatten die besten und passendsten Marketingstrategien für ihr Unternehmen ausgewählt. Sie hatten alles richtig gemacht – bis auf eine Kleinigkeit: Sie hatten vergessen, das Risiko zu kalkulieren! Während ich in dem Geschäft war, und das wurde mir nun bewusst, hatte kein anderer Kunde den

Laden betreten. Als ich über den Parkplatz blickte, fiel mir auf, dass dort nur wenige Fahrzeuge standen. Einige standen vor dem Geschäft des Börsenmaklers und einige vor dem Schreibwarengeschäft. Der Publikumsverkehr in dieser Passage reichte nicht aus. Wenn sie andere Besorgungen in der Passage zu machen hätten, würden die Menschen dort wahrscheinlich gern noch eine Tasse Kaffee trinken oder ein Pfund Kaffee mit nach Hause nehmen. Das Paar hatte all seine Ersparnisse in das Geschäft investiert, und mir wurde schlagartig klar, dass es ihnen niemals gelingen würde, die Gewinnschwelle (den Break-even-Point) zu überschreiten.

Innerhalb von nicht einmal drei Monaten war das Kaffeegeschäft wieder geschlossen. Eine sehr simple Analyse der Gegebenheiten, eine sehr einfache Rechnung hätte jedem veranschaulicht, dass ein Kaffeegeschäft an diesem Standort keine besonders erfolgversprechende Idee war. Das Paar hätte sich mit Leichtigkeit ausrechnen können, wie das Geschäft an diesem Standort laufen würde, und stattdessen ein Ladenlokal an einer belebteren Straße auswählen können. Sie jedoch brachen zu ihrer Expedition auf, ohne das Risiko abzuschätzen – und scheiterten.

Das Risiko richtig einschätzen

Das Paar investierte ungefähr 12 000 Dollar (das absolute Minimum für ein Einzelhandelsgeschäft) in das Inventar, das sich aus Tischen, Stühlen, Kaffeemühlen, Verkaufsdisplays, einer Kasse, der Beleuchtung und Dekoration zusammensetzte. 1000 Dollar dürften notwendig gewesen sein, um die monatlichen Rechnungen begleichen zu können: 600 Dollar für die Miete (als absolutes Minimum), 250 Dollar für die Nebenkosten und 150 Dollar für Vorräte und Werbung. (Hierin ist ein Verdienst, um ihre eigenen Lebenshaltungskosten zu decken, noch gar nicht enthalten!)

Vorausgesetzt, das Paar hatte geplant, seine Einstandsinvestitionen innerhalb eines Jahres auszugleichen (ein ehrgeiziges Ziel für ein großes Restaurant, nicht aber für ein kleines Geschäft), so hätten die beiden während der ersten zwölf Monate 2000 Dollar pro Monat einnehmen müssen: 1000 Dollar, um die monatlichen Fixkosten abdecken zu können, sowie die monatliche Aufwendung in Höhe von 1000 Dollar, um die Einstandsinvestition abzuschreiben. Einen Dreißig-Tage-Monat vorausgesetzt, müsste das Paar 67 Dollar pro Tag einnehmen, um am Ende des Jahres plus minus null dazustehen.

Ich wusste, dass sie eine Tasse Kaffee für 1,20 Dollar verkauften. Der Kaffee pro Tasse kostete sie wahrscheinlich 20 Cent, sodass sie pro Tasse ungefähr einen Dollar verdienen konnten. An jedem Arbeitstag hätten sie 67 Tassen verkaufen müssen – bei einer zehnstündigen Öffnungszeit also zwischen sechs und sieben Tassen pro Stunde –, um den Break-even-Point zu erreichen.

Als ich das Geschäft in der darauf folgenden Woche wieder betrat, sah ich zu allem Überfluss, dass die beiden einen Mitarbeiter eingestellt hatten. Vorausgesetzt, der Mitarbeiter hätte eine Vollzeitstelle und würde den Mindestlohn einschließlich aller üblichen Sozialleistungen beziehen, so würde das weitere Kosten in Höhe von 12 000 Dollar pro Jahr, also 1000 Dollar pro Monat, nach sich ziehen. Damit hätte das Paar schon weitere dreißig Tassen Kaffee pro Tag (insgesamt also fast hundert) verkaufen müssen, um auch nur auf plus minus null zu gelangen. Und dabei hätten sie noch keinen einzigen Dollar verdient, um ihren eigenen Lebensunterhalt – also Miete, Auto, Kleidung, Versicherungen etc. – zu finanzieren.

Eine einfache Analyse der Situation ergab, dass das Unternehmen nur mit Gewinn würde arbeiten können, wenn ein Raumschiff mit Außerirdischen auf dem Parkplatz vor dem Geschäft landen und Touristen aus aller Welt auf den Plan rufen würde, die jeden Tag 200 Tassen Kaffee kauften – das Doppelte von dem, was notwendig wäre, um den Break-even-Point zu erreichen. Damit würden die Inhaber 36 000 Dollar pro Jahr verdienen, vorausgesetzt, das Geschäft wäre an 365 Tagen im Jahr geöffnet. Davon könnten die beiden ihren Lebensunterhalt bestreiten und vielleicht auch noch ein bisschen Geld sparen. Aber diese Zahlenspiele führen zu nichts, weil es einfach unrealistisch ist, auf die Landung von Außerirdischen zu vertrauen. Der tatsächlich zu erwartende Ertrag rechtfertigt das Risiko in keiner Weise.

Deine Ideen auf dem Prüfstand

Hätte das sympathische Paar einige einfache Tests vorgeschaltet, so hätten sie sehr schnell herausgefunden, dass der Standort in der Einkaufspassage die falsche Wahl war. Hätten sie die eine oder andere Stunde in einem gut gehenden Café zugebracht, hätten sie feststellen können, wie viele Kunden ein florierendes Geschäft braucht. Zwei weitere Beobachtungstage in der Einkaufspassage hätten ausgereicht, um festzustellen, dass es zu wenig Laufkundschaft gab, um dort mit einem Kaffeegeschäft erfolgreich zu sein.

Einfache Tests geben Aufschluss über das Risiko jeder Aktivität, sei es eine weit reichende, wie die Gründung eines Unternehmens, oder eine begrenzte, wie der Start einer Anzeigenkampagne für dein derzeitiges Unternehmen. Es gibt viele Möglichkeiten, um das Gewässer zu sondieren, in dem du tauchen willst, oder Informationen über das Wetter zu erhalten, wenn du segeln willst. Zahlreiche Unternehmer wenden die nun folgenden Tests an, um das Risiko ihrer Unternehmen richtig einschätzen zu können. Auch für dich dürften sie von großem Nutzen sein. Bevor ich mich auf den Weg in ein wie auch immer geartetes Abenteuer Unternehmen mache oder eine neue Richtung für meine derzeitigen Unternehmen anpeile, nutze ich diese Tests, um das Risiko zu kalkulieren, das mit diesen Aktivitäten einhergeht. Diese Untersuchungen sind, wenn man die betriebswirtschaftliche Statistik zugrunde legt, nicht sonderlich exakt, doch sie sind schnell und einfach und haben mir bislang immer geholfen.

Telefonumfragen. Ich rufe Menschen an und frage sie, ob sie ein Interesse an den Waren oder Dienstleistungen haben, die ich anbieten will. Auf diese Weise erhalte ich sehr genaue und interessante Informationen über die Wünsche und Vorstellungen der Kunden. Immer wieder starte ich Zufallstelefonumfragen, um eine unmittelbare Reaktion auf eine Geschäftsidee zu erhalten. Vor kurzem fuhr ich an einer Autoreparaturwerkstatt vorbei und sah ein großes Schild, auf dem stand: «Motorwäsche nur $ 35. Ein sauberer Motor für ein langes Leben.» Ich bin kein Autoexperte und hatte bislang noch nie etwas von «Motorwäschen» gehört, fand die Idee aber interessant und hielt an. Ein Mitarbeiter der Werkstatt war gerade damit beschäftigt, den Motor eines Fahrzeugs mit einem Hochdruckgerät zu reinigen. Noch zwei weitere Fahrzeuge standen vor der Halle, und ich unterhielt mich mit den beiden Fahrern, die im Geschäft warteten.

«Was ist eigentlich eine Motorreinigung genau?», fragte ich in die Runde.

Einer der Wartenden hatte offensichtlich keine Lust zu reden. Er rückte seine Baseballkappe zurecht und schlug eine Zeitschrift auf. Der andere antwortete:

«Sie nehmen einen Hochdruckreiniger und spritzen mit der Düse in alle Ecken und Kanten des Motorraums. So wird der gesamte Schmutz gelöst, und der Motor sieht wieder aus wie neu.»

«Wollen Sie damit sagen, dass manche Leute Geld ausgeben, nur damit ihr Motor wieder wie neu aussieht?»

«Na ja. Angeblich hält ein Motor, der auf diese Weise gereinigt wird, viel länger.»

Nun regte sich auch Mr. Baseballkappe: «Klar ist es viel besser, einen sauberen Motor zu haben. Ich frag mich nur, warum ich für einen sauberen Motor so lange hier rumsitzen muss.»

Als ich mich dann auch für eine Motorwäsche entschieden und bezahlt hatte, schaute ich dem Mechaniker bei der Arbeit zu. Der Arbeitsvorgang sah nicht besonders kompliziert und die Maschine gar nicht so teuer aus. Während er arbeitete, dachte ich: «Würden Autobesitzer diesen Service vielleicht auch zu Hause in Anspruch nehmen? Ich könnte dann Lieferwagen recht einfach mit Hochdruckreinigern und Schmutz- / Ölauffangbehältern ausstatten.»

Da ich nicht wusste, ob die Menschen eine solche Dienstleistung in Anspruch nehmen würden und ich die Zielgruppe für meine Dienstleistung nicht kannte, rief ich wahllos einige Telefonnummern in der Stadt an und stellte meine Fragen.

Diese Methode entspricht natürlich nicht den Regeln der Statistik, doch sie funktioniert. Aus dem Telefonbuch wählte ich Nummern nach dem Zufallsprinzip und sagte: «Guten Tag, ich bin Unternehmer und wohne hier in der Stadt. Ich habe eine neue Geschäftsidee und würde mich freuen, wenn Sie mir sagen könnten, was Sie davon halten. Und zwar folgende: Ich möchte die Motorwäsche für Autos als Service vor der Haustür anbieten. Der Motor ist danach bis in den verstecktesten Winkel gereinigt und blitzt wie neu. Einige Autofahrer behaupten sogar, dass eine solche Reinigung die Lebensdauer des Motors verlängert. Würden Sie eine solche Dienstleistung in Anspruch nehmen?»

War die Antwort positiv, fragte ich, was sie für diesen Service bezahlen würden. Waren die Leute dann davon überzeugt, dass ich ein aufrichtiger Geschäftsmann war, gaben sie mir bereitwillig Auskunft. Oftmals endete das Gespräch ungefähr so:

«Viel Glück, und wenn Ihr Unternehmen läuft, dann möchte ich natürlich auch einen sauberen Motor haben.»

Einige wenige Stunden mit dem Telefonhörer in der Hand reichten aus, um wertvolle Informationen für die Verwirklichung dieser Idee zu sammeln. Ich habe sie jedoch nicht weiterverfolgt, denn drei aufstrebende Unternehmen gleichzeitig zu leiten reicht als Herausforderung für ein ganzes Leben. Es ist wahrscheinlich eine hervorragende Geschäftsidee, und wenn du sie nutzen möchtest, so steht dem von meiner Seite nichts im Wege.

Klinkenputzen. Als Alternative zu Telefonumfragen bieten sich Hausbesuche an, die ein direkteres Feedback der potenziellen Kunden ermöglichen. Wenn du ein Unternehmen auf lokaler Ebene planst, kannst du dich auf die Bereiche konzentrieren, in denen deine zukünftigen Kunden wohnen. Stelle eine Liste von Fragen zusammen, die dir helfen könnten, an die Informationen zu gelangen, die du benötigst.

Das Gespräch mit anderen Unternehmern suchen. Wenn du dir ein genaueres Bild über die zu erwartenden Kosten für dein neues Unternehmen machen möchtest, oder wenn du herausfinden willst, wie hoch die Fixkosten in der betreffenden Branche üblicherweise sind, kannst du das Gespräch mit anderen Unternehmern suchen. Üblicherweise haben Unternehmer Freude an ihrer Arbeit und teilen dir bereitwillig ihre Erfahrungen mit.

Manchmal reagieren Geschäftsleute etwas verschnupft, wenn sie aufgrund deiner Fragen das Gefühl haben, dass du ein neuer Konkurrent sein könntest. Einige Selbständige, die ich kenne, suchen darum Unternehmer in anderen Städten auf oder rufen dort an. Wenn du eine Bagelbäckerei in Berlin eröffnen willst, könntest du mit dem Betreiber einer Bagelbäckerei in

Frankfurt oder Wien telefonieren, um Fragen zu stellen. Ein etablierter Geschäftsmann wird kaum eine Bedrohung darin sehen, wenn du ein Geschäft mehrere hundert Kilometer entfernt planst.

Mailing-Aktionen. Diese Methode ist dann sinnvoll, wenn du ein Unternehmen planst, das über die Grenzen deiner Stadt hinaus agieren soll. Mailing-Aktionen beinhalten Werbebroschüren, Umfragen und Fragebögen, die per Post an mögliche Kunden versandt werden. Auf diesem Weg wirst du eine größere Zielgruppe erreichen.

Wenn du zum Beispiel eine PR-Agentur eröffnen willst, die sich darauf spezialisiert, gemeinnützige Organisationen in der ganzen Europäischen Union zu vertreten, dann könntest du die Geschäftsführer von etwa tausend kleineren Organisationen anschreiben. Dabei solltest du berücksichtigen, dass sich die durchschnittliche Rücklaufquote einer solchen Aktion zwischen 0,5 und zwei Prozent bewegt. Das heißt, du darfst nicht mehr als fünf bis zwanzig Antworten auf dein Rundschreiben erwarten. Um ungefähr hundert Antworten zu erhalten, musst du mehr als zehntausend Briefe versenden. Eine solche Mailing-Aktion ist zwar eine sehr genaue und aussagekräftige Umfragemethode, aber es ist auch sehr kostenintensiv, auf diesem Weg Resonanzen auf eine Geschäftsidee zu sammeln.

Ein Unternehmen zu gründen ist ein Abenteuer. Auch wenn die Expedition sorgfältig vorbereitet und geplant ist, bleibt ein Restrisiko, und das ist ein elementarer Bestandteil des Abenteuers Selbständigkeit. Doch ist es nicht genau das, was das Leben als Unternehmer so reizvoll macht?

Glücksspieler setzen ihren Einsatz auf eine Zahlenreihe, weil sie zu fühlen glauben, dass eine Sieben oder eine Elf fallen werden. Unternehmer setzen ihren Einsatz, weil sie wissen, dass die Sieben oder die Vier mit einer Wahrscheinlichkeit von vier zu einundzwanzig fallen wird. Beide riskieren etwas. Doch der Unternehmer verfügt über eine kalkulierte Vorhersage des Ergebnisses.

Bevor du zum Sprung über die Schlucht ansetzt, solltest du die Länge des Anlaufs genau berechnen, den Absprungpunkt, deine Geschwindigkeit zum Zeitpunkt der Landung und den Winkel, in dem du auftreffen wirst. Nur so kannst du sicher sein, dass du wohlbehalten auf der anderen Seite der Schlucht landen wirst.

18

Befrage deinen Kompass

Das Überwältigende an dieser Welt ist nicht der Punkt, an dem wir stehen, sondern vielmehr die Richtung, in die wir uns bewegen.
Oliver Wendell Holmes (1809–1894), amerikanischer Arzt und Autor

Marshall E. Dimock gibt in seinem Buch *A Philosophy of Administration Toward Creative Growth* einen weisen Rat, den besonders Unternehmer beherzigen sollten: «Wenn Sie versuchen, Ihr Ziel zu bestimmen, ist das, als würden Sie den Polarstern fixieren. Sie richten Ihren Kompass nach ihm aus, und wenn Sie sich in den Weiten des Weltalls verlieren, kehren Sie zu ihm zurück, um die Orientierung wiederzufinden.» Dein Polarstern ist deine Vision von einem idealen Leben. Hast du erst einmal deinen eigenen Polarstern gefunden, so kannst du ihn während deiner gesamten Reise als Wegmarke benutzen. Wenn du auf einem Nebenpfad die Orientierung verlierst, wird er dir helfen, wieder zurückzufinden.

Während deiner Expedition wirst du feststellen, dass du nicht immer vorausplanen kannst, in welche Richtung du gehen wirst. Du solltest jedoch immer wissen, was dich erwartet. Bevor du dich auf den Weg in dein Abenteuer machst, solltest du deine Zielsetzung genau kennen. Beginne deine Expedition, indem du dich auf das Ziel konzentrierst, sei dabei aber offen für eventuelle Alternativrouten. Manchmal ist ein kleiner Umweg sinnvoller als der direkte Weg. All das ist möglich, solange du weißt, was dich erwartet, wie und aus welchem Grund du reagieren wirst.

Effektive Umwege

Wenn du von deinem Hauptweg abgekommen bist, mache dir diese Tatsache bewusst und achte darauf, dass du dein Ziel nicht aus den Augen verlierst. Gar nicht so selten irren Unternehmer orientierungslos durch die Wälder, weil sie ihr ursprüngliches Ziel aus den Augen verloren haben. Sie irren von einem Seitenpfad zum nächsten, ohne anzuhalten und ohne zu versuchen, die Orientierung wiederzufinden. Schon bald ist ihr Ziel verschwommen oder so weit vom augenblicklichen Standort der Expedition entfernt, dass der Weg dorthin nicht mehr zu bewältigen wäre.

Du musst deinen Standpunkt immer sehr genau kennen. Denn du kannst unmöglich entscheiden, welche Richtung du einschlagen solltest, wenn du deine Position nicht genau kennst. Wenn du nicht weißt, wo du dich befindest, kannst du auch nicht wissen, in welche Richtung du gehen musst, um dein Ziel zu erreichen. Benutze immer wieder deinen Kompass, um die Fortschritte zu überprüfen, die du im Laufe deiner Expedition Unternehmen gemacht hast.

Im Dschungel der selbständigen Unternehmer werden dich immer wieder große Hindernisse zwingen, den direkten Weg zu verlassen. Ist dir ein Berg, eine Schlucht oder ein Sumpf im Weg, wird ein Umweg, der dich an dem Hindernis vorbeiführt, die effektivste Strategie sein. Vielleicht zwingt dich die

Notwendigkeit, einen höheren Cashflow zu erzielen, dein Beschäftigungsfeld auszuweiten. Oder dein Unternehmen, das zu Beginn ausschließlich Cola produzierte, muss nun auch Mineralwasser und Limonade herstellen, um wettbewerbsfähig zu bleiben. Doch egal, welchen Umweg du einschlagen musst, verliere dabei nie dein ursprüngliches Ziel aus den Augen. Ziehe immer wieder deinen Kompass zurate. Benutze ihn, um einschätzen zu können, wie weit du auf dem Weg zu deinem Polarstern schon gekommen bist.

Werkzeuge für Geschäftsleute

Die ersten Entdecker der Neuzeit nutzten nur recht einfache Methoden, um ihren Kurs zu berechnen. Der Kompass war das wichtigste Utensil, wenngleich auch Karten, mathematische Tabellen sowie astronomische und geometrische Berechnungen zur Ausrüstung gehörten. Es war durchaus möglich, den richtigen Weg zu finden, wobei Schätz- und Näherungswerte größere Bedeutung hatten als eine präzise Analyse. Desmond Wilcox beschreibt in seinem ausgezeichneten Buch *Ten Who Dared* die Unzulänglichkeit der Methoden, mit deren Hilfe die frühen Entdecker versuchten, eine Passage zu den Westindischen Inseln zu finden:

> Damals konnten die Seefahrer die Längengrade noch nicht bestimmen, aber mit Hilfe von Instrumenten und Gissung war es ihnen möglich, Standort und Richtung grob festzulegen – eine riskante, auf Schlussfolgerungen und Vermutungen basierende Methode. Die Schiffe steuerten in nördlicher oder südlicher Richtung einen bestimmten Breitengrad an und folgten ihm dann. Einer Redensart zufolge gelangte man zu den Westindischen Inseln, indem man

«Richtung Süden, bis die Butter schmilzt, und dann direkt nach Westen» fuhr.

Glücklicherweise musst du nicht mehr «nach Süden fahren, bis die Butter schmilzt»! Die Mittel, die dir zur Verfügung stehen, um deine Position und deinen Fortschritt in Richtung auf dein Ziel bestimmen zu können, sind viel ausgefeilter. Das kaufmännische Rechnen ist relativ einfach und schnell erlernbar. Darüber hinaus stehen dir nahezu unbegrenzte Informationsmöglichkeiten in Form zahlloser Bücher, Handbücher, Studien, Umfragen und Erhebungen für beinahe jede Branche und jeden Industriezweig zur Verfügung. Auch vermitteln viele erfolgreiche Unternehmer ihr Wissen in Seminaren, auf Kongressen, im Fernsehen und auf Audiokassetten.

Zahlen sind der Kompass eines Unternehmens – du bewertest die Position und den Fortschritt deines Unternehmens, indem du Umsatz- und Ertragskennziffern analysierst. Du kannst Daten auswerten, die dir Auskunft über deine Marktposition geben, über die Kosten, die du für Werbung aufwendest, über Umsätze innerhalb eines bestimmten Zeitraumes und weitere betriebswirtschaftliche Größen. Nutze diese Informationsmöglichkeiten regelmäßig, um die Position deines Unternehmens, gemessen an der Zielsetzung, überprüfen zu können.

Ich nutze meinen Kompass – eine ausgefeilte Software zur Umsatzanalyse, die auf meinem Computer installiert ist – jeden Tag, um zu beobachten, wie mein Unternehmen sich entwickelt. Andere erfolgreiche Unternehmer handeln ähnlich. Fast alle Unternehmer unterziehen sich einem Prozess kontinuierlicher Neueinschätzung. Sie überprüfen unentwegt ihre Märkte, um sicher zu sein, dass sie sich auf dem vielversprechendsten Weg befinden.

Das Steuer herumwerfen

Bob und Cindy Maynard, die Geschäftsführer von Country Walkers Inc., veränderten den Kurs ihres Unternehmens auf dem Weg zur optimalen Investitionsausnutzung sowohl in finanzieller als auch in personeller Hinsicht. Das Paar aus Waterbury in Vermont wurde sich bewusst, dass sein Unternehmen sich in die völlig falsche Richtung entwickelt hatte. Nachdem die beiden zwölf Jahre als erfolgreiche Radreiseveranstalter gearbeitet hatten, nahmen sie ihren Kompass zur Hilfe und erkannten, dass das Fahrradgeschäft sie ihrer ursprünglichen Zielsetzung nicht mehr entscheidend näher bringen konnte. Sie korrigierten den Kurs des Unternehmens und gründeten ein Unternehmen, das sich auf Wandertouren überall in der Welt konzentrierte. Sie sind buchstäblich in eine andere Richtung gegangen.

Während eines Gesprächs erzählte Cindy mir: «Das Radreisegeschäft ist so groß und unübersichtlich geworden, dass schließlich das Geschäft und nicht mehr wir selbst unser Handeln bestimmte. Darum wollten wir zurück zu einem kleineren Unternehmen.»

Die Maynards haben jedoch die eine Expedition nicht gänzlich für eine andere aufgegeben. Die Erfahrungen, die sie in der Organisation von Fahrradreisen gesammelt hatten, waren sehr wertvoll für das neue Vorhaben. Cindy erklärte das so: «Wir haben kein absolutes Neuland betreten. In gewisser Hinsicht war es ein und dasselbe Geschäft. Wir wussten genau, wie die Organisation und die Vermarktung unserer Dienstleistung auszusehen hatte.» Als Belohnung für ihr geschicktes Navigieren gelang es den Maynards, nach nur zwei Jahren mit Country Walkers Inc. einen Umsatz von über 500 000 Dollar zu erzielen.

Veränderte Lebensumstände

Die strategischen Orientierungshilfen, die du im Laufe dieses Kapitels kennen gelernt hast, lassen sich auf dein Leben ebenso anwenden wie auf dein Geschäft oder dein Unternehmen. Die Entscheidung, selbständiger Unternehmer zu werden, ist aufregend und spannend und hat oft gravierende Folgen für dein Leben. Das zeigt die Erfahrung der Maynards: Sie haben nach einem Blick auf ihren Kompass die Richtung ihrer Expedition Unternehmen verändert, weil sie ihre Lebensumstände nachhaltig verändern wollten.

Viele Menschen aber treiben ohne ein genaues Ziel durchs Leben. Sie leben im Hier und Jetzt und wenden keine Energie auf, um die eine oder andere Richtung einzuschlagen. Es ist vielleicht bequemer, sich durchs Leben treiben zu lassen und sich keine Gedanken darüber zu machen, wohin die Reise gehen soll und wie das Ziel zu erreichen ist, doch letztlich führt ein solcher Lebenswandel zur Lethargie und macht die betreffenden Menschen unzufrieden. Du fühlst dich überflüssig wie ein Profispieler auf der Reservebank, der nicht zum Zuge kommt. Ohne jemals einen Tropfen Schweiß vergossen zu haben, ohne den Druck, im Rampenlicht gestanden zu haben, verdienst du dein Geld – die Spannung, das Abenteuer und die pure Lust zu spielen werden dir nicht zuteil.

Anders als beim Fußball kannst du dich im eigenen Leben glücklicherweise jederzeit ins Spiel bringen. Nur wenn du dir Ziele setzt und dein Leben danach ausrichtest, wirst du die Reservebank verlassen und aktiv ins Geschehen eingreifen können.

Als ich einmal eine Schule in Sheffield besuchte, eine Stadt, die seit dem Niedergang der Stahlindustrie in England vor einigen Jahren von hoher Arbeitslosigkeit geprägt ist, war geplant, dass ich dort eine Stunde Zeit hätte, um mit den Schülern zu reden. Die waren jedoch so begeistert von dem, was ich zu sagen hatte, dass der Direktor den Unterricht für den Rest des Tages ausfallen ließ und ich fünf weitere Stunden dort verbrachte.

Ich begann, indem ich die Jugendlichen fragte, was sie nach ihrer Schulzeit machen wollten. Die Antwort lautete übereinstimmend:

«Weiß ich nicht.»

«Weiß ich nicht.»

«Weiß ich nicht.»

«Weiß ich nicht.»

«Weiß ich nicht.»

«Weiß ich nicht.»

Dann aber sagte ein Mädchen: «Ich denke, das, was meine Eltern machen.»

«Und was machen die?», fragte ich sie.

«Sie suchen Arbeit», antwortete sie.

Zuerst glaubte ich, sie mache einen Witz – die Menschen in England neigen ja bekanntlich zu einem sarkastischen Humor –, doch das war nicht der Fall. Ich holte sie auf das Podest, und vor allen anderen Schülern unterhielten wir beide uns über den Weg, den sie einschlagen könnte. Ich benutzte ihre Geschichte als Beispiel für das, was geschehen kann, wenn man versäumt, seinen persönlichen Kompass zu benutzen. Während der fünf Stunden habe ich versucht, den Jugendlichen das «Kompasskonzept» zu vermitteln, und sie haben sich Gedanken über ihren momentanen Standort und die Richtung gemacht, in die sie sich bewegen. Am Schluss hatten viele bereits ihren persönlichen «Polarstern» gefunden, und allen war klar, warum sie einen solchen benötigten. Ich war völlig erschöpft, doch mein Einsatz hatte sich gelohnt.

Ich bin erfolgreichen Juristen begegnet, die das College und ein Jurastudium absolviert haben, nur weil Familie und Freunde von ihnen erwarteten, dass sie Rechtsanwälte wurden. Mit fünfundvierzig Jahren saßen sie dann in einer repräsentativen Kanzlei in irgendeiner großen Stadt und wussten plötzlich nicht mehr, was sie dort sollten. Sie waren umhergewandert, ohne eine genaue Vorstellung ihres Ziels vor Augen zu haben. Sie haben ihren Kompass nie befragt und nie bewusst entschieden, ob sie ein Leben als erfolgreicher Anwalt führen wollten oder eben nicht.

Du wirst niemals schon vorab wissen, auf welchem Weg du dein Ziel schließlich erreichen wirst, weil die Welt um dich herum in ständiger Bewegung ist. Wenn du aber deinen Kompass regelmäßig benutzt, wirst du in der Lage sein, dein Leben unter Kontrolle zu halten und dich wieder auf den richtigen Weg zu begeben, wenn du dich zu weit in die Wildnis hinausgewagt hast.

Dein Kompass sagt dir, wo Norden ist. Du musst den Weg finden, der dich dorthin führt.

19

Bahne dir deinen eigenen Weg

So wie die Energie die Grundlage allen Lebens und die Idee der Ursprung aller Innovation ist, so sind Innovationen das Herz jeglichen menschlichen Fortschritts und Wandels.
Theodore Levitt (geb. 1925), Autor und Professor an der Harvard Business School

Führe dir für einen kurzen Augenblick die erfolgreichsten Unternehmer der Gegenwart vor Augen, zum Beispiel Bill Gates, den Gründer und CEO von Microsoft. Sein Softwareunternehmen hat im Alleingang den Markt für Personalcomputer revolutioniert. Gates hat eine unangefochtene Führungsposition in der gesamten Softwareindustrie, weil seine innovativen Ideen den PC zum festen Bestandteil des täglichen Lebens von Millionen Menschen gemacht haben.

Unternehmer sind innovative Geister. Sie haben neue Geschäftsideen, planen sie, setzen sie um und können so einschneidende gesellschaftliche Veränderungen bewirken. Sie sind wie Entdecker, die ihre Segel in unbekannten Gewässern setzen oder sich ihren Weg durch einen unerforschten Urwald bahnen.

Und auch du bist als Selbständiger, der zur Expedition Unternehmen aufbricht, ein solcher innovativer Geist. Du hast neue Ideen und solltest ihre Kraft nutzen, um deine Expedition voranzutreiben. Hab keine Angst davor, in der Gemeinschaft, in der du lebst, in deiner Stadt, deiner Branche oder in der Gesellschaft neue Wege zu ebnen.

Vertraue deinen Instinkten

Ralph Waldo Emerson sagte: «Ein Mensch sollte lernen, seiner inneren Stimme zu folgen. Wie oft verwerfen wir Gedanken nur deshalb, weil es unsere eigenen sind. In der Genialität erst erkennen wir die eigenen verschmähten Gedanken: Mit der Faszination des Fremden behaftet, kehren sie zu uns zurück.» Emerson glaubte daran, dass jeder auf seine Weise genial ist und neue Ideen entwickeln kann. Wir können Berge versetzen, wenn wir nur selbstbewusst genug sind, uns auf unsere ureigensten Sinne und Eingebungen zu verlassen.

Viel zu häufig haben potenzielle Unternehmer ihr Abenteuer Selbständigkeit gar nicht erst begonnen, weil sie nie an den Wert ihrer Ideen glaubten. Sie hörten nicht auf ihre Instinkte und verwarfen ihre Ideen als trivial und unnütz. Die Bestätigung für ihre Ansicht, dass ihre Idee wertlos sei, sahen sie darin, dass sie nicht schon von jemand anderem in die Tat umgesetzt worden war. Unternehmer sind nicht erfolgreich, weil sie sich durch einen besonders hohen Intelligenzquotienten auszeichnen, sondern weil sie unbeirrbar an ihre Ideen glauben.

Unternehmer bahnen sich neue Pfade durch den Business-Dschungel und folgen dabei ihrem Instinkt. Selbstsicherheit ist die Charaktereigenschaft, die einen Unternehmer vor anderen auszeichnet, denn die zukunftsträchtigste und innovativste Idee wird im Sande verlaufen, wenn sie nicht mit der notwendigen Konsequenz und Überzeugung verfolgt wird. Du musst ganz besonders von dir und deiner Idee überzeugt sein, wenn du deine Vision Wirklichkeit werden lassen willst.

Chris Whittle glaubte vor etwa sechzig Jahren an seine Idee, die das US-amerikanische Bildungssystem nachhaltig veränderte. Sein Konzept war alles andere als revolutionär und verblüffend einfach: Landesweit wollte er jeden Morgen in alle Klassenzimmer zehn Minuten lang nationale und internationale Nachrichten senden – zwei Bereiche, die im Unterricht kaum abgedeckt wurden. Zusätzliche zwei Minuten Sendezeit waren der Werbung vorbehalten, um den wirtschaftlichen Gewinn des dafür zu gründenden Fernsehsenders sicherzustellen.

Vonseiten der Pädagogen, Eltern und betroffener Interessengemeinschaften regte sich heftiger Protest gegen dieses Vorhaben. Sie sahen den pädagogischen Auftrag der Schule infrage gestellt, und eine Kritik lautete: «Wir sollten unseren Kindern vermitteln, dass Bedürfnisbefriedigung mehr bedeutet als der Kauf einer bestimmten Seifenmarke.» Whittle dagegen beteuerte, dass die Kinder durch die Werbung keinen Schaden nehmen würden und der Einzug des Fernsehens in die Klassenzimmer das amerikanische Bildungssystem verbessern würde.

Ich möchte hier kein Urteil darüber fällen, inwieweit die Kritik an Whittles Idee berechtigt ist oder nicht. Er ist jedoch ein hervorragendes Beispiel für das Selbstbewusstsein, das einen Unternehmer auszeichnet. Er hätte sich leicht selbst entmutigen und vor Augen halten können, dass die Giganten der Medienbranche seine Idee bereits umgesetzt hätten, wenn sie Erfolg versprechend wäre. Auch die Anfeindungen der Eltern, Lehrer und Interessenvertreter hätten ihn von seinem Vorhaben abschrecken können.

Stattdessen legte er ein ausgeprägtes Selbstvertrauen an den Tag. Er beschritt einen neuen Weg in der Pädagogik und den Medien, indem er beide Bereiche auf eine einfache, aber effektive Art und Weise miteinander kombinierte. Mit der notwendigen

Überzeugung und Willenskraft gelang es ihm, seinen Fernsehsender Channel One zu einem erfolgreichen Unternehmen zu machen, auch wenn der Weg dahin steinig war. Heute wird das Fernsehprogramm in Tausenden Klassenzimmern verfolgt, und das Unternehmen erzielt Jahr für Jahr Erträge in Millionenhöhe.

Charlie M. Leighton, Gründer und CEO der CML-Gruppe, bahnt sich seit fünfundzwanzig Jahren seinen Weg durch das Dickicht. Als innovativer Unternehmer hat er sich darauf konzentriert, Geschäftsideen aufzukaufen, die besonders gut zu vermarkten sind. So kaufte er zum Beispiel 1986 von einem Paar aus Minneapolis die Rechte an der berühmten NordicTrack-Trainingsmaschine. Es hatte das Trainingsgerät erfunden, um seiner Tochter das Touren-Ski-Training zu erleichtern. Leighton glaubte fest daran, dass eine Fitnesswelle bevorstand, die Menschen jedoch viel zu beschäftigt waren, um regelmäßig Fitnessclubs aufzusuchen. Er folgte seinem Instinkt – und der Hometrainer wurde ein Bestseller.

Leigthon war ein wirklicher Pionier. Denn um seine Geräte in millionenfacher Zahl an amerikanische Haushalte zu verkaufen, wandte er erstmals die Technik der Direktwerbung in großem Maßstab an. Er platzierte Anzeigen in Zeitschriften, Zeitungen, Katalogen und produzierte Fernsehspots. Überall waren gebührenfreie Telefonnummern zu finden, unter denen die Verbraucher ihre Bestellung telefonisch aufgeben konnten, ohne ein Geschäft aufsuchen zu müssen.

Leighton machte aus seiner Vision von einem erfolgreichen Hometrainergeschäft ein Millionen-Dollar-Unternehmen. Hätte er begonnen, am möglichen Erfolg seines Unternehmens zu zweifeln, wäre er gescheitert. Die Werbung der CML-Gruppe findet sich inzwischen in jeder amerikanischen Zeitschrift oder Tageszeitung, und ihre Spots werden von allen Sendern ausgestrahlt. Jeder im Bereich des Direktmarketing hätte Leighton für verrückt erklärt – in der Branche wurde es für unmöglich gehalten, dass sich die Kosten einer solch ungeheuren Menge von Anzeigen und Spots jemals amortisieren würden, egal, was damit verkauft werden sollte. Er jedoch hielt an seinem Konzept fest und bahnte sich den direkten Weg zu einer wahren Goldgrube. Im letzten Jahr verkaufte sein Unternehmen NordicTrack-Trainer im Wert von 378 Millionen Dollar und schloss mit einem Betriebsgewinn von $ 98 Millionen.

Auch Golden und Marsh ließen sich von der Dimension dessen, was sie sich vorgenommen hatten, nicht entmutigen. Sie positionierten Snapple in einem Marktsegment, das bereits weitestgehend abgedeckt schien. Doch sie haben Snapple gegründet, weil sie nie daran gezweifelt haben, dass die innere Stimme, die ihnen zu ihrem Projekt riet, richtig war. Sie hatten eine gute Idee, und es gelang ihnen, sie umzusetzen.

Die Idee, die sie Snapple zugrunde legten, war fast schon zu einfach. Sie gingen davon aus, dass Pepsi und Coca-Cola einen bedeutendenden Teil des Marktes vernachlässigten. Sie setzten voraus, dass es eine beträchtliche Zahl von Menschen geben müsse, die Getränke ohne Zusatz von Kohlensäure den populären sprudelnden Getränken vorziehen würden. So entschlossen sie sich, ein Unternehmen zu gründen, in dessen Mittelpunkt die Massenvermarktung von nicht kohlensäurehaltigen Getränken stehen sollte. Das Angebot umfasste Eistees und Säfte in verschiedenen Geschmacksrichtungen. Zwar gab es schon ähnliche Produkte, sie wurden jedoch nicht so massiv vermarktet wie die kohlensäurehaltigen Getränke der Branchengiganten.

Wie leicht hätten Golden und Marsh von Selbstzweifeln gequält ihre Idee verwerfen können, denn keiner der großen Konzerne hatte bislang einen Versuch in dieser Richtung unternommen, obwohl dort Tausende von Mitarbeitern beschäftigt sind, von denen viele im Marketingbereich und in der Produktentwicklung arbeiten. Golden und Marsh jedoch haben diese Idee als Erste verwirklicht. Ihr Glaube an sich und ihre Idee war stark genug, und schon einige Jahre später war der Umsatz des Unternehmens auf mehr als eine halbe Milliarde Dollar hochgeschnellt.

Erachte deine eigenen Ideen niemals als trivial, unbrauchbar oder unnütz und bleibe deinen Visionen treu. Glaube an dich und deine Ideen. Bahne dir deinen eigenen Weg!

Mach dich unabhängig vom Urteil anderer

Es ist ein Leichtes, an seine Ideen zu glauben, wenn sie sofort akzeptiert werden und auf breite Zustimmung stoßen. Werden diese Ideen jedoch belächelt und abgelehnt, so wird es umso schwieriger, das für ihre Umsetzung notwendige Selbstbewusstsein aufrechtzuerhalten. Tatsächlich aber stoßen nur die wenigsten innovativen Ideen zu Beginn auf breite Zustimmung (als Beispiel mag hier der zuvor erwähnte Chris Whittle dienen). In der Regel erwartet einen allgemeine Ablehnung sowie der Hohn und Spott der Entscheidungsträger der Branche. Selbst Freunde und Familie, die Menschen, die einem nahe stehen, werden einen bestenfalls belächeln.

In der Schweiz hatte ich die Gelegenheit, Nicholas Hayek zu treffen, der wirklich Bahnbrechendes geleistet hat. Mitte der achtziger Jahre, als asiatische Firmen den Markt mit kleinen und preiswerten Uhren überschwemmten, wurde man in der Schweiz auf Nicholas Hayek aufmerksam und bat ihn, eine Strategie zu erarbeiten, die der Schweiz helfen könnte, ihre Stellung auf dem Weltmarkt für Armbanduhren zu behaupten.

Hayek verwies auf das, was in England während der achtziger Jahre geschehen war. Als die billigen japanischen Importe die dortige Automobilindustrie unter heftigen Druck setzten, versäumten es die britischen Automobilkonzerne, ihr Hauptaugenmerk von Luxusfahrzeugen weg auf die Entwicklung und Vermarktung erschwinglicher Massenprodukte zu richten. Verängstigt durch die preiswerte japanische Konkurrenz, konzentrierten sie sich stattdessen auf die Produktion von Luxusfahrzeugen wie Rolls-Royce und Jaguar. Doch auch diese Marken hielten dem Konkurrenzdruck schließlich nicht stand.

Um die ins Trudeln geratene Schweizer Uhrenindustrie wieder zu stabilisieren, schlug Hayek vor, für eine gewisse Zeit nicht mehr auf Luxusmarken wie Rolex oder Omega zu setzen. Stattdessen plädierte er dafür, eine gefestigte Marktposition im Niedrigpreissektor zu erlangen. Er empfahl, eine preiswerte Uhr zu entwickeln, die – in großer Stückzahl produziert – weltweit massenhaft Abnehmer finden würde.

Innerhalb der Schweizer Uhrenindustrie wurde sein Vorschlag nur müde belächelt. Der Tenor lautete, dass so etwas niemals funktionieren würde. Hayek präsentierte die Idee auch im Schweizer Fernsehen und sah sich einer Nation von Skeptikern gegenüber. Wenn es eine so überzeugende Idee sei, wie er behaupte, dann solle er sie doch auch finanzieren, wurde ihm entgegnet. Das ließ er sich nicht zweimal sagen und finanzierte den größten Teil des Projektes. Trotz der massiven Kritik seitens der Uhrenhersteller, die in der Schweiz ein hohes Ansehen genießen, und der Zweifel, die ihm die Öffentlichkeit entgegenbrachte, hielt er unverdrossen an seiner Idee fest.

Er entwickelte die Armbanduhr Swatch – und über Nacht war ihm eine Sensation gelungen. Es dauerte nur zwei Jahre, bis die Swatch im preiswerten Segment die meistverkaufte Armbanduhr war. Wie Hayek vorausgesagt hatte, war sein Konzept imstande, die Schweizer Uhrenindustrie zu retten. Vom Jahr seiner Gründung 1983 bis 1992 verkaufte das Unternehmen 100 Millionen Uhren und hat die Produktion seitdem auf Mobiltelefone, Pager und andere elektronische Accessoires ausgeweitet.

Die Schweiz profitiert immer noch von den Erfolgen des Unternehmens, das Tausende Arbeitsplätze geschaffen hat. Inzwischen gehören neben Swatch ruhmreiche Marken wie Omega, Rado, Longines, Tissot, Certina, Hamilton und Mido zur Schweizer SMH-Gruppe – und viele dieser Unternehmen hat Hayek nicht ohne Genugtuung von denen gekauft, die ihn zu Beginn seiner Karriere mitleidig belächelt hatten.

Mark David Norris als Gründer der Send Inc. musste sich ebenfalls harsche Kritik aus den Reihen der Geschäftsführer eingesessener Grußkartenfirmen gefallen lassen, als er sie mit seinen Ideen für neue Kartendesigns während einer Messe in New York konfrontierte. Als er mir die nun folgende Geschichte erzählte, war der Triumph in seiner Stimme nicht zu überhören.

Mehrere hundert Firmen stellten auf dem Messegelände aus, und Mark David Norris hatte jeden Stand besucht. Immer wieder stellte er die gleiche Frage: «Könnten Sie statt der rechteckigen Standardkarten, die mit Blumen und netten Gedichten bedruckt sind, auch quadratische Karten mit coolen Fotos und leeren Innenseiten drucken? Ich habe so etwas noch nirgendwo gesehen.» Einige Designer anderer Unternehmen brachen in Gelächter aus oder erklärten ihn für verrückt. Immer wieder hörte er: «Für solche Karten gibt es keinen Markt.»

Was also, denkst du, hat er gemacht? Genau: Er ist nach Philadelphia zurückgekehrt und hat sofort damit begonnen, quadratische Karten mit coolen Bildern und unbeschriebenen Innenseiten zu entwerfen. Seine private Marktforschung hatte ergeben, dass die Annahmen der großen Kartenhersteller falsch waren. Er hatte mit Kunden, Verkaufsrepräsentanten und Großhändlern gesprochen und wusste, dass die großen Unternehmen der Branche dabei waren, einen Fehler zu machen.

David Norris scherte sich nicht um den Spott der anderen. Er vertraute auf seine Idee und gab nicht auf. Genauso wie andere kleinere Grußkartenhersteller, die neue Karten auf den

Markt bringen wollen, druckte er eine Versuchsserie mit einer Auflage von nur 500000 Stück. Sein innovatives Konzept ging auf, und er konnte sich einen neuen Weg durch das Dickicht in der Grußkartenbranche bahnen.

Nicholas Hayek und David Norris wurden erfolgreich, weil sie die Zweifel, den Hohn und den Spott der Skeptiker ignorierten. Die Angst davor, abgelehnt zu werden, sollte dich nicht abschrecken, dir einen neuen Weg zu bahnen. Durchhaltevermögen, Zielstrebigkeit und die notwendige Überzeugung werden dir helfen, dich auch durch den dichtesten Urwald zu schlagen. Mach dich unabhängig vom Urteil anderer, schnapp dir eine Machete und schlag den Weg frei!

Wegbereiter

Unternehmer sind weder ultrakonservative Menschen noch arrogante und rücksichtslose Spielernaturen. Sie sind eine vielschichtige Gruppe von Menschen jeden Alters, aus jedem Kulturkreis und mit unterschiedlichstem Hintergrund. Sie arbeiten in allen möglichen Bereichen der Selbständigkeit. Der eine Unternehmer verkauft Hot Dogs an einer Ecke in der Innenstadt, die andere Unternehmerin verkauft Computerhardware auf dem Weltmarkt.

Unternehmer zeichnen sich nicht durch das aus, was sie verkaufen, an wen sie es verkaufen oder welche Gewinne sie damit erzielen. Unternehmer zeichnen sich durch ihre unverwechselbare Persönlichkeit aus. Sie haben gemeinsam, dass sie bereit sind, den vorgezeichneten Weg zu verlassen, um ihr Ziel zu erreichen. Sie verzichten auf die Sicherheit eines festen Arbeitsplatzes mit einem geregelten Einkommen, um sich auf eine abenteuerliche Expedition in den Dschungel der Selbständigkeit zu begeben. Das Leben eines Unternehmers ist das eines Wegbereiters.

Allein die Tatsache, dass du dich entschieden hast, dieses Buch in die Hand zu nehmen und es zu lesen, bedeutet, dass das Abenteuer für dich bereits begonnen hat. In dir steckt ein Unternehmer, der nur darauf wartet, zu seiner Expedition aufzubrechen. Du bist schon am Rande des Urwalds angelangt und bereit, deinen Weg durch den Dschungel der Selbständigkeit zu machen.

Suche keinen breit getretenen Weg, dem du folgen kannst. Bahne deinen Pfad dort, wo keine Wege sind, und hinterlasse frische Fußspuren.

Teil IV

Der Traum von der Selbständigkeit wird Realität

Eine gute Vorbereitung ist entscheidend für deine Expedition in die Selbständigkeit. Denn während dieser Phase bestimmst du, wohin die Reise geht und wie du ans Ziel gelangst.

Nach meinen Erfahrungen überspringen etwa neunzig Prozent der Menschen, die ein Unternehmen gründen wollen, diese Vorbereitungsphase. Sie haben eine Geschäftsidee und schon eine Stunde später einen Gewerbeschein beantragt. Danach machen sie sich ans Werk. Oft führt das allerdings dazu, dass ihnen die Arbeit keine Freude macht und ihre Gewinne magerer ausfallen als erwartet.

Als erfolgreicher Unternehmer werden sich deine Erwartungen jedoch erfüllen, und du wirst dich über das Wachstum deines Unternehmens in allen Bereichen freuen können. Zuvor musst du allerdings deinen idealen Lebensstil gefunden haben, daraufhin den Bereich wählen, in dem dein Unternehmen angesiedelt sein soll, und danach das Team zusammenstellen, das dir helfen soll, das zu verwirklichen.

Die Zeit, die du für die Vorbereitung benötigst, spielt eine weniger wichtige Rolle als die Sorgfalt, mit der du deine Strategie ausarbeitest. Wenn du zum Beispiel ein Restaurant eröffnen willst, kann diese Vorbereitungsphase sechs Monate oder aber auch zwei Jahre dauern. Ich habe aber auch schon Unternehmen nach einer Vorbereitungsphase von nur einer Woche gestartet.

Erst wenn du genau weißt, wohin die Reise gehen soll, und den Weg siehst, der dich ans Ziel bringt, ist es an der Zeit, dich ins Abenteuer zu stürzen.

20

Entwickle eine Vision

Dringlicher als eine Straßenkarte benötigen wir eine Vision, also ein Ziel, und einen Kompass (ein Reihe von Grundsätzen und Richtungsvorgaben).
Stephen R. Covey, amerikanischer Autor

Vielleicht zählt sie nicht zu den berühmten Entdeckern dieser Welt, doch sie ist eine der sympathischsten Reisenden im Reich der Literatur. Verloren im Wunderland sucht Alice Rat und Hilfe bei den vielen sonderbaren Charakteren, die Lewis Carroll geschaffen hat. Schon zu Beginn der Geschichte lernt sie Cheshire Cat kennen.

> «Cheshire Cat, bitte hilf mir, ich weiß nicht, in welche Richtung ich von hier aus gehen soll.»
> «Das hängt in einem nicht unerheblichen Maße davon ab, wohin du willst», sagte die Katze.
> «Ach, das ist gar nicht so wichtig», sagte Alice.
> «Dann ist es auch egal, für welche Richtung du dich entscheidest», sagte die Katze.

Um für die Belange deiner Reise effektive Entscheidungen treffen zu können, musst du das Ziel zumindest ungefähr kennen. Wenn du nicht weißt, wohin du gehst, weißt du auch nicht, wo du landen wirst. Du musst eine Vision haben, eine Vorstellung davon, wie ein für dich ideales Leben aussehen sollte. Im Laufe dieses Kapitels möchte ich dir helfen, deine persönlichen und professionellen Zielsetzungen klar zu umreißen. Mit einer Vision vor Augen wird dein Abenteuer Selbständigkeit zu einem erfolgreichen Projekt, das dir ein Leben nach deinen Vorstellungen ermöglicht.

Wie sieht dein ideales Leben aus?

Stelle dir vor, du würdest ein Haus bauen. Bevor du Materialien kaufst und mit den Arbeiten beginnst, wirst du dir ein genaues Bild davon machen, wie das neue Haus aussehen soll. Möglicherweise wirst du einem Architekten beschreiben, was du dir vorstellst. Der Architekt wird daraufhin deine Wünsche in Form einer Zeichnung und eines Grundrisses zu Papier bringen. Du wirst mit dem Bau des Hauses nicht beginnen können, ehe du eine genaue Vorstellung davon hast, wie die Fassade und der Grundriss aussehen sollen. Es wäre grotesk, wenn du ein Grundstück kaufen und die Baumaterialien anliefern lassen würdest, ohne dir zuvor Gedanken über das Aussehen und den Grundriss des Hauses gemacht zu haben.

Ganz ähnlich wirst du, wenn du ein Unternehmen ohne Vision gründest, Energie, Zeit und Geld verschwenden. Hast du jedoch eine klare Vision vor Augen, kannst du unternehmerisch aktiv werden, um deine Expedition Selbständigkeit ins Leben zu rufen. Deine Idealvorstellung vom Leben, als das, was du wirklich willst, und nicht als das, was du erwartest, sollte deinem Konzept zugrunde liegen.

Schon als er mit 14 Jahren in einem Supermarkt jobbte, stellte sich Gregory Calhoun vor, er sei der Eigentümer des Geschäftes – und das 1968, zu einer Zeit, in der es Schwarzen in den USA nicht einmal möglich war, im Management eines Unternehmens zu arbeiten. Doch Calhoun glaubte an seine Vision – und fast zwanzig Jahre später konnte er den Super-Foods-Supermarkt, in dem er als Jugendlicher gearbeitet hatte, kaufen. Er war der erste Schwarze, der an der Spitze einer bedeutenden Supermarktkette in den Vereinigten Staaten stand. Heute umfasst sein Imperium sechs Geschäfte mit über fünfhundert Mitarbeitern, bei einem Umsatz von mehr als fünfzig Millionen Dollar. Wie ein neues Haus entstand sein Unternehmen zuerst in seiner Vorstellung und erst danach in der Wirklichkeit.

Die nun folgenden acht Fragen zu lösen ist eine knifflige Angelegenheit. Sie sollten deine Vorstellung von einem idealen Leben ans Licht bringen. Lass deiner Vorstellungsgabe bei der Beantwortung der Fragen freien Lauf. Achte nicht auf deine derzeitige Situation, weder auf die positiven noch auf die negativen Aspekte. Nur so wirst du eine unverfälschte, wahrhaftige Vision deines idealen Lebensstils entwickeln können.

Wo möchtest du leben? Versuche, diese Frage so genau wie möglich zu beantworten. Denke nach, wo auf der Welt du dich am wohlsten fühlen würdest. Wähle, wenn möglich, eine bestimmte Stadt aus – eventuell sogar einen ganz bestimmten Stadtteil. Wenn es dir viel bedeutet, in exzellenten Restaurants zu essen, solltest du eine große Stadt wie Hamburg, New York oder Paris wählen. Wenn du mehr Wert auf eine natürliche Umgebung legst, solltest du ein Leben auf dem Land in Erwägung ziehen. (Befindest du dich in einem Interessenkonflikt? Du kannst zwei Wohnsitze haben!)

Wie soll das Haus aussehen, in dem du wohnen möchtest? In welchem Stil soll es gebaut sein, welche Größe soll es haben, und aus welchem Material soll es gebaut sein? Wenn du Kinder hast oder dir Kinder wünschst, dann wirst du wahrscheinlich ein

großzügigeres Haus mit einem großen Garten planen. Bevorzugst du einen viktorianischen, mediterranen oder indianischen Stil, oder liebst du Art déco? Dabei sollte nicht der materielle Aspekt, sondern allein dein Lebensgefühl entscheiden, denn schließlich verbringen wir einen so großen Teil unseres Lebens in unseren Häusern oder Wohnungen, dass wir ihnen auch einen gebührenden Platz im Wunschbild unseres zukünftigen Lebens einräumen sollten.

Wie sollen deine Freundschaften aussehen? Du kannst dich mit Menschen deiner Wahl umgeben. Möchtest du dich gern mit Filmstars, einflussreichen Unternehmern oder Politikern umgeben? (Denke immer daran, es geht darum, wie du dir deinen idealen Lebensstil vorstellst.) Oder möchtest du lieber einen guten Kontakt zu deinen Jugendfreunden pflegen und eng mit deiner Familie verbunden leben? Möchtest du viele lockere Freundschaften eingehen oder nur einige wenige enge Freunde haben? Die Menschen, mit denen du fortwährend zusammen bist, haben einen enormen Einfluss auf die anderen Aspekte des idealen Lebensstils, den du dir vorstellst.

Wie soll dein Alltag aussehen? Du stehst vielleicht um sieben Uhr morgens auf, spielst Tennis, duschst danach und nimmst ein leichtes Frühstück zu dir. Plane deine Idealvorstellung von einem Tagesablauf, Stunde für Stunde. Überlege dir genau, wie viel Zeit du für dein Unternehmen, für deine Familie und für dich selbst aufbringen willst. Möchtest du zwei Stunden pro Tag für dein Unternehmen arbeiten oder eher sechzehn Stunden? Möchtest du deine Abende freihalten, um sie mit deiner Familie zu Hause zu verbringen, oder möchtest du dich jeden Abend ins Vergnügen stürzen? Wie viel Zeit wünschst du dir für dich persönlich, um zu lernen, zu lesen oder am Pool zu relaxen?

In welchem Bereich willst du deine Herausforderungen suchen, und wo kannst du das finden, was dich zufrieden und glücklich macht? Mit Geld kannst du dein Leben komfortabel gestalten. Doch Geld allein reicht nicht aus, um glücklich und zufrieden zu leben. Darum überlege dir, wie ein für dich erfolgreiches, ausgeglichenes und harmonisches Leben aussähe. Ein Unternehmen zu gründen und zu führen kann zum Mittelpunkt deines Lebens werden, dich ausfüllen, zufrieden stellen und glücklich machen. Vielleicht erlangst du diesen Zustand aber auch, wenn du Kinder erziehst, Sport treibst, ein Buch schreibst oder dich ehrenamtlich betätigst.

Welchen Lebensstandard strebst du an? Überlege, auf was im Leben du keinesfalls verzichten willst, dann bekommst du eine genauere Vorstellung davon, wie viel du verdienen musst, um dir den gewünschten Lebensstandard leisten zu können. Viele Menschen träumen davon, Millionäre zu sein. Wenn sie sich jedoch bewusst machen, wofür sie wirklich Geld brauchen, stellen die meisten fest, dass sie nicht mehr als 150 000 Dollar pro Jahr benötigen. Der Gewinn, den du mit Hilfe deines Unternehmens erwirtschaftest, kann auf vielfältige Art und Weise eingesetzt werden. Selbstverständlich kannst du Dinge für dich und deine Familie kaufen. Du kannst ihn in eine eigene Wohnung, ein schnelles Auto, teure Urlaube, die beste Hi-Fi-Anlage oder schicke Klamotten investieren. Vielleicht möchtest du ihn aber auch für deine Alterssicherung oder für deine Kinder sparen. Oder an wohltätige Organisationen spenden. Wenn du weißt, über wie viel Geld du verfügen möchtest, wird dir das helfen, das richtige Unternehmen zu gründen.

Möchtest du die Welt verändern? Jeder von uns beeinflusst den Lauf der Dinge. Der Einfluss des einen ist offensichtlich, der des anderen weniger. Das Spektrum reicht von einem Bill Gates, dessen Arbeit in der Computerindustrie das Leben der Menschen überall auf dem Globus verändert, bis hin zu einem Grundschullehrer in Alabama, der das Leben von fünfzehn Kindern prägt. Welchen Einfluss soll dein Unternehmen und sollen deine gesellschaftlichen Aktivitäten auf den Lauf der Dinge und die Menschen in deiner Umgebung haben? Dein Unternehmen muss nicht zwangsläufig die Welt verändern. Auch wenn das Ergebnis deiner Arbeit nur wenige Menschen beeinflusst, so wird das weltweit wirken, denn diese Menschen beeinflussen wiederum einige andere und diese wiederum den einen oder anderen und so fort…

Ich hoffe, du hast nun eine klare Vorstellung von deinem idealen Lebensstil, denn der Start und der Weg deiner Expedition Unternehmen sollten darauf ausgerichtet sein, diesen idealen Lebensstil schließlich zu verwirklichen. Du willst dir eines Tages das Haus deiner Träume bauen; deine Arbeit soll eine Herausforderung für dich sein und dich zufrieden und glücklich machen, oder dir genug Zeit lassen, deine Bedürfnisse außerhalb der Arbeit zu befriedigen; du willst genug Geld verdienen, um deinen idealen Lebensstandard zu finanzieren, und du möchtest gern in irgendeiner Weise positiv auf die Menschen in deiner Umgebung einwirken. Die Arbeit als Unternehmer versetzt dich so schnell wie keine andere Arbeit in die Lage, dein Lebensideal zu verwirklichen.

Für viele Menschen, und da schließe ich mich selbst ein, ist allein die Tatsache, ein Unternehmen zu führen, fundamentaler Bestandteil ihrer Vision. Ein Leben als Unternehmer gestattet mir, meinen Wohnort frei zu wählen, mich mit Führungspersönlichkeiten zu treffen, meine alltäglichen Abläufe selbst zu bestimmen und einen positiven Einfluss auf zigtausend Menschen auszuüben. Ein Leben als Unternehmer verspricht Herausforderungen, Belohnungen und persönliches Glück, wie viele Menschen es ihr ganzes Leben lang suchen. Das Leben als Unternehmer selbst kann deinem idealen Lebensstil entsprechen oder als Mittel dienen, ihn zu verwirklichen.

Wenn du die Erfahrungen, die du im Laufe deiner Selbständigkeit sammelst, als Abenteuer betrachtest, wird dir das, was du unternimmst, um dein Ziel zu erreichen, viel Freude bereiten. Ich habe dir nicht geraten, eine Vision zu entwickeln, damit du erbarmungslos auf dein Ziel zupreschst. Eine Vision soll dir vielmehr helfen, deine Energie richtig einzusetzen und zu wissen, wofür du arbeitest. In seinem Buch *Die sieben Wege zur Effektivität* schreibt Stephen Covey: «Es ist entsetzlich einfach, in berufliche Hyperaktivität zu verfallen, immer härter und härter zu arbeiten, um die Karriereleiter nach oben zu klettern und schließlich festzustellen, dass sie an der falschen Wand lehnte. Es ist möglich, sehr beschäftigt zu sein, ohne dabei effektiv zu handeln.»

Der Schlüsselbegriff hier lautet *effektiv*. Ohne eine genau umrissene und klare Vision deines zukünftigen Lebensstils werden deine Anstrengungen im geschäftlichen wie im privaten Bereich nicht effektiv sein können. Dir die Idealvorstellung von deiner Lebensführung vor Augen zu halten, bevor du aufbrichst, wird dir nicht nur helfen, Entscheidungen während deiner Reise treffen zu können, sondern auch, dein Ziel überhaupt erreichen zu können!

Die Vision als flexibles Konzept

Mache deine Vision zu deinem Polarstern. Überprüfe immer wieder deinen Standort, gemessen an deiner Vision. So siehst du, wie weit du bereits gekommen bist, und kannst sicherstellen, dass du nicht von dem Kurs abkommst, der dich zum Ziel deiner Träume bringt. Wenn deine Reise dich nicht mehr näher an deinen Polarstern heranführt, dann wechsele die Richtung.

Eine Vision ist kein betriebswirtschaftlicher Plan. Ein betriebswirtschaftlicher Plan beschreibt die Schritte, die notwendig sind, um ein Ziel zu erreichen. Er umfasst Zeit- und Umsatzvorgaben, diverse Kalkulationen und andere Posten. Ein solches betriebswirtschaftliches Konzept ist darauf ausgerichtet, jedes Stadium der betriebswirtschaftlichen Aktivitäten vorausplanbar zu machen. Es ist jedoch nicht möglich, alle Stufen der gesamten Expedition Unternehmen vorauszuplanen. Und genau das macht es so spannend.

Herkömmliche betriebswirtschaftliche Planungen zeichnen dir einen sehr geraden und engen Weg vor und lassen dir zu wenig Spielraum, um auf unvorhergesehene Veränderungen reagieren zu können. Einem strikten betriebswirtschaftlichen Konzept zu folgen entspricht einer Vogel-Strauß-Politik. Angesichts einer Bedrohung versucht ein Strauß immer, die dem Wind zugewandte Seite eines Tals zu erreichen. Der Vogel verfolgt diesen Plan absolut konsequent. Livingstone beschrieb, wie die Afrikaner sich diese Engstirnigkeit zunutze machen. Bei einer Straußenjagd postieren sie sich einfach an dem Taleingang, durch den der Wind in die Schlucht hineinweht. Obwohl der Vogel das Tal auf der gegenüberliegenden Seite problemlos verlassen könnte, rennt er wie besessen in Richtung der Männer los und wird von ihren Speeren getötet.

Der Strauß weiß genau, was er will: fliehen. Und er hat auch einen Plan, wie er das bewerkstelligen will: Das dem Wind zugewandte Ende des Tals ist sein Ziel. Leider erweist sich das als Problem, weil der Plan zu starr ist und keine Abweichungen zulässt, um flexibel auf etwaige Veränderungen reagieren zu können. Der Vogel vertraut blind auf seinen Plan, obwohl ihm eine einfache Korrektur – nämlich in die andere Richtung zu rennen – die Flucht ermöglicht hätte.

Du verfügst glücklicherweise über Instinkte, Reflexe und mentale Fähigkeiten, die weit über die eines Straußenvogels hinausgehen. Nutze sie! Stelle kein bis ins Letzte ausgeklügeltes betriebswirtschaftliches Konzept auf, das dich an einen ganz bestimmten Weg fesselt, den du gehen musst, um dein Ziel zu erreichen. Entwickle deine Vision, schlage die richtige Richtung ein und genieße das Abenteuer, deine Vision zur Realität zu machen.

Nachdem er seinen Beruf als Schuhverkäufer an den Nagel gehängt hatte, kam Kelly Thayer auf die Idee, ein Videoproduktions- und -kopierstudio zu gründen. Er verfügte über keinerlei Erfahrungen in diesem Geschäft und ebenso wenig über ausreichende Mittel, um ein professionelles Beratungsunternehmen für die Startphase zu engagieren. Darum wandte er sich an die Brigham Young University und ließ sich von den dortigen Studenten ein betriebswirtschaftliches Konzept ausarbeiten.

Die Studenten analysierten seine Idee, erstellten ein betriebswirtschaftliches Konzept und kamen zu dem Schluss, dass er mit seiner Unternehmensidee nur scheitern konnte. Trotzdem gründete Thayer sein Unternehmen mit einem Eigenkapital von gerade mal 600 Dollar. Heute erzielt er einen Bruttogewinn von 800 000 Dollar pro Jahr – keine schlechte Leistung für ein Unternehmen, das angeblich zum Scheitern verurteilt war.

General Robert E. Wood, seit vielen Jahren Präsident von Sears, Roebuck & Company, sagte: «Eines haben Krieg und Geschäft gemeinsam. Ist die zugrunde liegende Strategie richtig, spielt es keine Rolle, wie viele taktische Fehler gemacht werden, das Unterfangen wird zu einem Erfolg.» Mit anderen Worten, wenn die Vision, die dein Handeln prägt, stark genug ist, musst du dich nicht um die Details kümmern, mit deren Hilfe du dein Ziel erreichen kannst. Vertraue auf deine Fähigkeiten, deinen Instinkt und deine schnelle Reaktion.

Denke daran, dass auch deine Vision flexibel bleiben sollte. Im Herbst 1492, als Kolumbus nach Westen segelte, waren seine Visionen von den Schätzen Indiens geprägt. Die Hoffnungen des spanischen Königs und seiner Gemahlin trug er in seinem Gepäck. Sie hatten seine Reise finanziert und erwarteten reichhaltigen Gewinn. Und nicht nur sie. Viele Europäer hofften, dass Kolumbus einen leichten und schnellen westlichen Seeweg zu den indischen Schätzen finden würde.

In den frühen Morgenstunden des zwölften Oktobers 1492 schrie Rodrigo de Triana vom Ausguck der Pinta: «Land! Land in Sicht!» Er hatte am Horizont flaches Land entdeckt, die Bahamas. Auf gewisse Weise konnte Kolumbus die Hoffnungen der Europäer erfüllen. Zwar hatte er keinen westlichen Seeweg nach Indien gefunden, dafür aber einen Kontinent entdeckt, der das gesamte europäische Weltverständnis aus den Angeln hob. Die Europäer wechselten ihre Perspektive, um die Endeckung in Besitz nehmen zu können. Ihr Ziel war es, einen westlichen Weg nach Indien zu finden. Auf dem Weg dorthin hatten sie jedoch etwas gefunden, was noch viel interessanter war. Sie hatten ihre Vision sehr flexibel angelegt und waren bereit, sie den veränderten Bedingungen anzupassen.

Auch du wirst deinen persönlichen Schatz vielleicht erreicht haben, bevor die ursprüngliche Vision zur Realität geworden ist. Vielleicht erwirtschaftet dein Unternehmen seine Gewinne viel schneller, als du erwartet hast. Vielleicht findest du ein neues Geschäftsfeld – Leuchtschnürsenkel zum Beispiel –, das sich als lukrativ erweist und dich zufrieden stellt. Eine unerwartete Veränderung der Topographie des Dschungels kann dazu führen, dass du deine Vision neu festlegen, also deine Vorstellungen von einem idealen Lebensstil überdenken musst.

Es könnte sein, dass du einen größeren Teil deiner Zeit für gemeinnützige Aktivitäten aufwenden willst. Es könnte sein, dass du mehr Geld verdienen willst, um deiner Mutter einen Porsche schenken zu können. Oder du stellst fest, dass du keine großen Summen benötigst, um glücklich zu sein. Oder du entscheidest dich, den Umfang deines Unternehmens zu reduzieren, so wie Bob und Cindy Maynard (siehe Kapitel 18).

Deine Vision ist kein unumstößliches und fortwährendes Fixum. Es handelt sich um ein flexibles Konzept, das im Laufe deiner Expedition überdacht, angepasst und korrigiert werden kann und sollte. Deine Vision ist die umfassende Vorstellung davon, wie ein Unternehmen dir helfen kann, dein Lebensideal zu verwirklichen. Sie ist keine Auflistung bestimmter Ziele, die du zu einem gewissen Zeitpunkt erreicht haben musst.

Wenn du es schaffst, Visionen zu entwickeln, so kannst du das Ziel deiner Reise bestimmen und eine Botschaft vermitteln. Versuche, dir zuerst – unter Einbeziehung der beruflichen und privaten, der materiellen und emotionalen Aspekte – vorzustellen, wie ein für dich optimales Leben aussähe. Diese Vision ist der Polarstern deiner Expedition. Nutze sie, um den Kurs deines Unternehmens zu bestimmen und als Hilfe, wenn du während deiner Reise Entscheidungen treffen musst. Aber bleibe auch angesichts dieser Vision flexibel, und korrigiere sie, wenn nötig, im Laufe deines Abenteuers.

Wie ein Traumhaus, so ist auch deine Vorstellung von einem idealen Lebensstil zuerst eine Vision – und wie ein Traumhaus kann sie durch geschickte Planung und Konstruktion Realität werden.

21 Finde das zu dir passende Unternehmen

Nur Freude an der Arbeit führt zu guten Resultaten.
Aristoteles (384–322 v. Chr.),
griechischer Philosoph

Gibt es etwas, das du leidenschaftlich gern tust? Tennis spielen, Lesen, Autofahren oder Programmieren? Dann überlege, wie es sich in eine Geschäftsidee umsetzen lässt – und schon hast du die Art von Unternehmen gefunden, die zu dir passt!

Wer träumt nicht davon, jeden Tag das machen zu können, was er am liebsten mag? Trotzdem arbeiten die meisten Menschen (wenn sie Arbeit haben) acht Stunden pro Tag, fünf Tage pro Woche in relativ unbefriedigenden Berufen. Nur in der ihnen verbleibenden Freizeit können sie sich mit Dingen beschäftigen, die ihnen wirklich Spaß machen. Ein Beispiel: Joaquim arbeitet als Vollzeitkraft für einen großen Konzern und bereitet Kostenanalysen vor. Eine langweilige, aber recht gut bezahlte Arbeit. Seine Frau Khalese ist Zweigstellenleiterin einer Bank und verdient ebenfalls gut. Ihre Einkünfte erlauben es ihnen, komfortabel zu leben. Darüber hinaus können sie es sich leisten, die Wochenenden auf ihrem Boot zu verbringen.

Nach herkömmlicher Bewertung geht es diesem Paar sehr gut. Sie haben beide eine Arbeit, sie besitzen ein kleines Haus, zwei Autos und ein Boot. Joaquim und Khalese arbeiten jeder vierzig Stunden pro Woche, und ihrer Freizeitbeschäftigung widmen sie sechzehn Stunden pro Woche. Ich halte das nicht für einen idealen Lebensstil. Das Leben ist zu kurz für ein Arbeitszeit-Freizeit-Verhältnis von 5 : 2.

Stell dir nun vor, dass Joaquim und Khalese ein Geschäft für Bootszubehör am nahe gelegenen See eröffnen. Es wäre mit Sicherheit ein gewisses Risiko, zwei gut bezahlte Jobs aufzugeben. Doch mit zwei begeisterten Freizeitkapitänen wäre J&K Boating Stuff Inc. mit großer Sicherheit ein Erfolg. Wahrscheinlich würde ihr gemeinsames Einkommen nicht nur steigen, sie hätten sogar die Möglichkeit, sieben Tage in der Woche am See zu verbringen – und nicht nur zwei. Wie bei jedem Aufbruch ins Abenteuer Selbständigkeit, so würde auch ihr Unternehmen sie vor Herausforderungen stellen, doch könnten sie dem nachgehen, was sie wirklich mögen. Joaquim und Khalese lebten ihren Traum.

Stell dir vor: Du wachst auf und kannst den gesamten Tag mit deiner Lieblingsbeschäftigung zubringen, egal, was es ist. Das großartige System der freien Marktwirtschaft macht ein solches Leben möglich. Du hast die Kraft, den Lebensstil für dich zu verwirklichen, von dem du träumst. Das passende Unternehmen zu finden ist der erste Schritt.

Wenn aus einem Freizeitspaß ein Unternehmen wird

Wenn du aus einer lieb gewonnenen Freizeitbeschäftigung ein Unternehmen gemacht hast, wirst du die Arbeit nicht als solche empfinden, wobei es keine Rolle spielt, wie lang deine Arbeitstage sind. Der Managementguru Tom Peters schreibt in seinem Buch *Der Wow-Effekt*: «Wenn du einem Traum nachjagst, von dem du besessen bist, ist die Arbeit für das eigene Unternehmen keine wirkliche Arbeit mehr.» Ein Unternehmen mit dieser Leidenschaft zu führen wird so viel Energie und positives Denken in dir freisetzen, dass du es kaum erwarten kannst, am nächsten Morgen wieder aufzustehen.

Als Mark McCormack sein Unternehmen International Management Group gründete, war er sich mit Sicherheit nicht bewusst, dass er in naher Zukunft an der Spitze einer Firma mit fünfzehn Büros weltweit und Einnahmen von mehr als 200 Millionen Dollar stehen würde. Das Ziel, das er sich gesetzt hatte, war einfach. In *Was Sie an der Harvard Business School nicht lernen*, seinem praktischen Ratgeber für Unternehmer, resümiert Mark McCormack: «Ich war ein junger Anwalt, der nach einer Möglichkeit suchte, seine Schwäche für den Golfsport mit seinen alltäglichen geschäftlichen Aktivitäten verbinden zu können.» So lag die Idee nahe, als Manager die Interessen der Golfprofis während der PGA-Tournee wahrzunehmen. Seine Sportleragentur war gegründet. Heute hat das Unternehmen Sportler aus vielen Disziplinen unter Vertrag, es organisiert Sportveranstaltungen, berät große Unternehmen und betreibt zwei führende Modelagenturen. Mark McCormack arbeitet in seinem Bereich so erfolgreich und gut, weil er die Welt des Sports so sehr liebt.

Ein Unternehmen zu führen, das dich fasziniert, steigert nicht nur dein Wohlbefinden, sondern auch deine Chancen, das große Geld zu verdienen. In seinem Buch *If It Ain't Broke ... Break It!* zitiert der Motivationstrainer Robert Kriegel eine faszinierende Forschungsstudie: Die Forscher verfolgten das Leben von 1500 Menschen über einen Zeitraum von zwanzig Jahren. Zu Beginn der Studie äußerten 83 Prozent der Gruppe, also 1245 Personen, dass es ihnen bei ihrer beruflichen Karriere in erster Linie ums Geldverdienen gehe und sie deshalb ihr persönliches Glück hintanstellten. Die verbleibenden 17 Prozent, also lediglich 255 Personen, gaben an, dass sie sich vor allem einen Beruf wünschten, der sie glücklich machte, und Geld dabei erst einmal nicht so wichtig sei.

Nach zwanzig Jahren standen die Forscher vor einem überraschenden Ergebnis. 100 der 225 Personen, die vorrangig ihr persönliches Glück im Visier gehabt hatten, waren zu Millionären geworden – ganze 40 Prozent! «Die Untersuchung untermauert», schreibt Robert Kriegel, «dass wir, je mehr wir das lieben, womit wir uns beschäftigen, in diesem Bereich umso perfekter arbeiten und umso mehr Geld verdienen werden.»

Billy Thompson folgte seinem Herzenswunsch und verwandelte sein Jugendhobby in ein florierendes Unternehmen. Es heißt White Post Restorations und ist eines der angesehensten Unternehmen für die Restaurierung von Oldtimern in den Vereinigten Staaten.

«Alte Autos haben mich fasziniert, seit ich mit zwölf Jahren mein erstes gekauft hatte», erklärte mir Thompson. Als er mit seinen Eltern unterwegs war, hatte er ein Ford Cabrio von 1940 bei einem Gebrauchtwagenhändler in Woodstock, Virginia, entdeckt. Das war ungefähr dreißig Meilen vom Haus seiner Eltern entfernt. Zu Hause angekommen, bat er den älteren Bruder seines Freundes so lange, bis der ihn dorthin zurückfuhr. Der Autoverkäufer gab Billy zu verstehen, dass unter fünfzig Dollar nicht an ein Geschäft zu denken sei. Für ein altes Auto, das noch nicht einmal fuhr! Billy sagte, dass er nicht mehr als 35 Dollar habe. Der Verkäufer ging in sein Büro, kam mit der Rechnung und den Papieren zurück, und so schleppten Billy und der Bruder seines Freundes das Auto bis vor Billys Elternhaus!

Billy wusste, dass seine Eltern außer sich sein würden. Doch seine Liebe zu alten Autos hatte begonnen, und alles Weitere ergab sich mit Leichtigkeit. Als er achtzehn war, erbte er die kleine Autowerkstatt seines Vaters in White Post. Seine Leidenschaft für Autos und die gute Qualität seiner Arbeit sprachen sich schnell herum, und schon bald war die alte Werkstatt seines Vaters zu klein geworden. Heute arbeiten die Konstrukteure, Karosseriebauer und Mechaniker von White Post Restorations in einer riesigen, 2000 Quadratmeter großen Halle, worauf Billy Thompson besonders stolz ist. Als Lohn dafür, dass er sich jeden Tag seiner Lieblingsbeschäftigung widmen kann, verdient er eine ganze Menge Geld. Erst kürzlich erzielte er einen Bruttojahresertrag von zwei Millionen Dollar.

Billy Thompson hat einen idealen Lebensstil für sich gefunden. Er muss nicht täglich pendeln, sondern wohnt direkt an seinem Arbeitsplatz. Von seinem Schreibtisch aus genießt er einen atemberaubenden Blick auf die Blue Ridge Mountains. Sein Unternehmen beschäftigt zwanzig Mitarbeiter, die mit ihrem Gehalt zwanzig Familien finanzieren. White Post Restoration ist der ganze Stolz von White Post in Virginia mit seinen fünfzig (das ist kein Witz!) Einwohnern. Autoliebhaber kommen von überall her, aus Griechenland, Japan und Venezuela, um ihre Fahrzeuge von Billy Thompsons Unternehmen restaurieren zu lassen.

Thompson spricht aus, was jeder Unternehmer mit Abenteuererfahrung längst weiß: «Ich komme immer eine Stunde früher zur Arbeit, als ich sollte. Ich liebe meine Arbeit.» Du weißt, dass du eine Arbeit gefunden hast, die dir Freude bereitet, wenn dein Wecker auf sieben Uhr gestellt ist und du schon um sechs Uhr hellwach bist.

Die Lektion vom nicht versiegenden Strom

Livingstone beobachtete die Landschaft, die er durchzog, äußerst genau. Irgendwann im Laufe seiner Entdeckungsreisen stieß er auf einen knapp vierzig Meter breiten, reißenden Strom.

Weil es dort Nilpferde gab, wusste er sehr schnell, dass es sich hier um einen Strom handeln musste, der auch im Sommer Wasser führt. Das Flussbett vieler Flüsse in der Gegend trocknete im Sommer aus. Doch Livingstone schlussfolgerte, dass das auf diesen Strom nicht zutreffen konnte, weil Nilpferde niemals in einem Fluss leben würden, der austrocknet. Aus dieser Geschichte lässt sich eine wertvolle Lehre für die Wahl des passenden Unternehmens ziehen.

Hier ist der schwerwiegendste Fehler, den angehende Unternehmer machen können: Sie haben eine Geschäftsidee, analysieren den Markt und finden heraus, dass mehrere Unternehmen bereits etwas Ähnliches oder exakt das Gleiche anbieten. Also verwerfen sie die Idee und suchen nach einer neuen. Es ist kein Grund, sich von einer Idee zu verabschieden, nur weil etablierte Unternehmen diese Idee bereits als Produkt oder Dienstleistung anbieten – im Gegenteil: Es ist ein gutes Zeichen!

Wenn zahlreiche Nilpferde mühelos an einem Strom Platz finden, dann heißt das: Der Strom ist in der Lage, Leben zu gewähren! Liegen einige alte Nilpferde faul am Ufer des Flusses herum, ist das ein umso besseres Zeichen. Denn das heißt: Der Strom fließt schon seit langer Zeit.

Die Gegenwart von Konkurrenten in einer Branche, die du für deine Zwecke analysierst, ist eine gute Nachricht. Es ist ein Zeichen dafür, dass andere Unternehmen mit der Vermarktung deiner Idee bereits Geld verdienen. Die Nilpferde, die Livingstone beobachtete, hatten einen breiten, tiefen und schnell fließenden Strom ausgewählt. Du solltest ebenso verfahren. Starte dein Unternehmen in einer florierenden Wachstumsbranche. Auch wenn sich schon viele etablierte Konkurrenten in dem Gewässer tummeln, lass dich dadurch nicht beirren. Werte dies als Zeichen dafür, dass der Strom auch noch weiteren Lebewesen eine Existenzgrundlage bieten kann.

Nicht alles muss neu sein

David und Greg Figueroa haben den Tabasco nicht erfunden. Pikante Soßen aus Pfefferschoten werden schon seit langer Zeit verkauft. Die Brüder entdeckten allerdings eine Nische in dieser etablierten Branche und landeten mit der Markteinführung eines neuen Produktes – Melindas Original Habanero Pepper – einen durchschlagenden Verkaufserfolg. Es war die erste pikante Soße auf dem US-amerikanischen Markt, die mit Habaneroschoten statt der herkömmlichen Pfefferschoten zubereitet wurde.

Als die Figueroa-Brüder ihr Unternehmen gründeten, kontrollierte Tabasco achtundneunzig Prozent des Marktes. Um die verbleibenden zwei Prozent kämpfte eine Fülle kleinerer Hersteller, deren Produkte sich jedoch glichen wie ein Ei dem anderen. David erzählte mir: «Als Erstes gingen wir in den nächsten Supermarkt, um dort die anderen pikanten Soßen im Regal zu begutachten. Doch da waren keine großen Unterschiede zu erkennen: ‹Hotter Than Hell Hot Sauce›, ‹Red Devil Hot Sauce› oder ‹Burning Fire Hot Sauce›.»

Die Brüder entschlossen sich, eine ganz besondere Soße für Feinschmecker zu produzieren, den «Dom Pérignon unter den pikanten Soßen», wie David es formulierte. Das Produkt sollte zum exklusivsten in den Verkaufsregalen werden. Für das Design benutzten sie Rot und Grün als positiv besetzte Farben für Lebensmittel und ein wenig Gold, um den hochwertigen Charakter des Produktes zu betonen. Ihr Plan ging auf.

Melindas ist nach Davids Auskunft inzwischen mit einem Anteil von fünf Prozent die Nummer zwei auf dem Markt für pikante Soßen. (Auch wenn fünf Prozent nicht nach viel klingen, so stellen fünf Prozent eines gewaltigen Marktes einen nicht zu unterschätzenden Umfang dar). Tabasco ist inzwischen von seinem früheren Marktanteil von 98 Prozent auf 85

Prozent abgerutscht. Heute vertreibt die Figueroa International Inc. unter dem inzwischen berühmten Namen neben der Melinda Hot Sauce auch verschiedene andere Artikel, vom Kräuter-Olivenöl über Dips bis hin zu Salsas. Der Gesamtumsatz ihres Unternehmens summiert sich inzwischen auf 200 000 Dollar pro Monat.

Ebenso wurde die Pizza nicht von Domino erfunden. Doch der Name Domino ist in den USA inzwischen ein Synonym für den ersten Pizzaservice, der eine Liefergarantie von weniger als dreißig Minuten gab. Auch die amerikanischen Kekse wurden nicht von Debbie Fields erfunden. Doch sie war es, die die erste national operierende Kette von Keksgeschäften gründete. Deine Geschäftsidee muss also nicht brandneu sein, um gut zu sein. Viele der berühmtesten Unternehmer haben lediglich alten Ideen einen neuen Anstrich verpasst.

Liebe dein Produkt

Dein Unternehmen wird nur dann im Dschungel des Marktes überleben können, wenn du von deinem Produkt überzeugt und begeistert bist. Eine solche Begeisterung wirkt ansteckend. Sie erweckt das Vertrauen und Interesse deiner Kunden, die Voraussetzung für den Kauf deiner Produkte (wobei dieses Produkt auch eine Dienstleistung sein kann) sind.

Wenn du die Chancen für ein eventuelles Unternehmen analysierst, denke immer daran, dass das Vertrauen in und der Glaube an dein Produkt entscheidend für deinen wirtschaftlichen Erfolg sind. Ganz egal, wie groß der Markt für ausgefallene Toilettendeckel ist; wenn du dich für das Produkt nicht begeistern kannst, wird dein Unternehmen langfristig keinen Erfolg haben. Bist du aber ein leidenschaftlicher Sammler ausgefallener Toilettendeckel, so wirst du mit deinem Unternehmen wahrscheinlich eine Menge Geld verdienen, und deine Arbeit wird dir viel Freude machen.

An der Spitze einer unternehmerischen Expedition zu stehen setzt voraus, dass du dein Produkt in- und auswendig kennst. Geschäfte zu machen heißt schließlich im Wesentlichen, ein Produkt zu verkaufen. Die folgenden drei Bereiche deines Produktes musst du genau kennen, wenn du es erfolgreich verkaufen willst:

Materielle Eigenschaften. Du musst wissen, wie dein Produkt funktioniert oder genutzt wird. Du musst mit all seinen Anwendungen und Funktionen vertraut sein. Willst du zum Beispiel Mobiltelefone verkaufen, musst du ihre Funktionen kennen und wissen, welche Taste für welche Funktion gedrückt werden muss.

Ein auf Mobiltelefone spezialisiertes Geschäft hatte eine große Werbetafel ins Schaufenster gestellt. Dort wurde mit den Worten «bahnbrechende Funktionen» für ein neues Modell geworben. Ich öffnete die Tür, betrat das Geschäft und fragte den Verkäufer hinter der Theke, der sich auch als Eigentümer herausstellte, ob er mir das neue Gerät zeigen könne. Er führte mich stolz zu einem kleinen Verkaufsdisplay und legte das Telefon in meine Hand.

«Es ist extrem leicht», sagte er.

«Stimmt», antwortete ich und fragte: «Wo finde ich denn die neuen Funktionen?»

«Es ist vollständig überarbeitet.»

«Das sieht man», sagte ich und wusste sofort, dass er die neuen Funktionen noch gar nicht kannte. Ich zeigte auf einen roten Knopf und fragte: «Welche Funktion hat diese Taste?»

«Einen Moment», sagte er, «ich werde das herausfinden.» Er ging wieder hinter die Theke und kramte die Bedienungsanleitung hervor. Noch drei Minuten später blätterte er ziel- und hilflos durch das Heft. Wenn das Telefon so kompliziert war, dass er es nicht erklären konnte, dann würde mir mit Sicherheit die Zeit fehlen, mich in die Materie einzuarbeiten. Ich dankte ihm für seine Mühe und verließ das Geschäft.

Ideelle Eigenschaften. Du musst das Konzept – die Idee – verstehen, die deinem Produkt zugrunde liegt. Stell dir folgende Frage: «Welches Bedürfnis deckt dein Produkt ab?» Willst du ein Produkt effektiv vermarkten, solltest du wissen, welchen Anforderungen es gerecht wird und welche Bedürfnisse es weckt. Wenn deine Kunden nicht wissen, warum sie ein Produkt kaufen sollen, werden sie zweifellos keinen Sinn darin sehen, es zu erwerben.

Die öffentliche Wahrnehmung. Ebenso wichtig wie die materiellen und ideellen Eigenschaften ist konsequenterweise ein Verständnis für die öffentliche Wahrnehmung deines Produktes. Du musst dir ein objektives Bild von der Meinung machen, die die Öffentlichkeit sowohl in positiver wie auch in negativer Hinsicht von deinem Produkt hat. Dann musst du versuchen, die Argumente gegen dein Produkt zu entkräften, und seine als positiv wahrgenommenen Seiten stärker im öffentlichen Bewusstsein zu verankern.

Unter herkömmlichen betriebswirtschaftlichen Gesichtspunkten ist es das Wichtigste, dass die Menschen das kaufen, was du verkaufst. Wenn du dein Unternehmen als Abenteurer betreibst, wirst du dich jedoch zudem darum bemühen, etwas zu verkaufen, mit dem du dich identifizieren kannst und das eine besondere Bedeutung für dich hat. Wer sein Unternehmen als Abenteurer betreibt, verdient eine Menge Geld und genießt währenddessen sein Leben. Wenn du außergewöhnliche Toilettendeckel vertreibst, mag es sein, dass du eine Menge Geld damit verdienst. Kannst du dich mit diesem Produkt jedoch nicht identifizieren, wirst du das echte Abenteuer Unternehmen nicht erleben.

Der Machbarkeitstest

Wenn ich eine Geschäftsidee habe, finde ich zuallererst heraus, ob sich damit Gewinne erzielen lassen. Ist das nicht der Fall, sind alle weiter gehenden Überlegungen überflüssig.

Für diesen Machbarkeitstest musst du dir ein paar Minuten Zeit nehmen und benötigst einige einfache Werkzeuge: deinen Verstand, einen Taschenrechner, ein Stück Papier und einen Stift. Sind diese Voraussetzungen erfüllt, kannst du die Analyse überall durchführen, wo immer du gerade eine Geschäftsidee hast. Ich habe diesen Test zum Beispiel auf dem Rücksitz eines Taxis in Kairo gemacht, mitten auf den verrücktesten Straßen der Welt.

Wie oft hast du schon unzulängliche oder völlig indiskutable Dienste in Anspruch genommen? Wahrscheinlich häufiger, als du zählen kannst. Wie oft hast du dir schon geschworen, einen Beschwerdebrief zu schreiben? Wahrscheinlich ebenso oft. Wie oft jedoch hast du dich tatsächlich hingesetzt, einen Brief formuliert, die Adresse herausgesucht, an die du den Brief schicken musst, ihn frankiert und zum Briefkasten gebracht? Wahrscheinlich nur sehr selten.

Dazu meine Geschäftsidee, die «Mecker KG»: Deren Kunden wählen immer dann eine für sie kostenfreie Telefonnummer, wenn sie mit einem Produkt oder einer Dienstleistung unzufrieden sind. Ein Angestellter oder ein gutes Anrufbeantwortersystem nimmt die Beschwerde und die Kontonummer des Auftraggebers entgegen. Für eine Gebühr von 10 Dollar findet die Mecker KG die richtige Adresse und den verantwortlichen Ansprechpartner heraus, schreibt einen förmlichen Beschwerdebrief und versendet ihn.

Das Unternehmen müsste nur sehr wenig in seine Werbung investieren, denn seine Idee ist so medienwirksam, dass Zeitungen, Zeitschriften, Radio- und Fernsehshows sicherlich von sich aus darüber berichten würden. Darüber hinaus könnte die Mecker KG ein Jahrbuch mit den amüsantesten Beschwerden verlegen, damit zusätzliche Gewinne erzielen und gleichzeitig den Bekanntheitsgrad des Unternehmens steigern.

Die Idee wirkte auf den ersten Blick überzeugend. Doch wie immer, wenn ich eine Geschäftsidee habe, wandte ich meinen Machbarkeitstest an. Die Mecker KG könnte als Ein-Mann-Unternehmen beginnen, mit dem Ziel, einen jährlichen Gewinn von 50000 Dollar zu erwirtschaften. Die Ausgaben pro Beschwerde würden sich auf 1,50 Dollar belaufen (das würde die Kosten für Umschlag, Briefpapier, Porto, die Übernahme der Telefongebühren und die Bankgebühren abdecken). Ein Gewinn von 8,50 Dollar wäre das Ergebnis. Um einen Betriebsgewinn in Höhe von 50000 Dollar im ersten Jahr erzielen zu können, müsste das Unternehmen 5882 Beschwerden bearbeiten (5882×8,50 Dollar = 49997 Dollar). Das wären sechzehn Beschwerden pro Tag.

Machbar? Die Zahlen belegen, dass mit einem solchen Unternehmen Geld zu vedienen ist. Der Test veranschaulicht sehr schnell, ob ein Unternehmen 100, 1000, 100000 oder eine Millon Dollar an Gewinn erwirtschaften kann. Die Mecker KG müsste, um einen Betriebsgewinn von einer Million Dollar pro Jahr erzielen zu können, 322 Beschwerden pro Tag abwickeln. Machbar? Es ist deine Entscheidung.

Du siehst, wie schnell die Realisierbarkeit einer Geschäftsidee überprüft werden kann. Trotzdem investieren viele Menschen immense Beträge, um ein Unternehmen zu gründen, ohne sich zuvor die wenigen Minuten Zeit genommen zu haben, einen solchen Machbarkeitstest durchzuführen.

Die fünf Merkmale eines idealen Unternehmens

In diesem Abschnitt geht es nicht um Noten, es gibt kein «ungenügend», kein «mangelhaft», kein «ausreichend», kein «befriedigend», kein «gut» und kein «sehr gut». Es geht um alles oder nichts. Sollte deine Geschäftsidee irgendeines der folgenden Merkmale nicht aufweisen, kannst du davon ausgehen, dass deine Expedition zum Scheitern verurteilt wäre.

Leidenschaft. Stehst du leidenschaftlich hinter deinem Produkt oder der Dienstleistung, die du anbietest? Der Gegenstand deines Unternehmens sollte eine ganz besondere Bedeutung für dich haben. Du musst von deinem Unternehmen begeistert sein und solltest den unerschütterlichen Wunsch verspüren, dein Geschäft zu einem Erfolg zu machen. Leidenschaft motiviert dich, auch dann weiterzumachen, wenn du vor gewaltigen Herausforderungen stehst. Und vergiss nicht: *Leidenschaft ist ansteckend!* Deine Mitarbeiter, Zulieferer und Kunden werden von deiner Begeisterung für das Produkt mitgerissen.

Zweck. Dient dein Unternehmen einem Zweck (oder mehreren Zwecken), auf den (die) du stolz sein kannst? Das kann sich auf das direkte Ergebnis deiner Arbeit beziehen, aber auch auf die indirekten positiven Auswirkungen, die dein Produkt auf die gesamte Gesellschaft hat. Die Zweckgebundenheit des Gegenstands deines Unternehmens ist der Wegbereiter für ein umfassendes Gefühl der Zufriedenheit.

Unverwechselbarkeit. Verfügt dein Produkt oder deine Dienstleistung über eine besondere Ausprägung, die für seine Unverwechselbarkeit auf dem Markt sorgt? Dein Unternehmen muss etwas Besonderes sein, sich von den anderen Unternehmen deiner Branche ein wenig abheben. Es muss über das gewisses Extra verfügen, über das Tüpfelchen auf dem i, das den wesentlichen Unterschied macht.

Im belebten Athener Stadtteil Plaka, in dem es viele Restaurants, Kneipen und Geschäfte gibt, sehen sich alle Restaurants sehr ähnlich; sie haben ähnliche Namen, bieten ähnliche Gerichte an und verkaufen diese zu Preisen, die kaum voneinander abweichen. Wir bummelten durch die Gassen, hielten am erstbesten Restaurant an und warfen einen Blick auf die Speisekarte. Der Restaurantbesitzer eilte aus dem Geschäft und rief enthusiastisch: «Wir haben griechische Salate, Fisch, Moussaka und Pasteten im Angebot, alles, was Ihr Herz begehrt!» Wir bummelten weiter und sahen uns die Speisekarte des nächsten Restaurants an. Auch hier eilte der Restaurantbesitzer aus dem Geschäft und rief enthusiastisch: «Wir haben griechische Salate, Fisch, Moussaka und Pasteten im Angebot, alles, was Ihr Herz begehrt!» Das passierte wieder und wieder. Schließlich war ich es leid. Als wir die Karte des nächsten Restaurants lasen und der Besitzer aus dem Geschäft stürzte, kam ich ihm zuvor und sagte: «Sie haben griechische Salate, Fisch, Moussaka und Pasteten im Angebot, alles, was unser Herz begehrt!» Und er antwortete nur: «Genau!» Das Problem waren keineswegs die mangelnden Englischkenntnisse der Gastronomen in Athen (die meisten sprechen hervorragendes Englisch). Den Restaurants in der Plaka mangelte es an der nötigen Unverwechselbarkeit. Sie waren im Wesentlichen identisch, und die Gastronomen hatten eine annähernd übereinstimmende Auffassung von ihrem Geschäft. So hatten zwar alle Restaurantbesitzer ihr Auskommen, doch wirklich erfolgreich war keiner. Dein Produkt oder deine Dienstleistung muss sich nicht vollständig von den anderen unterscheiden, muss aber etwas Besonderes, Eigenständiges verkörpern. Du musst deinen Kunden einen Grund dafür geben, dass sie dein Unternehmen statt eines anderen wählen.

Beständigkeit. Ist dein Unternehmen darauf ausgerichtet, für unbestimmte Zeit im Geschäft zu bleiben? Es können natürlich immer unerwartete Ereignisse auftreten, die dein Unternehmen bedrohen – das ist im Geschäftsleben nichts Außergewöhnliches. Umso wichtiger ist es, dass du dich schon bei der Gründung deines Unternehmens gegen die erwartbaren Ereignisse absicherst, die die Existenz deines Unternehmens ernsthaft gefährden könnten.

Eine Unternehmerin, die während eines sehr trockenen Frühlings ein Schirmgeschäft eröffnet, erfährt sehr schnell, dass ihre Existenz bedroht ist, denn das Geschäft läuft nicht, wenn es nicht regnet. Ihrem Unternehmenskonzept mangelt es an der notwendigen Aussicht auf Beständigkeit. Wenn sie nun ihre Produktpalette um Bademoden und Schals und Hüte erweitern würde, könnte sie gewährleisten, dass ihr Geschäft zu jeder Jahreszeit Kunden anspricht und müsste nicht um ihre Existenz fürchten.

Potenzial. Hat deine Geschäftsidee Wachstumspotenziale? Handelt es sich um ein Einzelhandelsgeschäft (eine Reinigung, eine Boutique oder eine Drogerie), das du so weit optimieren kannst, bis du es duplizieren und in anderen Städten Filialen eröffnen kannst? Handelt es sich um ein Versandgeschäft, das zuerst in der Region aktiv wird, danach im ganzen Land und später sogar international? Ich habe in der Tat noch nie ein Unternehmen erlebt, dessen Wachstumspotenzial schon völlig erschöpft gewesen wäre. Ist dein Unternehmenskonzept nicht völlig irreal und konfus, so wird dein Unternehmen über das notwendige Potenzial verfügen. Es ist jedoch erforderlich, schon am Anfang des Abenteuers eventuelle Wege für eine expansive Unternehmenspolitik auszumachen. Diese Strategien kannst du dir einprägen oder aufschreiben und sie umsetzen, wenn dein Unternehmen erfolgreich wird.

Solltest du und deine Geschäftsidee alle fünf Merkmale – Leidenschaft, Zweck, Unverwechselbarkeit, Beständigkeit und Potenzial – aufweisen, kannst du davon ausgehen, dass deine Expedition Unternehmen abwechslungsreich und einträglich ist und dir hilft, ein erfülltes Leben zu führen. Und wenn du dein Geschäft oder Unternehmen wirklich liebst, wird sich deine Begeisterung auf deine Mitarbeiter, Zulieferer und Kunden übertragen.

Wenn du dein Hobby zum Geschäft machst, wird dir niemand vorwerfen können, dass du dein Geschäft zugunsten deiner Hobbys vernachlässigst.

22 Stelle dein Team zusammen

Zweifle nicht daran, dass eine Hand voll aufmerksamer und engagierter Menschen die Welt verändern kann – und in der Tat waren nur so Veränderungen möglich.
Margaret Mead (1901- 1978),
amerikanische Anthropologin

Wenn deine Geschäftsidee Gestalt angenommen hat, ist es an der Zeit, dir Gedanken darüber zu machen, wer dich auf deiner Expedition in die Selbständigkeit begleiten soll. Die meisten Unternehmer starten als Ein-Mann- oder Ein-Frau-Unternehmen und vervollständigen ihr Team, wenn das Unternehmen wächst. Andere suchen sich Partner, um sich in den jeweiligen Stärken zu ergänzen und um Schwächen auszugleichen. In bestimmten Bereichen (zum Beispiel in Restaurants) müssen Unternehmer von Beginn an auf ein vollständiges Team zurückgreifen können (eine Person allein wird die Arbeit in der Küche, das Servieren und Abräumen sowie die Kassenführung kaum bewältigen können). Es ist ein schwieriger Prozess, die richtigen Mitarbeiter und Kollegen zu finden; er ist jedoch von wesentlicher Bedeutung für den Erfolg deiner Expedition.

Das Ein-Mann / Frau-Unternehmen

«Wer sich allein auf den Weg macht, kann schon heute starten; wer nicht alleine reist, muss dagegen warten, bis auch die anderen ihre Vorbereitungen abgeschlossen haben. Es kann lange dauern, bis die Reise angetreten werden kann», so schrieb Thoreau. Das Leben als Unternehmer ist von vielen individualistischen Merkmalen geprägt, und das Ein-Mann / Frau-Unternehmen birgt einige Vorteile. Ohne Rücksicht auf Partner und Mitarbeiter nehmen zu müssen, kann der Einzelunternehmer eine kleine Expedition in jede beliebige Richtung führen – zu jeder beliebigen Zeit und mit beliebiger Geschwindigkeit.

Aber hier ist nicht der Ort, um ein romantisch verklärtes Bild des Unternehmers zu zeichnen – vom heroischen Abenteurer, der sich aufmacht, um den Dschungel aus reiner Neugier, voller Eifer und Wagemut, auf sich allein gestellt zu erforschen. Einige Unternehmer sind nicht auf die Hilfe anderer angewiesen, wenn sie ihr Unternehmen gründen, die meisten jedoch können sich diese Hilfe gar nicht leisten (Mitarbeiter zu beschäftigen ist eine teure Angelegenheit!). Darum gründen die meisten Unternehmer ihre Betriebe allein und stellen Mitarbeiter erst dann ein, wenn ihre Konten es zulassen.

Wenn du deine Expedition Unternehmen startest, gewinnst du vielleicht den Eindruck, dass die nicht vorhandenen Mitarbeiter das schnelle Wachstum deines Unternehmens verhindern. Andererseits bietet es einige Vorteile, dass du keine Gehälter zahlen musst. Du kannst dein Unternehmen freier ausrichten und entwickeln und Beziehungen unbelasteter festigen, wenn dir keine Gehaltsforderungen im Nacken sitzen. Auch kannst du dich unbeschwerter an die Macht und den Einfluss gewöhnen, die mit der Arbeit als selbständiger und unabhängiger Unternehmer einhergehen. Und du bist allein viel wendiger, kannst Entscheidungen schneller umsetzen, als ein großes Team dies vermag – und Reaktionsfähigkeit ist für ein Überleben im Dschungel unentbehrlich.

Der japanische Abenteurer Naomi Uemura nutzte die Vorteile des do it yourself und unternahm eine Ein-Mann-Expedition an den Nordpol. Mit seinem Proviant, einem handgearbeiteten Eichenschlitten und siebzehn Schlittenhunden zog er durch die arktische Einöde und widerstand Eisflüssen, arktischen Winden und Eisbären. Immer wieder versperrten aufgetürmte Eisblöcke seinen Weg. Nur mit einem Eisenpickel kratzte er schmale Durchgänge in die Eisblöcke, die gerade groß genug waren, damit er mit seinen Hunden und dem Schlitten hindurchkriechen konnte. Ein zehn Personen zählendes Expeditionsteam hätte viele Stunden damit zugebracht, einen Weg durch das Eis zu hacken, der breit genug für die mit Proviant und Ausrüstung beladenen schweren Schlitten gewesen wäre.

Auch Eiskanäle versperrten ihm wiederholt den Weg. Er zog seinen 450 kg schweren Schlitten dann auf eine Eisscholle und ruderte mit seinen siebzehn Hunden behutsam und vorsichtig auf dem Behelfsfloß über die Kanäle; denn ein Sturz in das eiskalte Wasser hätte den sicheren Tod bedeutet. Eine zehnköpfige Gruppe hätte mit der Eisscholle unzählige Male übersetzen müssen, weil ein zu großes Gewicht sie zum Kentern hätte bringen können. Die vielen Manöver wären nicht nur zeitraubend gewesen, auch hätten alle Teammitglieder immer wieder ihr Leben aufs Spiel gesetzt.

Einmal während seiner Expedition blickte Naomi Uemura dem Tod direkt ins Auge. Der Wind fegte über die Ebene, die Nacht war dunkel, und er schlief in seinem kleinen Nylonzelt. Plötzlich wurde er durch das aufgeregte Jaulen seiner Hunde aufgeschreckt. «Es gibt nur wenige Geschöpfe, vor denen ein Schlittenhund instinktiv Angst hat», schieb Naomi Uemura in seinen Aufzeichnungen, «das sind zum einen Menschen und zum anderen Eisbären.» Er wusste, was das Jaulen seiner Hunde bedeutete: ein Eisbär!

Naomi Uemura konnte das Knurren des wilden Tieres hören, das seine Vorräte durchwühlte. Nutzlos lag seine Flinte neben seiner Isomatte – er hatte versäumt, sie zu laden, bevor er in den Schlafsack gekrochen war. Der Tod schien unausweichlich, als das Tier mit der Aussicht auf weitere Nahrung die Zeltwand zerfetzte. Naomi Uemura vergrub sich in seinem Schlafsack und stellte sich tot. Das wilde Tier stieß ihn nur kurz an und machte sich wieder von dannen. Hätten mehrere Personen im Zelt geschlafen, wäre der Eisbär nicht so leicht zu überlisten gewesen, und er hätte sich mit Sicherheit ein Opfer gesucht. Als auf sich gestellter Abenteurer konnte sich Naomi Uemura unverletzt aus der Affäre ziehen.

Im Laufe von fünfundfünfzig Tagen legte Naomi Uemura 766 Kilometer zurück und war somit der erste Mensch, der eine Soloexpedition zum Nordpol erfolgreich beendete. Er überlebte das gefährliche Abenteuer und erreichte sein Ziel vor allem, weil er die Vorteile zu nutzen wusste, die es mit sich bringt, allein zu reisen. Auch du als Einzelperson kannst dir auf deiner Expedition in die Selbständigkeit diese Vorteile zunutze machen.

- *Du kannst schnelle Entscheidungen treffen.* Wenn du dein Vorgehen nicht mit Partnern oder Mitarbeitern abstimmen musst, kannst du unverzüglich auf Probleme reagieren. Du kannst dich auf dein Können, deine Erfahrung und deine Intuition verlassen, wenn es darum geht, deinen Weg durch den Dschungel der Selbständigkeit zu bahnen.
- *Du kannst die Geschwindigkeit bestimmen.* Wenn du einen Motivationsschub hast und bis zwei Uhr in der Nacht arbeiten willst, wird dich niemand zurückhalten. Wenn du das Bedürfnis hast, einen Urlaubstag einzulegen, um ans Meer zu fahren, schuldest du niemandem dafür Rechenschaft. Als allein reisen-

der Abenteurer musst du das Tempo nicht aus Rücksicht auf die Gruppe verschärfen oder zurücknehmen.

- *Du reist mit leichtem Gepäck.* Eine vielköpfige Expeditionsgruppe, wie die von Livingstone und Peary, benötigt schweres Gepäck. Munition, Medikamente, Lebensmittel, Küchengeräte und Kleidung müssen in ausreichender Menge mit auf den Weg genommen werden. Ausrüstung und Proviant für eine Expedition sind sehr teuer, und das umfangreiche Gepäck bremst sie immer wieder. Für ein junges Unternehmen sind umfangreiche Gehaltsforderungen wie ein schwerer Schlitten. Ein Großteil deines Gewinns geht für die Gehälter deiner Mitarbeiter drauf. Du kannst somit nur sehr begrenzt in das Wachstum deines Unternehmens investieren.
- *Du kannst das Gefühl genießen, etwas geleistet zu haben.* Wenn du ein Ein-Mann / Frau-Unternehmen gründest und führst, bist du allein verantwortlich für sein Schicksal. Wenn es floriert, ist der Erfolg ein Ergebnis allein deines Einsatzes. Das Gefühl, persönlich etwas geleistet zu haben, motiviert und belebt. Wenn du ein Unternehmen zusammen mit einem Partner zum Erfolg führst, ist das wie der Sieg im Doppel; wenn du hingegen ein Unternehmen ganz allein zum Erfolg führst, so hast du das Tenniseinzel für dich entschieden.

Wenn dein Unternehmen wächst, wirst du unausweichlich Mitarbeiter einstellen müssen. Sie werden die alltäglichen Geschäftsabläufe aufrechterhalten und dir erlauben, dich auf das Wachstum und die Navigation deines Unternehmens zu konzentrieren. Doch bis es so weit ist, solltest du die Freiheit als allein reisender Abenteurer im Dschungel der Selbständigkeit genießen und bestmöglich nutzen.

Partnerschaften

Verglichen mit Einzelunternehmern oder Alleininhabern (zum Beispiel eines Restaurants oder Hotels) bieten geschäftliche Partnerschaften einige spezifische Vorteile. Das intellektuelle Potenzial mehrerer Menschen ist größer – du musst dich nicht ausschließlich auf deine eigenen Erfahrungen, dein Wissen und deine Vorstellungskraft verlassen. Auch das finanzielle Risiko lastet nicht mehr nur auf dir allein. Es ist möglich, über ein gemeinsames Brainstorming einfallsreichere Ansätze in den Bereichen Werbung, Marketing und Kundenservice zu finden.

Aber Partnerschaften bergen auch einige Nachteile. Fast jede Entscheidung verlangt, sich mit dem Partner abzustimmen. Du wirst viel Zeit (einen großen Teil deines Lebens) mit deinem Partner verbringen. Ihr werdet Konflikte austragen, von denen sich die meisten um finanzielle Belange drehen. Wenn ihr Gewinne erzielt, müsst ihr sie gerecht aufteilen (für die meisten Menschen das größte Problem). Jede Partnerschaft ist aber unterschiedlich. In manchen Fällen überwiegen die Vorteile, in anderen die Nachteile. Du musst entscheiden, ob es in deiner Situation sinnvoll ist, mit einem Partner zusammenzuarbeiten oder nicht.

Deine persönliche sowie deine professionelle Beziehung zu deinem Partner hat einen entscheidenden Einfluss auf den möglichen Fortschritt eurer Expedition. Ich habe Klienten beraten, deren Partnerschaften sehr erfolgreich waren, und solche, deren Partnerschaften eher von Misserfolgen gekennzeichnet waren. Das Ergebnis dieser Analyse sind fünf unverwechselbare Kennzeichen für eine fruchtbare unternehmerische Allianz. Es sollte gewährleistet sein, dass du und dein Partner – wobei es keine Rolle spielt, ob es sich um deinen (Ehe-) Partner, einen langjährigen Freund oder einen Wirtschaftexperten handelt – diese Kriterien für eine produktive und dauerhafte Partnerschaft erfüllen.

Sich ergänzende Fähigkeiten. Gute Partnerschaften zeichnen sich durch eine gelungene Kombination verschiedener Stärken aus. Aufgrund deiner Erfahrung und Ausbildung wirst du in einigen Bereichen der Arbeit für das Unternehmen besonders qualifiziert sein, in anderen weniger. In einer idealen Partnerschaft kompensieren deine Stärken die Schwächen deines Partners, und die Stärken deines Partners kompensieren deine Schwächen.

Zwei junge Unternehmer aus Boston, Steven Shulman und Michael Yanoff, haben ein florierendes Unternehmen, die Cover Concepts Marketing Service Inc., gegründet. Steven Shulman hatte auf dem Einband eines Schulbuches seines Cousins kleine Werbeanzeigen von Geschäften aus dem Ort gesehen. Er war von dieser neuen Marketingstrategie sofort hellauf begeistert. Er analysierte das Konzept und projizierte die Idee auf den gesamten US-amerikanischen Markt. Warum sollten nicht statt der Anzeigen einer Pizzeria bekannte Markennamen wie Nike, Coca-Cola oder die Namen anderer großer Unternehmen auf den Umschlagdeckeln prangen, die ein Interesse an dieser Zielgruppe haben? Warum sollte dieses Konzept auf eine einzige High School beschränkt bleiben, wenn es möglich wäre, alle Schulen des Landes mit Schulbüchern in dieser Form zu erreichen?

Steven Shulman arbeitete zu dieser Zeit für einen Schuhimporteur und entwickelte dort das Design für Schuhkartons. Er war sich sicher, dass es ihm keine Mühe bereiten würde, Buchcover zu gestalten. Der Bereich der Vermarktung von Werbeflächen war für ihn jedoch völliges Neuland. Steven Shulman wusste, dass er Hilfe benötigen würde, darum lag es nahe, dass er an eine Partnerschaft mit Michael Yanoff dachte. Sie waren seit ihrer Kindheit befreundet, und Michael Yanoff hatte die idealen Voraussetzungen, um Steven Shulmans Fähigkeiten zu ergänzen. Er arbeitete für ein lokales Sportradio und verkaufte dort Werbezeiten. Er war mit dem Anzeigenmarketing vertraut.

Das Duo gründete das Unternehmen, indem es Werbeflächen an Nike, Maxell und Coca-Cola verkaufte, die Bücher druckte und sie schließlich an High Schools in ihrer Heimat Massachusetts verkaufte. Das Feedback war so überwältigend, dass sie ihre Aktivitäten zwei Jahre später auf die gesamten Vereinigten Staaten ausdehnten.

Im letzten Jahr druckte die Cover Concepts Marketing Service Inc. vierzig Millionen Einbände mit 100 Kunden, an die sie die zur Verfügung stehenden Werbeflächen verkauften. Die Einbände erreichten zweiundzwanzig Millionen Schüler in 32 000 Schulen der gesamten Vereinigten Staaten. Das entsprach einem Gewinn von ungefähr 750 000 Dollar – kein schlechtes Ergebnis für ein fünf Jahre altes Unternehmen. Und Steven Shulman und Michael Yanoff kommen immer noch gut miteinander aus. Auch nach einem langen Arbeitstag kann es sein, dass sie gemeinsam etwas trinken gehen.

Zueinander passende Persönlichkeiten. Douchan Gersi, ein Abenteurer unserer Zeit, machte es sich nicht leicht, einen Partner zu finden, der ihn auf seiner Reise durch die entlegenen Gebiete Borneos begleiten sollte. «Es ist sehr schwierig, den perfekten Begleiter für eine solche Reise auszuwählen», schrieb er in seinem Buch *Wo vor mir keiner war*, «die Persönlichkeiten und die Fähigkeiten der Weggefährten müssen sich ergänzen und auf einem vergleichbaren mentalen Niveau liegen.»

Seine Erfahrungen im Dschungel haben ihn gelehrt, dass Weggefährten nicht nur im Hinblick auf ihre Persönlichkeit übereinstimmen müssen, sondern auch im Hinblick auf ihre Fähigkeiten, ihren Mut und ihre Motivation. Abenteurer, die gemeinsam durch die Wildnis reisen, geraten oft in lebensbedrohliche Situationen. Ihr Verstand muss nahezu identisch arbeiten, denn das Handeln des einen ist immer auch maßgeblich für die Sicherheit des anderen. Auch Abenteurer, die gemeinsam den

Dschungel der Selbständigkeit erfolgreich durchstreifen wollen, müssen immer wieder damit rechnen, dass sie vor Herausforderungen gestellt werden und Hindernisse überwinden müssen. Auch sie müssen den gleichen Denkmustern folgen, denn jeder handelt im Sinne eines gemeinsamen Unternehmens, dem beträchtliche emotionale und finanzielle Investitionen beider Partner zugrunde liegen.

Du wirst alle Höhen und Tiefen mit deinem Partner teilen. Deine Expedition Unternehmen wird dich in unwegsames Terrain führen, und Hindernisse und Fallgruben werden deinen Weg säumen. Ebenso wirst du den Reiz kennen lernen, der darin liegt, etwas Besonderes zu leisten. Während der faszinierenden und der entmutigenden Phasen deines Abenteuers wirst du die Arbeit mit einem Partner schätzen lernen, dessen Persönlichkeit zu deiner eigenen passt.

Unterschiedliche Aufgabenstellungen. Es war Greg Figueroas Idee, eine weitere pikante Soße auf den Markt zu bringen. Er ging eine Partnerschaft mit seinem Bruder David ein, und sie gründeten gemeinsam die Figueroa International Inc. Von Beginn an war jedem der Brüder eine bestimmte Rolle im Unternehmen zugewiesen. Diese effektive Arbeitsteilung haben sie bis heute beibehalten. David leistet die gesamte kreative Arbeit, überwacht die Verpackung und kümmert sich um das Design der Etiketten. Greg ist für die Verwaltungsarbeit verantwortlich, wozu Verkauf, Finanzen und Personalmanagement zählen.

David weiß um die Stärken ihrer Partnerschaft. Er sagte mir: «Wir hätten das nicht allein bewerkstelligen können. Wir sind überglücklich, ein Team zu bilden, das verschiedene Talente miteinander verbindet.»

Gemeinsame Visionen. Irv Robbins und Burt Baskin hatten sich sehr viel Zeit gelassen, um ganz sicherzugehen, dass sie auf eine gemeinsame Vision vertrauen könnten, wenn sie zu Geschäftspartnern würden. Irv Robbins' Vater hatte den beiden geraten, darauf zu verzichten, von Beginn an zusammenzuarbeiten, denn das würde sie dazu zwingen, ihre individuellen Ideen für das gemeinschaftliche Projekt aufzugeben. Die beiden entschieden sich daraufhin, jeweils eigene Unternehmen zu gründen. Jeder hatte so die Freiheit, seine eigenen Ideen und Konzepte umzusetzen und eine eigenständige Vision für ihr ideales Unternehmen zu entwickeln.

Nachdem sie einige Jahre für sich allein gearbeitet hatten, entschlossen sie sich, Partner zu werden und ein gemeinsames Unternehmen zu gründen. Sie nannten es Baskin-Robbins. Wie die Autoren des Buches *Entrepreneurs*, Joseph und Suzy Fucini schreiben, war ihre «Beziehung von Beginn an harmonisch, da beide die gleiche Marketingstrategie verfolgten – nämlich nichts anderes verkaufen zu wollen als Eiscreme in den verschiedensten Geschmacksrichtungen». Darüber hinaus verfügten beide über dieselbe unternehmerische Einstellung. Irv Robbins schilderte das so: «Wir wollten eigentlich nur fünfundsiebzig Dollar pro Woche verdienen. Und wir wollten Freude an unserer Arbeit haben.»

Burt Baskin und Irv Robbins arbeiteten mit einer übereinstimmenden Vision und derselben unternehmerischen Einstellung. Es gelang ihnen so, aus Baskin-Robbins ein internationales Unternehmen zu machen, das pro Jahr fast 76 Millionen Liter Eiscreme in mehr als 2000 Geschäften verkauft. Schon zu Beginn ihres Unternehmens hatten sie eine gemeinsame Vision, nämlich bestes Speiseeis zu verkaufen und die Freude an der Arbeit nicht zu verlieren. Ihre Vision ist zur Realität geworden.

Die Mannschaft anheuern

Auch wenn du dich entschieden haben solltest, allein zu deiner Expedition aufzubrechen, ab einem gewissen Zeitpunkt (je eher, desto besser) wirst du nicht darum herumkommen, Mitarbeiter einzustellen. Ein neuer Großkunde, ständig steigende Umsatzzahlen, eine stetig wachsende Zahl von Kunden oder eine zusätzliche Filiale könnten es notwendig machen, dass du schnell Unterstützung finden musst. Dann ist ein entscheidender Zeitpunkt deiner Expedition gekommen, eine besonders wichtige Wegmarke erreicht. Doch Mitarbeiter einzustellen ist keineswegs so einfach wie die Veröffentlichung einer Anzeige in der Tageszeitung unter der Rubrik Sonstige Dienstleistungen. Viele Wirtschaftstheoretiker denken, dass der Aufbau und die kontinuierliche Sorge um ein Team zur vorrangigen Aufgabe eines Unternehmers zählt.

Wenn du Bewerbungsgespräche mit potenziellen Mitarbeitern führst, musst du vor allem auf zwei Qualifikationsmerkmale achten. Zuerst auf einen der schönsten menschlichen Züge: *das Lächeln.* Das Lächeln ist eine Geste, die Offenheit demonstriert und somit Ausdruck einer positiven Persönlichkeit ist. Wenn deine Mitarbeiter im direkten Kontakt mit den Kunden stehen, erhöht dieses Lächeln den Umsatz. Ein Lächeln kann auch per Telefon transportiert werden – es wirkt auf den Tonfall, die Sprechgeschwindigkeit und die Verständlichkeit der Sprache. Das heißt, auch wenn deine Mitarbeiter überwiegend per Telefon arbeiten, wird ihr Lächeln die Beziehungen zu den Zulieferern stärken und die Kunden an dein Unternehmen binden. Mit dem Ergebnis, dass deine Gewinne steigen! Du musst Menschen einstellen, deren Gesichtszüge vom Lächeln bestimmt sind und die nicht nur ausnahmsweise dann ein Lächeln auf ihren Lippen haben, wenn sie ganz besonders glücklich sind. Nichts ist so viel wert wie ein ehrliches Lächeln.

Das zweite Qualifikationsmerkmal ist *die Bereitschaft zu lernen.* Für mich sind die Lernbereitschaft und Lernvermögen viel wichtiger als Zeugnisse vorheriger Arbeitgeber oder andere Qualifikationen. Wenn es in deinem Unternehmen nicht gerade um die Herstellung von Bauteilen für Kampfflugzeuge geht, solltest du deine Aufmerksamkeit vor allem auf die Persönlichkeit deiner potenziellen Mitarbeiter richten und nicht so sehr auf ihren Lebenslauf. Wenn du Menschen findest, die über entsprechende Eigenschaften verfügen, kannst du ihnen die Fertigkeiten vermitteln, die sie benötigen, um Produkte zu verpacken und zu verkaufen – oder die sie für jede andere Arbeit benötigen, die verrichtet werden muss.

Welches aber sind nun die entsprechenden Eigenschaften? Lege ich meine eigene Erfahrung und die Erfahrung der vielen anderen erfolgreichen Kleinunternehmer zugrunde, die ich kenne, dann sind es fünf Eigenschaften, die einen Erfolg versprechenden Mitarbeiter im Wesentlichen kennzeichnen.

Positive Grundhaltung. Es liegt in der Natur eines Unternehmens, dass es unzählige Probleme zu bewältigen und viele Erfolge zu feiern gibt. Mitarbeiter mit einer negativen Grundhaltung konzentrieren sich ausschließlich auf die Probleme und treiben dich und sich selbst schlimmstenfalls in den Wahnsinn. Teammitglieder mit einer positiven Grundhaltung können sich immer wieder auch über kleinere Erfolge aufrichtig freuen und schaffen so eine positive und leistungsfördernde Arbeitsatmosphäre. Die positive Einstellung eines Mitarbeiters wirkt ansteckend und infiziert andere Mitarbeiter ebenso wie die Zulieferer, die Kunden und schließlich auch dich selbst.

Verlässlichkeit. Wenn dein Team optimal eingespielt ist, so wird jedes Mitglied eine entscheidende Rolle für den reibungslosen Ablauf der operativen Prozesse im Unternehmen übernehmen. Sollte nun ein Mitarbeiter regelmäßig unpünktlich sein oder nicht erscheinen, so wird das Unternehmen nicht einwandfrei funktionieren. Sollte ein Mitarbeiter es versäumen, Projekte rechtzeitig fertig zu stellen, so kann dies den reibungslosen Ablauf der Arbeitsprozesse im Unternehmen empfindlich stören. Du bist auf zuverlässige Teammitglieder angewiesen, die jeden Tag pünktlich erscheinen, um ihren Anforderungen im Rahmen der Expedition Unternehmen gerecht zu werden.

Beständigkeit. Du wünschst dir Mitarbeiter, die bereit sind, jeden Tag auf einem gleich bleibend hohen Leistungsniveau zu arbeiten. Menschen, für die nur das Geld zählt, das sie mit ihrer Arbeit verdienen, werden in deiner Gegenwart besonders emsig arbeiten. Sobald du ihnen den Rücken zukehrst, wenn du für eine Stunde an einer Sitzung teilnimmst oder einen vierwöchigen Urlaub verbringst, wird ihre Produktivität schlagartig versiegen. Mitarbeiter jedoch, die Bestätigung in ihrer Arbeit finden und sich motiviert fühlen, ihre Fähigkeiten auszuschöpfen, werden kontinuierlich eine hervorragende Arbeit leisten, wobei es keine Rolle spielt, ob du ihnen während ihrer Arbeit über die Schulter blickst oder nicht. Das sind die Mitarbeiter, nach denen du Ausschau halten solltest.

Kooperationsbereitschaft. Stell dir vor, du bist Inhaber einer großen Buchhandlung. Franco, einer deiner Mitarbeiter, ist ausschließlich damit beschäftigt, die Regale mit neuen Lieferungen zu bestücken. Als du ihn eines Tages während seiner Arbeit beobachtest, stellst du fest, dass er so viele Bücher wie nur möglich in jedes Regal zwängt, sodass die Kunden sie nur mit Mühe aus den Regalen ziehen können. Darum sagst du ihm: «Franco, ich weiß deinen Einsatz absolut zu würdigen und will dich nicht bevormunden, aber ich habe bemerkt, dass die Bücher in den Regalen zu dicht beieinander stehen. Du müsstest in jedem Regal ein wenig mehr Platz lassen, das Geschäft wäre dann viel kundenfreundlicher.»

«Das stimmt», sagt er und macht sich wieder an die Arbeit. Am nächsten Tag gehst du durch dein Geschäft und triffst zufällig Franco, der die Regale einräumt. Als du näher kommst, siehst du, dass er die Bücher immer noch genauso dicht in die Regale stellt wie zuvor. Es ist nachvollziehbar, dass dich das aufregt. Franco hat sich so verhalten, als habe er verstanden, was du von ihm wolltest, ignoriert es aber einfach. Es mangelt ihm offensichtlich an Kooperationsbereitschaft. Natürlich ist es wertvoll, wenn Mitarbeiter sich offen gegenüber positiver wie negativer Kritik zeigen. Doch entscheidend ist, ob sie als Konsequenz aus dieser Kritik bereit sind, ihr Verhalten zu verändern.

Respekt. «Ich kann das einfach nicht glauben», mit diesen Worten begann der Anruf eines befreundeten Unternehmers an einem Vormittag, «stell dir vor, ich habe einer meiner Mitarbeiterinnen eine Notiz zukommen lassen und sie gebeten, um elf Uhr zu mir zu kommen. Um halb elf hat sie meinem Sekretär eine Notiz gegeben, auf der zu lesen stand: ‹Ich kann den Termin um elf Uhr nicht wahrnehmen, weil ich nur zwei Stunden zuvor darüber in Kenntnis gesetzt worden bin.› Weiter hat sie geschrieben, dass sie zu beschäftigt sei und Termine nur dann wahrnehmen könne, wenn sie einen Tag zuvor mit ihr vereinbart worden seien.

«Das hört sich an, als habe sie vergessen, wer der Chef des Unternehmens ist», sagte ich. Es ist dein Ziel, eine fruchtbare, angenehme und auf ein Miteinander ausgerichtete Arbeitsatmosphäre zu schaffen. Du solltest aber auch darauf achten, dass deine Mitarbeiter dich als Arbeitgeber angemessen respektieren. Sie sollten nicht vor Ehrfurcht erstarren, wenn du das Büro betrittst, doch sie müssen wissen, dass es ihre Aufgabe ist, dich bei der Verwirklichung deiner Träume als Unternehmer zu unterstützen.

Deine idealen Mitarbeiter sind Menschen, die von der Vorstellung begeistert sind, dich auf deiner Reise begleiten zu dürfen, und deren Motivation sich nicht in erster Linie aus ihrem Gehalt ergibt, sondern durch die Aussicht, an deinem Abenteuer teilzuhaben.

Schwöre deine Mitarbeiter auf deine Vision ein

Du musst deinen Mitarbeitern alles über dein Produkt oder deine Dienstleistung und die Unternehmensphilosophie vermitteln. Und sie wissen lassen, welche Vision du von der Zukunft des Unternehmens hast. Es ist dein erklärtes Ziel, sie in dein Unternehmen zu integrieren und ihnen zu vermitteln, dass sie einem Team angehören, das auf ein gemeinsames Ziel hinsteuert. Schließlich repräsentieren deine Mitarbeiter *dich*, sie vergrößern deine Reichweite im täglichen Geschäft mit Zulieferern und Kunden. Ihr Handeln prägt dein Bild in der Öffentlichkeit.

Schwöre deine Mitarbeiter auf deine Vision ein. Entfache ihre Begeisterung und wecke ihr Interesse an den Aufgaben, die sie im Zuge deiner Expedition übernehmen dürfen. Als Mark Cohn sein Unternehmen Damark, ein Versandhaus, gründete, konnte er seinen Mitarbeitern keine außergewöhnlichen finanziellen Anreize bieten. Stattdessen machte er die Zukunft seines Unternehmens auch zu ihrer Perspektive. Er formulierte das folgendermaßen: «Wir sind Verkäufer, die in einer Mondrakete sitzen.» Alles, was er seinen Mitarbeitern versprechen konnte, war die Gelegenheit, sich einen Platz an Bord einer außergewöhnlichen Mission zu sichern. Sie konnten darauf hoffen, an etwas Großartigem teilzuhaben.

Es ist nicht verwerflich, von deinen Mitarbeitern zu erwarten, dass sie die Aussicht auf zukünftige Profite als Ersatz für ein geringeres Einstandsgehalt akzeptieren. Wenn dein Unternehmen dann floriert, musst du natürlich ganz klar zu deinem Versprechen stehen, deine Gewinne zu teilen.

Wie wichtig das ist, können die Erfahrungen verdeutlichen, die Henry Hudson, ein englischer Abenteurer des siebzehnten Jahrhunderts, gemacht hat. Henry Hudson ging als berühmter Entdecker und als Opfer einer Meuterei in die Geschichte ein. Im Frühling des Jahres 1611 rebellierte seine Mannschaft, nachdem sie einen harten Winter, gefangen in der Hudson Bay, überstanden hatte. Henry Hudson hatte die Lebensmittelrationen so knapp bemessen, dass seine Männer nur überleben konnten, indem sie sich durch die Jagd in den angrenzenden Wäldern mit Fleisch versorgten.

Nur drei Tage nachdem das Wetter es ihnen gestattete, aus der vereisten Hudson Bay hinauszusegeln, stellte die Mannschaft fest, dass Hudson die Lebensmittel äußerst unfair verteilt hatte. Wie in den Aufzeichnungen von Abacuck Pricket, einem der Expeditionsteilnehmer, nachzulesen ist, verschafften sich die Männer Zutritt zur Kabine von Hudson, wo sie «200 Kekse, 10 Liter Eintopf und einen immensen Biervorrat [etwa 600 Liter]» vorfanden. In den Augen der Mannschaft reichte das aus, um Henry Hudson des Verrats, der betrügerischen Verschleierung, der Schikane, der Arglist, der Täuschung und der Unaufrichtigkeit zu bezichtigen. Sie setzten ihn zur Strafe auf einem kleinen Ruderboot aus und ließen ihn – ohne Vorräte – allein in die vereiste Bucht treiben. Es wurde nie wieder etwas von ihm gehört oder gesehen.

Es ist zwar unwahrscheinlich, dass unter deinen Mitarbeitern eine Meuterei ausbricht, doch du solltest die Schäden nicht unterschätzen, die entstehen können, wenn deine Mitarbeiter dich und dein Unternehmen sabotieren. Behandle deine Mitarbeiter fair. Entschädige sie angemessen für ihren Anteil am Erfolg der gesamten Expedition. Die Entlohnung muss jedoch nicht zwangsläufig finanzieller Natur sein. Auch andere Werte, wie beispielsweise eine angenehme, offene und kollegiale Arbeitsatmosphäre, können als Kompensation erwünscht sein und angenommen werden.

Das teamorientierte Arbeitsumfeld

Ich hatte für fünf Uhr früh einen Flug nach Los Angeles gebucht. Ich war gegen ein Uhr nachts zu Hause, bereitete einige Unterlagen vor und suchte mein Gepäck zusammen. Erst in der Nacht zuvor war ich von einer langen Reise zurückgekommen, und als ich meinen Kleiderschrank öffnete, musste ich feststellen, dass kein einziges sauberes Hemd mehr zu finden war. Ich rief die nächste Reinigung an, und eine junge Frau meldete sich mit dynamischer Stimme: «Hi, hier ist Sue von der Reinigung.» Den Namen der Reinigung nannte sie nicht – sie kannte ihn wahrscheinlich gar nicht.

«Hallo», antwortete ich, «ich muss in drei Stunden am Flughafen sein und brauche bis dahin unbedingt noch einige Hemden.»

«O.K.», sagte sie.

«Das ist ja großartig. Die Hemden sind dann in drei Stunden fertig?»

«Nein, erst morgen Nachmittag, gegen fünf.»

«Morgen Nachmittag um fünf bin ich in Los Angeles.»

«Oh.»

«Können Sie sie dann nach L.A. liefern?», versuchte ich zu scherzen.

«Das machen die hier nicht», sagte sie, und ich merkte, dass sie meinen Humor nicht mochte.

«Haben Sie vielleicht einen Schnellservice?», fragte ich daraufhin.

«Nein. Das machen die hier auch nicht.»

«Kann ich ‹die› vielleicht mal sprechen; vielleicht können ‹die› etwas machen, damit die Hemden schneller gereinigt werden?»

«Wen meinen Sie denn mit ‹die›?»

«Sie haben doch gesagt, dass ‹die› keinen Schnellservice anbieten. Darum dachte ich, es würde helfen, wenn ich ‹die› kurz spreche.»

«Nein, ich meinte *uns*. *Wir* haben keinen Schnellservice.»

«Ah, ich verstehe. Vielen Dank», sagte ich und legte den Hörer auf.

Sue redet so, als seien «die» eine allmächtige Befehlsgewalt. Sie ist sich nicht bewusst, dass sie als Verkäuferin und Teammitglied das Geschäft repräsentiert. Für die Öffentlichkeit ist sie die Reinigung. Sie ist «die». Hier handelt es sich keineswegs nur um ein semantisches Problem. Es ist nicht eine Frage der Wörter, die wir benutzen. Das Problem weist vielmehr auf ein fehlendes Gemeinschaftsgefühl und einen Mangel an Teamgeist hin.

Sues mangelnder Gemeinschaftssinn ist mit Sicherheit nicht ihr Versäumnis. Wahrscheinlich war der Inhaber der Reinigung nicht in der Lage, seinen Mitarbeitern die entsprechende «Abenteurermentalität» zu vermitteln. Und so arbeiten sie für ihre fünf Dollar pro Stunde, und nicht, weil sie ein besonderes Interesse daran haben, am Wachstum eines kleineren Unternehmens beteiligt zu sein.

Am Telefon der zweiten Reinigung, die ich anrief, begrüßte mich die freundliche Stimme einer offensichtlich teamorientiert arbeitenden jungen Frau. Sie sagte nicht nur zu, dass die Hemden innerhalb von drei Stunden gereinigt sein würden, sondern schickte einen Lieferwagen, der die Hemden abholte, weil sie den Eindruck hatte, dass ich unter Zeitdruck stand. Als ich zum Flughafen fuhr, lagen die Hemden schon bereit. Dieser

«Schnellreinigungs-Zwischenfall» ereignete sich vor etwa einem Jahr, und seitdem bin ich ein treuer Kunde dieser Reinigung.

Ich habe fünf Strategien entwickelt, anhand deren du dich orientieren kannst, wenn du ein teamorientiertes Arbeitsumfeld schaffen möchtest. Wenn du neue Mitarbeiter einstellen möchtest, dann stimme sie mit Hilfe der Strategien auf Teamgeist und Gemeinschaftsgefühl ein, damit sie sich sehr schnell in dein Unternehmen integrieren.

Angemessene Aufgaben auswählen. Die Mitglieder deines Teams verfügen über ganz spezielle Stärken und Schwächen. Du musst ihre Fähigkeiten bewerten und einschätzen und dann die angemessenen Aufgaben für sie auswählen. Es mag sein, dass du eine Mitarbeiterin einstellst, die zuvor schon viele Erfahrungen im kreativen Bereich gesammelt hat, du jedoch feststellst, dass sie sich vor allem durch ein besonderes Einfühlungsvermögen im Verkauf auszeichnet. Würdest du sie nun die gesamte Zeit im kreativen Bereich arbeiten lassen, würdest du ihre wertvollen Qualitäten vergeuden. Ein erfahrener Unternehmer würde sie bedächtig aus den kreativen Arbeitsprozessen herauslösen und sie langsam an die Verkaufsarbeit heranführen. Jeder Mensch verfügt über Fähigkeiten, die entscheidend für den Erfolg deiner Expedition sind. Darum musst du herausfinden, welche besondere Fähigkeit den jeweiligen Menschen auszeichnet – und es ist durchaus denkbar, dass diese Fähigkeit nicht in den Bereich fällt, für den du den betreffenden Menschen eingestellt hast. Es ist dann deine Aufgabe, Verantwortungsbereiche und Verpflichtungen festzulegen, die sich an dem orientieren, was der jeweilige Mitarbeiter anzubieten hat.

Du kannst Mitarbeiter grob in zwei Kategorien unterteilen: Analytiker und Techniker. Ihr Verhalten im Berufsleben ist unterschiedlich. Geht ein *Analytiker* durch die Empfangshalle der

Geschäftsräume und sieht verschütteten Kaffee auf dem Boden, so wird er ihn aufwischen, ohne darüber nachzudenken. Sieht ein *Techniker* den verschütteten Kaffee auf dem Weg zum Kopierer, wird er darüber hinweggehen und seinen Weg zum Kopierer unbeirrt fortsetzen, um seine Aufgabe effizient zu erledigen.

Ein Analytiker ist in der Lage, Informationen zu analysieren und eine Entscheidung zu fällen, die sich auf diese Analyse stützt. Er würde das Sicherheitsrisiko kalkulieren, das der verschüttete Kaffee in der Halle darstellt, und handeln, um die Gefahr zu beheben. Techniker andererseits handeln fokussiert und aufgabenbezogen. Es ist ihre Aufgabe, Kopien zu machen. Es ist nicht ihre Aufgabe, Kaffeepfützen aufzuwischen, also werden sie es nicht tun.

Auch wenn du ein Team, das sich ausschließlich aus Analytikern zusammensetzt, bevorzugen würdest, so ist es eine Tatsache, dass die erfolgreichsten kleinen Unternehmen sowohl aus Analytikern als auch aus Technikern bestehen. Analytiker bewerten das Unternehmen kontinuierlich und finden Wege, es zu optimieren. Techniker erfüllen Aufgaben korrekt und effizient. Beide Kategorien von Mitarbeitern haben eine entscheidende Bedeutung für dein Unternehmen. In vielen Fällen verlangen die meist hervorragend qualifizierten Techniker höhere Gehälter als die Analytiker.

Strebe eine kollektive Führungsarbeit an. Du kannst ein Gemeinschaftsgefühl, ein Gefühl der Gleichberechtigung und des gegenseitigen Respekts aller Mitarbeiter untereinander fördern, indem du die Führungsverantwortung möglichst weit streust. Wächst dein Unternehmen stetig, wird die Verantwortung für eine Vielzahl von Aufgaben schon bald in den Händen deiner Mitarbeiter liegen, und du wirst nicht die Möglichkeit haben, jede einzelne Entscheidung zu überwachen. Schon bevor du an den Punkt gelangst, an dem du leitende Positionen schaffen musst, solltest du deinen Mitarbeitern die Möglichkeit geben, die Verantwortung für bestimmte Bereiche des Unternehmens zu übernehmen. Ein Mitglied des Teams weiß dann, dass seine Stimme in führungsrelevanten Fragen gefragt ist.

Pläne entwickeln. Zuerst musst du sicherstellen, dass deine Mitarbeiter mit deiner Vision hundertprozentig übereinstimmen. Danach solltest du einen pragmatischen Arbeitsplan aufstellen, der ihnen ihre Bedeutung für die Verwirklichung deiner Vision vor Augen führt. Solche Pläne ermöglichen deinen Mitarbeitern auch, ihre Fortschritte zu erkennen und ihre Arbeit einzuschätzen. Wenn du einen unternehmensstrategischen Plan entwickelst, so ist das vergleichbar mit einem Expeditionsleiter, der seinem Team eine Karte mit der geplanten Route zeigt, damit jeder Expeditionsteilnehmer genau weiß, wohin die Reise geht und welchen Weg die Gruppe einschlagen wird.

Standards setzen. Informiere deine Mitarbeiter von Beginn an über die Leistung, die du von ihnen erwartest. Dabei kann es sein, dass du für alle Mitarbeiter die gleichen Standards (zum Beispiel fünfzig Reifensätze pro Monat zu verkaufen) oder aber je nach Position des Mitarbeiters unterschiedliche Standards setzt. Es wird für die Mitglieder deines Team wesentlich einfacher sein, an deiner Expedition teilzunehmen, wenn sie von Beginn an wissen, was du von ihnen erwartest. So können auch sie persönliche Strategien entwickeln, um die gesetzten Ziele zu erreichen oder sogar zu übertreffen.

Ermutige zu kontinuierlicher Selbsteinschätzung. Mitarbeiter sollten ihre eigene Arbeit und die Entwicklung des Teams regelmäßig selbst bewerten. Ermutige sie, ihre eigenen Pläne und Strategien ebenso kontinuierlich zu überprüfen wie die Standards, die du ihnen gesetzt hast. Sie werden nach dieser Prüfung entweder so weiterarbeiten wie bisher oder etwas ändern, um ihre Arbeitskraft auf dem Weg zur Verwirklichung deiner Vision optimaler zu nutzen. Diese Form der Selbsteinschätzung schafft ein ausgeprägteres Gemeinschaftsgefühl und steigert das Selbstwertgefühl der gesamten Gruppe.

Ein angenehmes teamorientiertes Arbeitsumfeld zu schaffen ist erst der Anfang. Wenn dein Unternehmen wächst und sich wandelt, ist es deine vorrangige Aufgabe, als Expeditionsleiter des Unternehmens die Atmosphäre zu bewahren, die du zu Beginn der Mission geschaffen hast. Deine Rolle ist entscheidend. Deine Einstellung – dein Enthusiasmus und deine Begeisterung – sind wegweisend für die Stimmung im Unternehmen.

Es bleibt deine Entscheidung, ob du dein Abenteuer Selbständigkeit von Beginn an mit einer Mannschaft bestreiten willst oder nicht. Die meisten Unternehmer beginnen ganz klein und reisen allein. In dem Maße, wie ihr Unternehmen wächst, stellen sie dann Mitarbeiter ein. Ich habe erlebt, dass Unternehmer, die allein ins Abenteuer aufgebrochen waren, schon nach zwei Wochen ihre ersten Mitarbeiter einstellen mussten, weil ihre Unternehmen viel schneller wuchsen als geplant. Genauso kenne ich aber auch einige, die seit Jahren extrem erfolgreich als Ein-Mann / Frau-Unternehmer arbeiten. Die Anzahl der Menschen, die du beschäftigst, ist kein Indiz für den Erfolg deines Unternehmens. Dein Wohlbefinden und der Grad deiner Zufriedenheit geben Aufschluss darüber, wie erfolgreich dein Unternehmen wirklich ist.

Ideale Partner zu finden und ein Expeditionsteam zusammenzustellen ist keine leichte Aufgabe, doch wenn sie gewissenhaft bewältigt wird, ist damit oft der Grundstein für ein florierendes und erfolgreiches Geschäft gelegt. Ermögliche deinen Teammitgliedern, die Teilnahme an der Expedition in vollen Zügen zu genießen, und du wirst sehen, sie werden es dir mit Aufrichtigkeit, Loyalität und Leistung danken. Du darfst jedoch nie vergessen, dass du das Herz der Expedition bist: Du stellst ein, du bildest weiter, du hältst den Betrieb aufrecht. Die Leistung deiner Expedition liegt einzig und allein in deiner Verantwortung.

Wähle die Mitglieder deiner Expedition sorgfältig aus, denn es werden die Menschen sein, mit denen du täglich zusammenarbeiten wirst, um deine Vision zu verwirklichen.

Teil V

Unterwegs im Dschungel des freien Marktes

Ist das Unternehmen gegründet, dann ist die Aufgabe, vor der du stehst, erst zur Hälfte bewältigt. Die zweite Hälfte der Aufgabe besteht darin, dein Unternehmen erfolgreich zu führen. Hier steht im Mittelpunkt, die Umsätze und Gewinne zu steigern, zufriedene Kunden zu gewinnen, Mitarbeiter an dein Unternehmen zu binden und – was vielleicht besonders wichtig ist – deine Begeisterung und deine Freude an der Arbeit nicht zu verlieren.

Wenn du dein Geschäft gut führst, wird dein Unternehmen automatisch wachsen. Hierzu zählt, dass du deine Auftraggeber und Mitarbeiter fair behandelst, in die soziale Gemeinschaft investierst und ein Netzwerk aufbaust. Im ersten Jahr bedienst du 1000 Kunden, im zweiten Jahr 1500, im dritten Jahr 2000 und so fort. Eine gute unternehmerische Arbeit führt ohne weitere Anstrengungen deinerseits zu einem Anstieg der Umsätze. Wirst du jedoch aktiv und unterstützt das Wachstum deines Unternehmens, dann dürfte der Anstieg deiner Umsätze wesentlich höher ausfallen.

Geld bedeutet allerdings nicht alles, denn was ist, wenn du und deine Mitarbeiter keine Freude mehr an der Arbeit finden? Ein gutes Betriebsklima, enge Beziehungen zu den Lieferanten, Zulieferern und Kunden sowie die Einbeziehung der gesamten Gemeinschaft, in der das Unternehmen angesiedelt ist, tragen dazu bei, dass du dich in deiner Haut als Unternehmer wohl fühlst. Indem du im Laufe deiner Expedition bewährte Strategien einsetzt, kannst du sicher sein, dass du dein Leben während der Wachstumsphase deines Unternehmens genießen wirst. Dieses Unternehmen sollte dein finanzielles und mentales Wohlbefinden für viele Jahre sichern.

23 Deine soziale Verantwortung als Unternehmer

Wir sind nicht hier auf dieser Welt, um unser Leben zu fristen. Wir sind hier, um der ganzen Welt ein angenehmeres Leben zu ermöglichen, mit weitreichenderen Visionen, einem ausgeprägteren Sinn für die Hoffnung und die Ziele, die erreichbar sind.
Woodrow Wilson (1856–1924),
28. Präsident der Vereinigten Staaten

Als ich diese Zeilen geschrieben habe, war ich gerade in Venedig, wo ich an einer Konferenz zum Thema Globale Konflikte teilnahm, zu der die Elie-Wiesel-Stiftung eingeladen hatte. Ich hörte dort viele Berichte junger Menschen, die aus Regionen stammten, die von Krieg, ethnischen Konflikten und Hungersnöten verwüstet waren. Ihre Worte hatten einen besonderen Einfluss auf meine Zukunftsperspektive. Mir wurde bewusst, dass wir, die wir unser Leben angenehm und bequem eingerichtet haben, nur eine kleine Minderheit darstellen. Die meisten Menschen, die auf der Erde leben, die meisten unserer Mitmenschen also, führen ein Leben, das von großen Problemen und Schwierigkeiten gekennzeichnet ist.

Als Entdecker und Abenteurer, der sein Glück in der Selbständigkeit sucht, wirst du zu einem Nutznießer der kapitalistischen Gesellschaft. Du wirst nicht nur jeden Tag deines Lebens genießen können, sondern du wirst auch großzügig entlohnt. Doch was dich nachhaltig von anderen Menschen unterscheidet, ist die Tatsache, dass du als erfolgreicher Unternehmer real über die Möglichkeit verfügst, Lebensumstände verändern zu können. Das System der freien Markwirtschaft führt zu Wohlstand. Nutze deinen Wohlstand und deinen Einfluss und erhebe deine Stimme, um Leid und Elend ein Ende zu setzen, und zwar nicht nur, weil es dir Genugtuung verschafft, sondern weil du als rational denkendes und intelligentes Wesen die moralische Verpflichtung hast, anderen zu helfen.

Das Versprechen des freien Unternehmertums liegt in der Verbesserung der Gesellschaft – in der Steigerung der allgemeinen Lebensqualität durch die Entwicklung innovativer Produkte und Dienstleistungen, die Schaffung von Arbeitsplätzen und die Förderung eines moralischen Geschäftsgebarens. Als selbständiger Unternehmer hast du die Möglichkeit, auf kommunaler, nationaler und internationaler Ebene bei der Gestaltung einer besseren Gesellschaft mitzuwirken.

Anders als viele der in diesem Buch zitierten Abenteurer und Entdecker kannst du dir die gesellschaftliche Bedeutung deiner Arbeit bewusst machen. Vielen Entdeckern wie Kolumbus und Livingstone gebührt Respekt und Bewunderung. Ihr Mut, ihre Zielstrebigkeit und ihr Selbstbewusstsein stehen außer Frage. Als Vorbilder für moralisches Verhalten sind sie jedoch nicht zu empfehlen. Schließlich waren sie die emsigsten Wegbereiter der westlichen Kolonialherrschaft. Ihre Reisen um die Welt, mit dem Ziel, Wissen und Reichtümer zu finden, waren Sinnbild des gemeinsamen europäischen Wunsches, andere Länder zu erobern und fremde Völker zu unterwerfen. Den großen Entdeckern war nicht daran gelegen, ein gedeihliches, ineinander verflochtenes internationales Wirtschaftssystem zu etablieren. Von patriotischer und religiöser Leidenschaft bestimmt, im Namen einer vermeintlichen intellektuellen und moralischen Überlegenheit machten sie sich voller Habgier auf ihre Reisen, um Macht, Ruhm und Reichtum zu finden.

Auf seiner ersten Reise in die Neue Welt erklärte Kolumbus das Land und seine natürlichen Ressourcen zum Besitz der spanischen Krone und machte seine Einwohner zu Untertanen des spanischen Herrscherhauses. Als sichtbarer Beweis seiner Eroberung kehrte er mit einer Gruppe von mehr als zwanzig Einheimischen zurück nach Spanien und schenkte sie dem spanischen Königspaar. Sogar Livingstone, der in missionarischer Absicht der Sklaverei Einhalt gebieten und die christliche Religion in Afrika verbreiten wollte, war davon überzeugt, dass die afrikanische Kultur und Religion der europäischen unterlegen sei.

Verantwortung

Glücklicherweise hast du die Chance, deine Reisen in die Selbständigkeit mit einem viel ausgeprägteren sozialen Bewusstsein zu starten. Als Unternehmer und Inhaber eines Ein-Mann / Frau-Betriebes genauso wie als Inhaber eines multinationalen Konzerns kannst du die gesellschaftliche Entwicklung in deinem Sinn beeinflussen. Der Unternehmer und Autor Paul Hawken schreibt in seinem Buch *Kollaps oder Kreislaufwirtschaft*, dass Unternehmen sich «der sozialen wie ökologischen Probleme annehmen müssen, die die Menschheit in Sorge versetzen, weil sie die dominierenden Institutionen auf dem Planeten sind». Unternehmer haben viel mehr Möglichkeiten, soziale Probleme zu lösen, als alle anderen gesellschaftlichen Gruppen, weil sie zusammen mehr Menschen beschäftigen, über mehr finanzielle Mittel verfügen und eine größere Reichweite haben als jede Regierung und jede humanitäre oder gemeinnützige Organisation. Darum umfasst deine Verantwortung als Unternehmer vor allem die folgenden drei Bereiche:

Gewinne erzielen. Wenn du nicht in der Lage bist, Geld zu verdienen, wirst du auch deine Geschäfte nicht aufrechterhalten können. Und wenn du deine Geschäfte nicht aufrechterhalten kannst, wird es dir auch nicht möglich sein, mit Hilfe deines Unternehmens einen positiven Einfluss auf die gesellschaftliche Entwicklung auszuüben. Erst Gewinne erlauben es dir, in die Gemeinschaft zu investieren und humanitäre Ziele zu unterstützen. Wenn dein Möbelhaus monatliche Verluste in Höhe von 10 000 Dollar zu verzeichnen hat, wirst du die Luftbrücke in eine von einer Dürrekatastrophe betroffene Region mit Sicherheit nicht finanziell unterstützen können. Zuerst gilt es, den Aufbau eines florierenden Unternehmens in Angriff zu nehmen. Erst danach kannst du einen Teil deiner Energie und deines Geldes investieren, um deiner sozialen Verantwortung gerecht zu werden.

Gib etwas von dem, was du bekommen hast, wieder an die Gemeinschaft zurück. Einige Unternehmen spenden einen Teil ihrer Gewinne an humanitäre und gemeinnützige Organisationen. Rabbi Wayne Dosick schlägt in *The Business Bible* vor, dass dieser Betrag etwa zehn Prozent ausmachen sollte. «Von jedem Dollar, den du verdienst, solltest du ein Zehncentstück für einen Menschen oder einen Zweck zur Verfügung stellen, der deine Unterstützung benötigt.» Es geht nicht zwangsläufig um große Summen. Oft reicht genau das, was du entbehren kannst, um etwas zu verändern.

Wayne Embray, der Autor des Buches *Doing Well While Doing Good* und Inhaber der World Village Coffee Company, hat als Unternehmensberater für Megakonzerne wie General Motors und IBM gearbeitet. Seit Jahren betont er die soziale Verantwortung der Unternehmen. Erst vor kurzem hat er ein Kaffeegeschäft eröffnet und einen Teil der dort erwirtschafteten Gewinne für wohltätige Zwecke zur Verfügung gestellt. Innerhalb von fünf Monaten nach der Eröffnung spendete World Village 25 000 Dollar an das Rote Kreuz. Wayne Embray erwartet, dass das zweite Geschäft, das er eröffnet hat, etwa 100 000 Dollar für wohltätige Zwecke erwirtschaften wird.

Egal, ob du deine Zeit und deine Arbeitskraft einsetzt, dein Geld oder eventuell deine Produkte oder deine Dienstleistungen zur Verfügung stellst, eine Spende oder Aufwendung für einen wohltätigen Zweck ist kein gänzlich selbstloser Akt. Langfristig wird sich deine Bereitschaft zu geben für dein Unternehmen auszahlen. In einem Interview erläuterte Wayne Embray, dass einer der Gründe, warum er soziale Verantwortung übernehme, der steigende Wettbewerbsdruck sei und sein Engagement nicht einer esoterisch oder spirituell verklärten Vorstellung entspränge, die Welt retten zu können. Wayne Embray hat erkannt, dass soziales Engagement gut fürs Geschäft ist.

Kapitalismus heißt Wettbewerb. Damit dein Unternehmen floriert, musst du neue Marktchancen aufspüren. Ein soziales Engagement kann eine solche Chance sein, es kann ein wesentliches Unterscheidungsmerkmal im Vergleich zu deinen Konkurrenten sein. Wenn dein Unternehmen einen Beitrag zum Gemeinwohl leistet, wird das den Bekanntheitsgrad deines Unternehmens erhöhen, und als Folge dessen werden deine Umsätze steigen. Im gegenwärtigen Wirtschaftsgefüge honorieren Kunden das soziale Engagement eines Unternehmens. Dieses Engagement wird, egal ob auf lokaler, nationaler oder internationaler Ebene, die Zahl deiner Kunden erhöhen und sie fester an dein Unternehmen binden.

Fördere ein stabiles und auf Gegenseitigkeit basierendes Ökosystem. Im Makrobereich ist dein Unternehmen Teil eines verzwickten Netzwerks vieler im Dschungel agierender selbständiger Unternehmer. Ebenso wie Tiere aufeinander angewiesen sind, um in ihrer natürlichen Umgebung überleben zu können, sind alle Unternehmer in der Geschäftswelt aufeinander angewiesen. Eine ganze Reihe von Vögeln halten sich in und um die Mäuler von Alligatoren auf. Die Alligatoren gestatten den Vögeln, die kleinen Organismen, die sich zwischen ihren Zähnen eingenistet haben, herauszupicken. Sie leben in einer symbiotischen und harmonischen Beziehung. Die Vögel finden ihr Futter und sorgen gleichzeitig für die Zahnhygiene der Alligatoren.

Auch Livingstone fand es bemerkenswert, «wie sehr die unterschiedlichsten Geschöpfe aufeinander angewiesen sind, um überleben zu können». Das Gleiche gilt für das Wirtschaftsleben. Wenn du zum Beispiel ein Fachgeschäft für Handwerkerbedarf betreibst, wird deine Existenz von anderen Unternehmen abhängen, so wie umgekehrt viele andere Unternehmen ohne dich nicht leben könnten: Du bietest eine Dienstleistung für alle Unternehmen an, die Hämmer, Schraubenzieher und Sägen herstellen, indem du ihre Produkte vertreibst. Du unterstützt damit auch die Speditionen, die Waren zu deinem Geschäft liefern. Gleichzeitig bist du auf Installateure, Elektriker und andere Handwerker angewiesen, die über dein Unternehmen ihr Werkzeug beziehen. Gehen deren Geschäfte gut, so wird auch dein Unternehmen florieren.

Dein Fachgeschäft für Handwerkerbedarf ist Teil eines sensiblen wirtschaftlichen Ökosystems. Erleidet ein Teil dieses Systems Schiffbruch, sind alle davon betroffen. Wenn das Unternehmen, das dir den größten Teil der Elektrokabel liefert, die du benötigst, unvermittelt aus der Produktion aussteigt, werden deine Umsatzzahlen sinken, und auch deine Kunden werden unter dem Versorgungsengpass zu leiden haben. Selbstsüchtige Unternehmer, die den Urwald brandroden, realisieren nicht, dass sie die Basis für einen langfristigen Geschäftserfolg zerstören.

Selbst deine Konkurrenten sind ein wichtiger Teil dieses sensiblen Ökosystems. Unerfahrene Unternehmer denken, dass wirtschaftliches Handeln davon bestimmt ist, seine Konkurrenten niederzuringen und sie aus dem Geschäft zu befördern. Doch gerade der Wettbewerb ist die Triebfeder der freien Marktwirtschaft. Wettbewerb steigert die Nachfrage, beschleunigt die Produktentwicklung und verbessert den Kundenservice. In einer Weltwirtschaft mit einem Umfang von 21 Trillionen Dollar ist genug Platz für alle. Jeder, der motiviert ist und über die geeignete Mentalität verfügt, kann beträchtliche Gewinne aus dem Dschungel der Selbständigkeit abschöpfen.

Sei nett zu deinen Mitmenschen

Rabbi Dosick erzählt in seinem Buch *The Business Bible* eine wunderbare Geschichte von einem Zwischenfall an einem Flughafenschalter. Ein Fluggast, der am Schalter stand, war sehr erbost und schimpfte auf die Angestellte der Fluggesellschaft ein. Er schrie und fluchte, gestikulierte wild und wiederholte immer wieder vorwurfsvoll den Namen der Mitarbeiterin. Doch sie ließ sich dadurch nicht aus der Ruhe bringen und wiederholte immer wieder: «Aber ja, ich kann Ihren Ärger gut verstehen.»

Nachdem der Fluggast zu einer letzen Geste ausgeholt hatte und daraufhin verschwand, sagte der nächste Fluggast, der in der Schlange gewartet hatte, zur Mitarbeiterin der Fluggesellschaft: «Dieser Mann war aber ziemlich unverschämt. Wie konnten Sie diese Beschimpfungen nur so beherrscht über sich ergehen lassen?»

Die Mitarbeiterin antwortete: «Ach, das war nicht so

schlimm, wissen Sie, der Mann fliegt nach Cleveland. Sein Gepäck ist allerdings schon auf dem Weg nach Singapur.» Im Geschäftsleben bist du jeden Tag mit Dutzenden von Menschen konfrontiert, und jeder könnte potenziell dein Gepäck auf die Reise nach Singapur schicken. Wenn du dann aggressiv und ungehalten reagierst, macht dies dein Leben nicht leichter. Trittst du Menschen fair gegenüber, wird das deine Beziehungen zu Kunden und Lieferanten stärken. Das wiederum wird deinen Umsätzen zugute kommen und den Profit deines Unternehmens erhöhen. Was noch schwerer wiegt: Wenn du die Menschen mit Würde und Respekt behandelst, so ist das jedes Mal ein kleiner Schritt in Richtung einer rücksichtsvolleren und anteilnehmenderen Gesellschaft.

Gewinnstreben und Gemeinsinn schließen einander nicht aus. Abgesehen von der moralischen Verpflichtung, deinen Mitmenschen zu helfen, steigert soziales Engagement – egal ob du für einen wohltätigen Zweck Geld spendest oder ob du einen Kunden zuvorkommend bedienst – dein Selbstwertgefühl und nutzt langfristig auch deinem Unternehmen. Poltere nicht hemdsärmelig durch den Dschungel, denn es wäre schade, wenn du das prachtvolle, aber gleichzeitig so fragile Ökosystem aus dem Gleichgewicht brächtest.

Vermeide das imperialistische Verhalten der frühen Entdecker. Nutze deine Macht als Unternehmer, um die Lebensqualität aller Bewohner dieser Erde zu steigern.

24 Dein Unternehmen auf Expansionskurs

Nicht im Sein und Verharren, sondern im Werden und Wachsen vollendet sich die Kultur.
Matthew Arnold (1822–1888), englischer Dichter

Bernard Marcus und Arthur Blank waren Geschäftsführer von Handy Dan, einer kleinen Kette von Heimwerkergeschäften und ein Tochterunternehmen der Daylin Cooperation. 1979 war das Maß für die Unternehmensführung von Daylin voll, sie entließen die in ihren Augen unverfrorenen und dreisten Geschäftsführer ihrer Baumärkte. Die beiden nun arbeitslosen Männer sahen als Angestellte keine Perspektive mehr und starteten ihr eigenes Abenteuer Unternehmen. Sie wollten die Erfahrungen nutzen, die sie im Heimwerkerbereich gesammelt hatten. Allerdings schwebte ihnen kein Werkzeugfachhandel vor, sie hatten eine andere Vision.

Noch im Jahr ihrer Entlassung eröffneten sie ihren ersten «Baumarkt». Mit extrem günstigen Preisen und einem hervorragenden Service florierte das Geschäft, und innerhalb nur eines Jahres eröffnete das Duo vier weitere Baumärkte. Doch das stellte die beiden immer noch nicht zufrieden. Sie wollten die Größten der Branche werden. Sie konzentrierten sich auf die Expansion des Unternehmens, und aus ihrem ersten kleinen Baumarkt wurde die Home Depot-Kette mit 359 Märkten, die Einnahmen in Höhe von 12,5 Milliarden Dollar erzielt.

Jedes Unternehmen durchläuft zwei wesentliche Phasen: die Entwicklungs- und die Wachstumsphase.

Die Entwicklungsphase – die Geburtsstunde der Geschäftsidee und der Start des Unternehmens – kann im Falle einer Würstchenbude wenige Tage dauern, im Falle einer Einzelhandels- oder Restaurantkette aber auch bis zu zehn Jahre.

Die Wachstumsphase beginnt dann, wenn das Unternehmen gefestigt und profitabel auf eigenen Füßen steht. Während dieser Phase versucht das Unternehmen, Einnahmen und Gewinne zu erhöhen, gründet Tochtergesellschaften, besetzt neue Märkte und vergrößert sein Vertriebsnetz. Wachstum bedeutet, dass sowohl die Umsatzzahlen als auch die Zahl der Mitarbeiter und die Zahl der Standorte steigen.

Oft wird vermutet, dass der Reiz der unternehmerischen Arbeit vor allem in der Entwicklungsphase liegt, wo eine Idee geboren und umgesetzt wird. Doch die Wachstumsphase ist ebenso faszinierend und hält spannende Aufgaben für dich bereit.

Die Hebelwirkung

Weil du das Herz deines Unternehmens bist, der Expeditionsleiter, musst du dein Wissen und deine Energie per Hebelkraft verstärken. Als Einzelunternehmer gehen deine Möglichkeiten über einen bestimmten Punkt nicht hinaus. Mit einer sorgfältig ausgewählten und fähigen Mannschaft kannst du aus deinem kleinen Geschäft ein florierendes großes Unternehmen machen. Das Geheimnis? Du konzentrierst dich auf Ideen, die der Optimierung und Expansion dienen, während deine Mitarbeiter die alltäglichen Abläufe aufrechterhalten und gewährleisten, dass die neuen Ideen, die das Wachstum fördern sollen, umgesetzt werden.

Thomas und Mary Helen Falls haben sich eine Reinigungsmaschine für 300 Dollar gekauft und als selbständige Putzkräfte begonnen, unter dem Namen Falls Janitorial Ltd. ein Bürogebäude in ihrer Stadt zu reinigen. Nach vierzig Tagen harter Arbeit erhielten sie aufgrund einer Empfehlung den Auftrag eines weiteren Kunden. Je größer der Kundenstamm wurde, desto mehr Arbeitskräfte konnte Falls Janitorial einstellen. Erst waren es nur wenige, dann ein paar mehr und schließlich war das Unternehmen ein Dienstleistungsanbieter, der viele Millionen Dollar pro Jahr umsetzte. Thomas und Mary Helen Falls waren so in der Lage, die gesamte Reinigungsarbeit an Angestellte zu delegieren.

Dadurch, dass sie Mitarbeiter einstellten, konnten sie sich auf das Wachstum ihres Unternehmens konzentrieren. «Als wir unsere ersten Mitarbeiter einstellten, konnte ich eine viel größere Anzahl von Telefonaten bewältigen», erklärte mir Thomas Falls. Er war sich sehr schnell dessen bewusst, dass er seine Zeit besser damit verbrachte, neue Kunden zu gewinnen, statt selbst Böden zu wischen. Inzwischen beschäftigt Falls 350 Mitarbeiter in drei Südstaaten der USA.

Es mag sein, dass du dich in deinen Handlungsmöglichkeiten eingeschränkt fühlst und sich ein Gefühl der Unsicherheit breit macht, wenn du die alltäglichen Geschäfte an deine Mitarbeiter überträgst (es ist dabei ganz egal, ob du Pizza backst, Öl wechselst oder niedergelassene Ärzte berätst). Doch du musst dir bewusst machen, dass die einzige Möglichkeit, deinem Unternehmen zu Wachstum zu verhelfen, darin besteht, *an* – und nicht *in* deinem Unternehmen zu arbeiten.

Nur die beste Qualität!

Wenn du Waren oder Dienstleistungen anbietest, die über die beste Qualität auf dem Markt verfügen, ist das der sicherste Weg, einen langfristigen Erfolg zu sichern. Mein Vater gab mir etwas auf den Weg, was auch sein Vater ihm immer wieder gesagt hatte: «Amerika ist ein fruchtbares Land; wenn du auf einem Gebiet der Beste bist, wirst du sehr gut leben können. Wenn du besser als alle anderen gegen eine leere Getränkedose treten kannst, wirst du Erfolg haben.»

Wenn du das beste Produkt auf dem Markt anbietest, werden die Kunden zu dir kommen und dein Geschäft immer wieder aufsuchen. Einer der meistverbreiteten Gründe für das Scheitern eines Unternehmens ist das Versäumnis, dauerhaft die Perspektive der Kunden einzunehmen.

Unerfahrene Unternehmer versuchen, jedes Geschäft so einträglich wie möglich zu machen. Der Vorteil: Sie machen für eine kurze Zeit hohe Gewinne. Das Problem: Die meisten Kunden werden das Angebot des Unternehmens kein zweites Mal in Anspruch nehmen. Dein Ziel aber ist es, jeden Kunden ein Leben lang an dein Unternehmen zu binden.

Stell dir vor: Du bedienst in deiner Sandwich-Bar jeden Tag zehn neue Kunden. Jeder dieser Kunden ist mit deinem Produkt und deiner Dienstleistung vollauf zufrieden und wird nun wahrscheinlich dein Geschäft einmal pro Woche aufsuchen. Am Ende der Woche kannst du dich über siebzig zufriedene Kunden freuen. Im Laufe der darauf folgenden Woche bedienst du über die siebzig zufriedenen Kunden der vorherigen Woche hinaus siebzig weitere neue Kunden, die ohne Ausnahme von deinen exquisiten Sandwiches und deinen zuvorkommenden Mitarbeitern begeistert sind. Im Laufe der dritten Woche suchen außer den 140 zufriedenen Kunden der vorangegangenen zwei Wochen siebzig weitere Kunden deine Sandwich-Bar auf. Nach dem

Ende des ersten Geschäftsjahres wirst du, angenommen, es gelingt dir, damit fortzufahren, jeden Tag siebzig neue Kunden zu gewinnen, ungefähr 3600 Sandwiches pro Tag verkaufen. Nach dem Ende des zweiten Jahres wären das 7200 Sandwiches pro Tag, und du würdest mit deinem auf einen Standort beschränkten Geschäft ungefähr acht Millionen Dollar jährlich umsetzen.

Zweifellos wird nicht jeder Kunde für den Rest seines Lebens einmal wöchentlich dein Geschäft aufsuchen, und um 7200 Sandwiches pro Tag zu schmieren, müsste deine Küche geradezu gigantische Ausmaße annehmen. Das Konzept einer dauerhaften Kundenperspektive setzt voraus, dass du die bestmögliche Qualität für dein Produkt oder deine Dienstleistung anbietest. So wird es dir gelingen, deine Kunden sehr, sehr lange an dein Unternehmen zu binden.

Der angemessene Gegenwert

In Italien auswärts zu essen ist für mich kein reines Vergnügen. Auch wenn das Essen dort das beste der Welt ist, so verärgern mich die Geschäftsstrategien italienischer Gastronomen immer wieder. Egal ob ich in einer großen Stadt wie Mailand, Florenz und Rom oder in einer kleineren Stadt wie Poggibonsi und Orvieto ein Restaurant aufsuche, jedes Mal beschleicht mich das Gefühl, dass es nur darum geht, mein Geld in Empfang zu nehmen, und nicht so sehr darum, mir ein unvergessliches kulinarisches Erlebnis zu bescheren. Die meisten Restaurants verlangen sogar ein *coperto*, eine Gebühr für das Gedeck. Nur um deine Serviette auf den Schoß legen zu können, musst du bereits bezahlen.

Doch damit nicht genug! Der erste Gang besteht gewöhnlich aus einer Portion Pasta. In den Vereinigten Staaten sind wir es gewohnt, eine große Menge Spaghetti auf dem Teller vorzufinden. Als Vorspeise in Italien gereicht, kannst du jede einzelne

Nudel auf deinem Teller zählen. Die kleine Portion allein hätte ich noch akzeptiert, schließlich ist italienische Pasta nicht mit dem zu vergleichen, was in den Vereinigten Staaten als Nudelgerichte gereicht wird. Der Preis aber, den ich für die magere Portion bezahlen musste, war Schwindel erregend und entsprach dem Preis, den ich bei einem Hauptgericht erwartet hätte. Immerhin waren wir nicht im Four Seasons, sondern in einem beliebigen Restaurant in einer Altstadtgasse, und die Rechnung betrug schon nach der Vorspeise mehr als zwanzig Dollar pro Person.

Dann wurde die Hauptspeise gebracht. Der Kellner servierte sie so triumphierend, als sei es die englische Krone. Nach der dürftigen Vorspeise sehnte ich mich nach meinem Hauptgericht: Ein vorzügliches und üppiges Fischfilet mit delikaten Röstkartoffeln und in Olivenöl mariniertem Gartengemüse – so hatte ich es mir vorgestellt. Stattdessen erwartete mich ein kaum fünfzehn Zentimeter langer magerer Fisch, Kopf und Schwanz eingeschlossen. Sonst nichts. Nur mein kleiner, zwanzig Dollar schwerer ehemals schwimmender Freund. So oder ähnlich verliefen unzählige meiner kulinarischen Erlebnisse in Italien.

Ich sollte mit den italienischen Restaurants nicht zu hart ins Gericht gehen, denn schließlich unterscheidet sich die italienische Kultur erheblich von der in den Vereinigten Staaten. Ich kann jedoch nicht akzeptieren, dass die Restaurantinhaber nicht erkennen, wie wichtig es ist, den Kunden zu vermitteln, dass sie einen angemessenen Gegenwert für ihr Geld erhalten haben. Zufriedene Kunden sind ein Garant für ein einträgliches und langlebiges Unternehmen. Zufriedene Kunden haben den Eindruck, dass sie mehr von dir erhalten haben, als du von ihnen bekommen hast. So lautet das Geheimnis zum Erfolg, das ich in meinen Seminaren vermittle. Wenn du darüber nachdenkst, wirst du feststellen, dass es Sinn ergibt.

Zufriedene Kunden sind für dein Unternehmen sozusagen wie wandelnde Litfasssäulen. Wenn du ein hervorragendes Produkt mit einem hervorragenden Service anbietest, werden deine Kunden nicht nur dein Geschäft immer wieder aufsuchen, sie werden auch einem immer größer werdenden Personenkreis von der positiven Erfahrung, die sie mit deinem Geschäft gemacht haben, erzählen.

Die Qualität des Kundenservice hat einen größeren Stellenwert, als viele Unternehmen glauben. Erst vor kurzem habe ich einen Bericht gelesen, aus dem hervorging, dass der Preis erst an der vierten Stelle der Gründe steht, die den Kunden an ein Unternehmen binden. Die Qualität des Service, der Ruf des Unternehmens und seine Infrastruktur werden höher bewertet. Die Menschen haben ein viel größeres Interesse daran, immer wieder ein Geschäft mit freundlichen Mitarbeitern aufzusuchen, das über einen guten Ruf verfügt und das sich durch eine effektive Infrastruktur auszeichnet, als sich auf die Jagd nach den niedrigsten Preisen zu machen.

Während ich an dem Aufbau und der Optimierung meines Unternehmens arbeite, handele ich nach der «Jeder Kunde zählt»-Mentalität. Stell dir vor, du wärst der Inhaber eines Modeversandhauses. An einem x-beliebigen Tag verschickst du einhundert Pakete. Wenn in einem dieser Pakete das falsche Produkt wäre, würde das die meisten Empfänger nicht besonders betroffen machen. Wahrscheinlich würden sie sich sogar über eine Fehlerquote von nur einem Prozent freuen.

Doch dieser eine Fehler ist für einen Unternehmer, der nach dem «Jeder Kunde zählt»-Prinzip handelt, genau ein Fehler zu viel! Denn die Kundin, die das Paket mit der falschen Ware erhält, wird mit dem Service deines Unternehmens nicht zufrieden sein. Sie weiß nichts von den neunundneunzig einwandfreien Lieferungen; sie sieht nur den offensichtlichen Fehler. Aus ihrer Sicht arbeitet dein Modehaus zu hundert Prozent schlampig! Jeder Kunde zählt, darum musst du in allen Bereichen deines Unternehmen eine Fehlerquote von *null* Prozent gewährleisten.

Nimm dir Zeit, um nachzudenken

Im Rückblick auf seine Expedition zum Nordpol sagte Robert E. Peary: «Der Aufwand, die Eskimos und meine Hunde an Bord zu bringen, das Schiff wieder zu beladen und gegen das Packeis anzukämpfen, ließ keine Zeit, sich Gedanken über die Belange der jeweiligen Stunde hinaus zu machen.» Zwar war ich noch nie auch nur in der Nähe des Nordpols, das Gefühl kenne ich jedoch sehr genau.

Die täglichen Anforderungen, die das Abenteuer Unternehmen an dich stellt, können dich so sehr vereinnahmen, dass du keine Zeit mehr findest, um dich mit konzeptionellen Fragen auseinander zu setzen: In welche Richtung bewegst du dich? Welche Fortschritte machst du? Über welches Wachstumspotenzial verfügt dein Unternehmen? Und wie gestalten sich die Beziehungen zu Kunden und Zulieferern? Die alltäglichen Strapazen des Verhandelns, Verkaufens und der Arbeit mit dem Kunden können dich so sehr beanspruchen, dass du die wichtigste Aufgabe des Unternehmers auf seiner Expedition nicht mehr wahrnimmst. Du versäumst es, über dein Handeln nachzudenken.

Ich reise gern an entfernte Orte, auf die griechischen Inseln zum Beispiel, weil ich dort meinen Gedanken freien Lauf lassen kann. Dort bin ich so weit von meinem Büro entfernt, dass es mir recht schnell gelingt, die verzwickten Vorgänge in meinem Unternehmen zu vergessen. Stattdessen kann ich, während ich einen frisch gepressten Orangensaft trinke, von genialen neuen Wegen träumen, die mein Unternehmen in Zukunft beschreiten wird, von neuen und spritzigen Werbekampagnen, Produktkonzepten und Geschäftsideen – und ich kann innovative Strategien zur Optimierung bestimmter Abläufe ersinnen. Jedes Mal, wenn ich mich für einen Monat, eine Woche oder auch nur einen Tag zurückziehe, um nachzudenken und das Geschehene zu reflektieren, kehre ich mit neuen Einsichten zurück, die sich positiv auf meine Stimmung und meine Gewinne auswirken.

Thor Heyerdahl, der Kapitän der Kon-Tiki, erläuterte: «Wenn das Wetter es zuließ, verließen zwei oder drei von uns das stabile Kajütfloß und machten ‹Urlaub› auf unserem kleinen Gummiboot, um von dort aus unser Gefährt aus der Entfernung zu betrachten.» Auf ihrem Floß konnten Thor Heyerdahl und seine Mannschaft dessen Zustand, sein Aussehen und sein Wasserverhalten nicht genau einschätzen. Nur aus der Entfernung war es möglich, Beschädigungen zu erkennen und Stellen auszumachen, die nachgebessert werden mussten.

Das Gleiche gilt für dich: Wenn du am Schreibtisch sitzt, kannst du dein Unternehmen nicht genau genug untersuchen. Anders als Thor Heyerdahl wird es dir nicht viel nützen, wenn du auf die andere Straßenseite gehst und dein Firmengebäude von allen Seiten inspizierst. Du wirst dein Unternehmen mit der notwendigen mentalen Distanz untersuchen müssen. Nur dann wird es dir gelingen, die verschiedenen Bereiche deiner Expedition Unternehmen objektiv zu untersuchen. Du wirst deinen Standort, deine Produkte, den Kundenservice, die Werbung, die Bürokonstellation, die Leistung der Mitarbeiter und das Erscheinungsbild des Unternehmens genau unter die Lupe nehmen und herausfinden, welche Bereiche optimiert und verbessert werden müssen.

Eine weitere Strategie, um Wachstums- und Optimierungspotenziale in deinem Unternehmen ausfindig machen zu können, ist das Führen eines Logbuches. Im Laufe eines Tages durchkreuzen Tausende kleiner Reflektionen unsere Gedanken. Sie sind extrem kurzlebig, und meistens sind wir schon wieder mit neuen Gedanken beschäftigt, kaum dass wir uns mit ihnen befasst haben. Kurze Sequenzen in unseren Gedanken sind tatsächlich so flüchtig, dass wir uns nur dann an sie erinnern, wenn wir sie notieren. Wir können nicht alle Gedanken niederschreiben, die uns beschäftigen, aber es ist sehr hilfreich, wenn du deine Erfahrungen, Beobachtungen, Strategien und Wünsche notierst.

Dein Logbuch muss kein literarisches Meisterwerk werden. Ich kenne einige Unternehmer, die im Laufe eines Tages nur einige Phrasen, Begriffe und Satzfragmente aufschreiben. Wenn du eine besonders interessante Idee hast, so kannst du sie in einem etwas längeren Text ausführen, es reichen aber einige kurze Notizen, um sie nicht wieder zu vergessen. Später, am Tag darauf oder nach einem Jahr, kannst du dir deine Gedanken noch einmal vergegenwärtigen. Indem du ein Logbuch führst und es in gewissen Abständen liest, wirst du zu einem außergewöhnlichen Unternehmer werden, weil deine gesammelten Erfahrungen unmittelbar verfügbar sind.

Patrick Henry stellte fest: «Ich habe nur eine Lampe, die mir den Weg weist. Es ist das Licht der Erfahrung.» In Geschäft und Alltag sammelst du viele wertvolle Erfahrungen, doch dein Gedächtnis arbeitet selektiv. Wenn du deine entscheidenden Gedanken und Erfahrungen nicht in deinem Tagebuch festhältst, speicherst du nur einen kleinen Teil deiner Ideen und dessen, was du gelernt hast. Lies deine Aufzeichnungen regelmäßig, und das Licht deiner Erfahrungen wird strahlend leuchten. Es wird dich zu unberührten Schätzen mitten im Dschungel des freien Marktes führen.

Investiere in das Wachstum deines Unternehmens

Eines der größten Hindernisse für das Wachstum der Unternehmen ist die mangelnde Bereitschaft der Unternehmer, zu investieren. Auch wenn das nicht besonders kollegial klingt, die meisten Unternehmer vermeiden Investitionen in neue Anlagen, weitere Standorte oder neue Arbeitsplätze. Der Inhaber eines Bekleidungsgeschäftes, der während der kalten Jahreszeit Sweatshirts im Wert von 10 000 Dollar verkauft hat, weigert sich zum Beispiel beharrlich, 2000 Dollar für ein auffallendes Werbeschild auszugeben, das mehr Kunden ins Geschäft locken würde. Eine größere Zahl von Kunden würde einen höheren Gewinn bedeuten, doch der Inhaber hält stur daran fest, nur in die Lagerbestände zu investieren. Dieses Verhalten ist irrational, aber weit verbreitet. In ein Unternehmen auf Wachstumskurs musst du investieren, um Gewinne zu erzielen.

Schon zuvor hatte ich darauf hingewiesen, wie wichtig es ist, einen starken Cashflow aufrechtzuerhalten, um Wachstum und Expansion des Unternehmens finanzieren zu können. Im Folgenden findest du einige Tipps, wie du die zur Verfügung stehenden finanziellen Mittel nutzen kannst, um das Wachstum deines Unternehmens voranzutreiben.

Pflege deine Kontakte. Wenn du während einer Konferenz, eines Fluges oder auf einer Party viel versprechende Kontakte geknüpft hast, intensiviere sie durch Telefonate, Schriftwechsel oder auch durch einen Besuch. Je umfassender dein Netzwerk aus Kunden, Zulieferern, Journalisten, Verkaufsrepräsentanten, Großhändlern und sogar Konkurrenten ist, desto größer ist auch das Wachstumspotenzial deines Unternehmens. Zögere nicht, jemanden zum Essen einzuladen, und wenn die betreffende Person in einem anderen Bundesstaat oder einem anderen Land lebt, kann sich selbst eine Reise dorthin auszahlen. Dabei gilt: Einer von zwanzig Kontakten hat das Potenzial, deine Erträge zu vervielfachen.

Lies Fachbücher und -zeitschriften. Es gibt eine Vielzahl von Büchern und Ratgebern zu den Themen Finanzierung, Marketing, Absatzpolitik, Vertrieb, Werbung, Kundenservice, Personalpolitik, Motivation, Verhandlungsstrategien, Innovation und Kreativität. Lies sie! Nutze sie! Abonniere Fachzeitschriften und Informationsbroschüren. Sie halten dich über Trends und aktuelle Entwicklungen in deiner Branche auf dem Laufenden und zeigen dir neue Wachstumsperspektiven. Die einschlägige Wirtschaftspresse und -literatur berichtet immer wieder über bahnbrechende unternehmerische Leistungen; einige der dort beschriebenen Innovationen wirst du vielleicht auch in deinem eigenen Unternehmen nutzen können.

Besuche Kongresse. Eintrittspreise, Flugtickets, Übernachtungs- und Verpflegungskosten summieren sich zwar, das Wissen und die Kontakte, die du von Seminaren und Kongressen mit nach Hause nimmst, rechtfertigen diese Investitionen jedoch. Du lernst neue Kunden kennen, neue Zulieferer, neue Produkte und neue Vertriebswege für deine Produkte oder Dienstleistungen.

Nutze die Vorteile technologischer Entwicklungen. Wir leben in einer turbulenten Zeit. Die technologische Entwicklung schreitet mit atemberaubender Geschwindigkeit voran – jeden Monat verdoppelt oder verdreifacht sich die Anzahl der Entwicklungen des Vormonats. Auch wenn eine solche Entwicklung kaum mehr greifbar scheint, so sind technologische Entwicklungen doch von entscheidendem Nutzen für Unternehmer. Neue Technologien können dir helfen, deine Produktivität und deine Umsätze zu steigern. Jede neue Technologie, die ich für meine Unternehmen erworben habe, hat pro investierten Dollar mindestens 100 Dollar erwirtschaftet. Eine Investition von 1000 Dollar führt also zu einem Umsatzplus von mehr als 100 000 Dollar.

Allein ein sinnvoll genutzter Computer kann ein kleines Unternehmen florieren lassen. An besonders stressigen Tagen bestelle ich normalerweise Pizza für alle Mitarbeiter. Ein Managementgeheimnis: Eine gute Pizza erhöht Leistungsfähigkeit und Arbeitsmoral auf magische Weise. Seit Jahren beauftrage ich denselben Pizzaservice, die Qualität ist einfach unschlagbar. Seit einem Jahr arbeitet dort ein verblüffendes Computersystem. Früher musste ich meinen Namen nennen, den des Unternehmens, die Adresse, Telefonnummer und die Pizzen, die ich bestellen wollte. Diese Informationen wurden dann in den Computer eingegeben.

Wenn ich jetzt dort anrufe, meldet sich eine freundliche Stimme: «Vielen Dank für Ihren Anruf. Sie sind Daryl Bernstein, nicht wahr?» Schon wenn sie den Telefonhörer abnimmt, weiß die dortige Angestellte meinen Namen, denn der Computer ist mit einer automatischen Anruferidentifikation verbunden, die von einem in der Stadt ansässigen Telefonanbieter angeboten wird. Ich bestätige, dass ich es bin, sie drückt eine Taste, und ohne weitere Verzögerungen erscheinen Lieferadresse und eine Wegbeschreibung auf dem Bildschirm. Und nun folgt der überzeugendste Teil der Anlage: Aufgrund der Informationen, die auf dem Bildschirm erscheinen, weiß sie sogar, welche Pizzen ich beim letzten Mal bestellt hatte. Sie fragt, ob sie geschmeckt haben, und ich kann dann, wenn ich es wünsche, die Bestellung erneut aufgeben, ohne alle Pizzen nochmals aufzählen zu müssen. Der gesamte Anruf hat schließlich kaum eine halbe Minute gedauert. Vor der Installation der neuen Computeranlage waren es einige Minuten.

Diese Technik hilft beiden Seiten, Zeit zu sparen, lässt mich in den Genuss eines persönlicheren Kundenservice kommen und erlaubt es der Pizzeria, exakte Daten über die Kunden zu sammeln und gezielt zu werben. Natürlich ist der Erfolg dieser Pizzeria nicht ausschließlich auf das neue Computersystem zurückzuführen, aber erst vor kurzer Zeit haben die Inhaber nach und nach so viele Filialen eröffnet, dass ich sie gar nicht mehr zu zählen vermag. Mit Hilfe fortschrittlicher Technologie ist es diesem Unternehmen möglich, in einem Marktsegment, das bereits von großen Pizzaketten gesättigt scheint, geradezu unglaubliche Wachstumsraten an den Tag zu legen.

1958 – ungefähr fünfzig Jahre nachdem Robert Peary dieses Ziel auf der Eisoberfläche mit Schlittenhunden und den ihn begleitenden Eskimos erreicht hatte – gelang William R. Anderson die Unterquerung des Nordpols mit dem Atom-U-Boot Nautilus. Als das U-Boot ruhig und fernab von allen Gletschern durch das eiskalte Gewässer glitt, bemerkte ein Mitglied von Andersons Crew, eine Tasse Kaffee vor sich und eine Pfeife rauchend: «Das nenne ich Entdeckungsreise, ... angenehme Luft den ganzen Tag, ein warmes Boot; ich würde es hassen, wie Admiral Peary durch die eisigen Weiten zu ziehen.» Die moderne Technik hat zweifellos Vorteile!

Warum in einem quälenden Kampf gegen die Naturgewalten versuchen, den Nordpol zu erreichen, wenn fortschrittliche Technologien es dir ermöglichen, schnell und komfortabel an dein Ziel zu gelangen. Viele Menschen kaufen keinen neuen Computer, keine neue Telefonanlage und keine anderen Geräte, weil sie sie für zu teuer und viel zu schnell überholt halten. Und das stimmt. Neue Technologien sind teuer, und es ist keine Freude, sie immer wieder auf- und nachrüsten zu müssen. Trotzdem zögere ich nicht, in technische Neuerungen zu investieren, denn jedes Gerät, das ich angeschafft habe, hat die Umsätze meiner Unternehmen direkt oder indirekt gesteigert. Die Pizzeria beweist überzeugend, dass neue Technologien dem Wachstum eines Unternehmens dienen können.

Investiere in Forschung und Entwicklung. Nachdem ich in der Nähe von Los Angeles einen Vortrag gehalten hatte, stand ein Nachmittag zu meiner freien Verfügung, und ich unternahm einen Spaziergang durch Laguna Beach. Dort bemerkte ich ein kleines Geschäft, das sich offensichtlich großer Beliebtheit erfreute, und realisierte schnell, warum das so war. Das Angebot umfasste eine reichhaltige Auswahl moderner, attraktiver und funktioneller Geräte und Accessoires für den Haushalt. Als ich ein wenig im Laden stöberte, fand ich mindestens zehn Teile, die ich für meinen eigenen Haushalt hätte kaufen mögen oder die ich als Geschenke für Freunde, Verwandte oder Mitarbeiter interessant fand. Die Registrierkassen surrten unentwegt, und die Inhaberin, die offensichtlich allein arbeitete, sah rundherum zufrieden aus. Als die anderen Kunden bezahlt und das Geschäft verlassen hatten, wurde es etwas ruhiger. Ich wählte mehrere Teile aus – einen großen CD-Ständer, ein Paar kunsthandwerklicher Kerzenleuchter und eine skurrile Gebäckschale aus Glas und Stein – und brachte sie zur Kasse.

«Scheint, als liefe das Geschäft richtig gut», sagte ich.

«Es ist schon verrückt», erwiderte sie, «seitdem ich vor zwei Jahren eröffnet habe, hat es keinen Tag nachgelassen.»

«Ihr Angebot ist einfach unschlagbar», sagte ich, «es wäre ein großer Erfolg, wenn Sie auch in anderen Touristenzentren, zum Beispiel im Hafenviertel von San Francisco, in einem Badeort in Florida oder am South Street Seaport in Boston, Geschäfte eröffnen würden. In Scottsdale, wo ich wohne, wäre Ihr Geschäft mit Sicherheit ein Renner.»

«Ich habe schon darüber nachgedacht», entgegnete sie mir, «aber woher soll ich wissen, ob die Bedingungen dort stimmen?»

«Es gibt nur eine Möglichkeit, das herauszufinden», erwiderte ich, «Sie müssen sich in ein Flugzeug setzen und in andere Städte fliegen. Dann müssen Sie sich auf die Suche nach Ladenlokalen machen, in denen Sie ebenso viel Laufkundschaft erwarten können wie an diesem Standort. Ich habe mit meinen Unternehmen die Erfahrung gemacht, dass Investitionen in Forschung und Entwicklung sich immer auszahlen.»

Sie dankte mir für den Rat, ging von der Kasse ins Geschäft und kehrte mit einem kleinen, aus Eichenholz geschnitzten Baum zurück. Sie gab mir die Schnitzerei aus Dank dafür, dass, wie sie sagte, ich ihr die Augen dafür geöffnet hätte, einen Teil ihres Profits für das Wachstum ihres Unternehmens ausgeben zu müssen.

Der natürliche Verlauf des Wachstumsprozesses

Während der Wachstumsphase könnte die wirtschaftliche Situation deines Unternehmens ein wenig unbeständiger sein. Wenn du damit beginnst, Arbeitsabläufe im Unternehmen zu verändern, wenn du zum Beispiel zusätzliche Mitarbeiter einstellst, Filialen eröffnest oder zusätzliche Ausstattungsgegenstände oder Anlagen erwirbst, werden deine Gewinne sinken, bevor sie wieder steigen. Dieser Vorgang ist nicht ungewöhnlich und sollte dich, für den Fall, dass er eintritt, nicht beunruhigen.

Pierre zum Beispiel ist Gründer und stolzer Besitzer der Großkonditorei Pie in the Sky Inc. Während der letzten Jahre konnte er seine Geschäfte erheblich ausweiten. Er hat neue Kunden hinzugewonnen, zwei große Lebensmittelgeschäfte, mehrere Restaurants und einige Cafés eröffnet. Er arbeitet nun sechzehn Stunden pro Tag und produziert in dieser Zeit hundert kleine Obstkuchen. Er hat aus dem Backvorgang eine kleine Wissenschaft gemacht und kann beim besten Willen keine weiteren Kuchen produzieren. Hundert Kuchen sind das absolute Maximum.

Die Inhaberin eines großen Restaurants hört von dem frischen Obstkuchen mit natürlichen Zutaten, den Pie in the Sky liefert. Sie ruft Pierre daraufhin an und möchte zehn Kuchen pro Tag ordern. Pierre findet das zusätzliche Geschäft verlockend, doch er hat ein Problem. Er kann keine weiteren Kuchen backen, ohne seinen Betrieb zu vergrößern. Während er einen Schluck Kaffee trinkt und ein Stück seines berühmten Kuchens genießt, denkt er über die Situation nach und kommt zu dem Schluss, dass er tatsächlich expandieren möchte. Da seine gesamten Backmaschinen, Mixer, Öfen und Verpackungsmaschinen nachts nicht genutzt werden, entschließt er sich, einen Mitarbeiter einzustellen, um sie auch während der Zeit, in der er schläft, nutzen zu können.

Solange er allein hundert Kuchen produzierte, verdiente er 300 Dollar pro Tag, ein Gewinn von drei Dollar pro Stück. Pierre hat sich mit seinem neuen Mitarbeiter Sam auf einen Lohn von 75 Dollar für eine achtstündige Schicht geeinigt. Sam beginnt nun während der arbeitsfreien Zeit von Pierre zu arbeiten, und die Produktion steigt auf 110 Stück pro Tag. Der Gewinn steigt somit auf 330 Dollar pro Tag. Nach Abzug der Lohnzahlung an Pierre ergibt sich ein Verdienst von nur 255 Dollar – 45 Dollar weniger als vor seinem Entschluss, das Geschäft zu vergrößern!

In genau dieser Situation empfinden viele Unternehmer ihre Expansionsentscheidung als Fehler. Gewinneinbußen sind nicht das, was sie sich unter Wachstum vorstellen. Sie entlassen die gerade eingestellten Mitarbeiter und kehren zu den alten Gewohnheiten zurück.

Pierre allerdings hatte dieses Buch vor seiner Entscheidung zur Expansion gelesen. Er ist fest entschlossen, sein Unternehmen zu vergrößern. Ebenso wie er in der Lage ist, innerhalb von sechzehn Stunden hundert Kuchen zu backen, ist sein Mitarbeiter schon bald in der Lage, während seiner achtstündigen Arbeitszeit fünfzig Stück zu backen. Die Produktionskapazität von Pie in the Sky ist nun auf 150 Stück pro Tag angestiegen. Pierre investiert nun ein wenig Zeit, um Lebensmittelgeschäfte und Restaurants anzurufen. Da fast jeder in der Stadt bereits die köstlichen Kuchen kennt, sind schnell weitere Abnehmer für die verbleibenden vierzig Kuchen gefunden. Die 150 Kuchen ergeben einen Ertrag von 450 Dollar; abzüglich des Gehalts für Sam verbleibt Pierre ein Gewinn von 375 Dollar. Nach einem kurzen Einbruch konnte er also innerhalb weniger Wochen seinen Tagesgewinn um 25 Prozent steigern.

Ebenso wie bei Pie in the Sky werden auch in deinem Unternehmen die Gewinne nach jeder Expansionsentscheidung absacken. Am Beispiel von Pierre jedoch siehst du, dass dies ein natürlicher Bestandteil des Wachstumsprozesses ist. Halte an deinem Entschluss, zu expandieren, fest, und du wirst schon bald die Früchte deiner Investition ernten können.

Löwen auf der Lauer

Livingstone schrieb: «Ist eine üppige Jagdbeute zu erwarten, ist die Wahrscheinlichkeit groß, dass auch Löwen auf der Lauer liegen.» Wenn dein Geschäft floriert, wird die Konkurrenz nicht lange auf sich warten lassen. Die Dreistigkeit deiner Rivalen wird dich verärgern, doch du solltest nicht vergessen, dass du in einem System der *freien* Marktwirtschaft lebst. Andere Unternehmen haben ebenso wie du das Recht, der Spur zu folgen, die ihnen den Weg zum Schatz weist. Deshalb musst du lernen, deine Konkurrenten richtig einzuschätzen. Du musst herausfinden, wer den Kernbereich deines Unternehmens angreift und wer in erster Line das bereits abgegraste Terrain nach Verwertbarem absucht.

Im weiteren Verlauf von Livingstones Aufzeichnungen ist zu lesen: «Es muss hinzugefügt werden, dass ein gravierender Unterschied zwischen den melodischen Geräuschen eines gesättigten Löwen und dem tiefen und schroffen Grollen besteht, das er von sich gibt, wenn er hungrig ist.» Einigen Konkurrenten ist nicht daran gelegen, dir ernsthaften Schaden zuzufügen, sie suchen nach ihrer eigenen Marktnische. Andere werden jedoch sehr aggressiv in dein Territorium eindringen und versuchen, dir einen signifikanten Teil des Marktes abzuringen. Diese Konkurrenten darfst du nicht aus den Augen verlieren.

Willst du ein kontinuierliches Wachstum deines Unternehmens garantieren, musst du dir die Gegenwart deiner Konkurrenten immer wieder bewusst machen. Wie schon zuvor erwähnt, ist die beste Verteidigungsstrategie die, dein eigenes Unternehmen zu optimieren. Verbessere deine Produkte, intensiviere den Kundenservice und stelle die positiven Aspekte deines Unternehmens in den Vordergrund. Wettbewerb ist ein gutes Zeichen und signalisiert, dass der Markt Wachstumspotenziale birgt. Wenn du deine Wachstumsbestrebungen von allen Seiten absicherst, wirst du die meisten Konkurrenten in die Flucht schlagen können.

Potenziere dein Wissen, deine Intuition und deine Energie, indem du in Mitarbeiter investierst. Stelle sicher, dass dein Unternehmen die qualitativ hochwertigsten Produkte herstellt oder die überzeugendsten Dienstleistungen anbietet. Gestalte deine Preispolitik so, dass deine Kunden das Gefühl haben, mehr von dir zu erhalten, als sie dir gegeben haben. Nimm dir die Zeit, dein Unternehmen aus der Entfernung zu betrachten. Zieh dich zurück und denke nach. Nutze neue Technologien und investiere in Forschung und Entwicklung. Denke an den natürlichen Verlauf des Wachstumsprozesses und sei nicht überrascht, wenn Konkurrenten auf den Plan treten.

Du stehst vor einer wirklichen Herausforderung, wenn du aus einem kleinen Geschäft ein florierendes Unternehmen machen willst. Es müssen keine 359 Filialen und Einnahmen in Milliardenhöhe sein. Das Ziel können auch fünfzig zusätzliche Kuchen pro Tag sein. Du musst hinter der Expansion deines Unternehmens stehen. Ein Wachstumsprozess geht niemals reibungslos vonstatten, darum musst du an deiner Vision und an der Entschlossenheit, sie zu verwirklichen, festhalten.

Wenn du ein Unternehmen gründest, wird es dir finanziell nicht schlecht gehen. Wenn du expandierst, kannst du reich werden.

25 Bewahre dir deinen Abenteuergeist!

Du kannst nicht dauerhaft auf eine Art und Weise Leistungen erzielen, die nicht mit dem Bild übereinstimmt, das du selbst von dir hast.
Zig Ziglar, Autor und Redner

In diesem Buch habe ich Eigenschaften, Erfolgsstrategien und mentale Prozesse beschrieben, die erfolgreiche Unternehmer und Entdecker gleichermaßen auszeichnen. Ich habe versucht zu vermitteln, wie viel Freude es bereitet, als Unternehmer zu arbeiten und welche Energien diese Beschäftigung freisetzt. Es ist eine neue Sichtweise unternehmerischer Arbeit, es ist das, was ich unter unternehmerischer Arbeit verstehe. Ich hoffe, dass auch du nun auf deine Fähigkeit vertraust, im Dschungel der Selbständigkeit überleben und florieren zu können. Allerdings hört deine Arbeit nicht auf, wenn du dieses Buch beendet hast. Dein Abenteuer hat gerade erst begonnen.

Deinen Abenteuergeist zu bewahren ist entscheidend für deinen Erfolg in der Welt der Wirtschaft. Positive Gefühle und Energien sind flüchtig. Darum ist es deine Aufgabe, die Abenteuerlust und das enthusiastische Gefühl, das du während der Lektüre dieses Buches entwickelt hast, beizubehalten. Wenn du dich selbst als Abenteurer auf deiner Expedition Unternehmen begreifst und nicht nur als Unternehmer, wird das einen entscheidenden Einfluss auf deine Leistungsfähigkeit haben.

Ich erzähle die Geschichten berühmter und erfolgreicher Entdecker und Unternehmer, um eine Verbindung zwischen der Geschäftswelt und der Welt des Abenteuers herzustellen. Wenn du damit beginnst, ein Unternehmen aufzubauen und es zu leiten, solltest du dir deinen Abenteurergeist bewahren; für mich zeugt er von wahrem Unternehmergeist.

Vergleiche deine geschäftlichen Herausforderungen mit denen einer abenteuerlichen Expedition. Die Neueröffnung eines Schreibwarengeschäftes in deinem Viertel ist eine Herausforderung. Überlege dir nun, wie du dich in einer ähnlichen Situation als Abenteurer verhalten würdest. Du befindest dich auf einer Safari durch die afrikanische Savanne und bemerkst in der Ferne ein Rudel aggressiver und hungriger Löwen. Wie wirst du reagieren? Wirst du deine Flinte ansetzen und schießen, was mit einem vernichtenden Werbefeldzug, mit dem Ziel, deine Marktposition zu behaupten, vergleichbar wäre? Oder bleibst du auf Abstand und weichst den Löwen mit der Gewissheit aus, dass sie deine feste Marktposition nicht gefährden können? Wenn du die immer wiederkehrenden Herausforderungen deines alltäglichen Geschäfts auf die Welt der Abenteurer und Entdecker überträgst, kannst du dir die jeweils dazu passenden Abschnitte dieses Buches vergegenwärtigen.

Nimm dir etwas Zeit, um die Erlebnisse der Entdecker zu vertiefen, die einen besonders bleibenden Eindruck bei dir hinterlassen haben. Denke dabei an die Erlebnisse, aber auch an die Lehren und Konsequenzen, die daraus folgen. Vielleicht sind es der Mythos um das alte Timbuktu und der Wert der kleinen Freuden deiner Reise, die dich faszinieren. Oder du bevorzugst das Abenteuer an der großen Ross-Barriere und die Erkenntnis, dass du Hindernissen mit Mut und Entschlossenheit entgegentreten musst. Geschichten vermitteln dir Erfahrungen für den Alltag. Wenn du dir häufig Geschichten vor Augen führst, die eine besondere Bedeutung für dich haben, kannst du auf diesem Wege deinen Erfahrungsschatz immer wieder auffrischen und aktiv nutzen.

Motiviere dich selbst, indem du zentrale Aussagen deiner Lektüre in Gedanken wiederholst. Das hilft dir, dich auf die wesentlichen Aspekte deiner Expedition Unternehmen zu konzentrieren. Stell dir vor, dass ein Autor, ein erfahrener Redner, ein Unternehmer oder ein Entdecker direkt zu dir spricht und eine anschauliche Metapher für deine derzeitige Situation findet.

Noch besser wäre es, wenn du prägnante Formulierungen und motivierende Passagen niederschreibst. Ich habe sie auf Papierschnipseln notiert, die überall auf meinem Schreibtisch und in den Schubladen verstreut sind. Notiere sie am Rand deiner Unterlagen. Überlege, ob du die Formulierung, mit der du dich am besten identifizieren kannst, auf ein Poster drucken lassen und in deinem Büro oder deinem Geschäft aufhängen willst. Wenn du diese Statements niederschreibst, sind sie nicht nur sichtbare Erinnerungen, sondern ein offenkundiger Beweis deiner Entschlossenheit, deine Träume zu verwirklichen.

Du kannst die Spannung der Abenteurermentalität aufrechterhalten, indem du kontinuierlich weiterliest. In Buchhandlungen findest du unzählige gute Bücher zu den Themen Management und Motivation. Ich möchte dir vor allem die Abenteuer- und Reiseliteratur ans Herz legen, die ich im Laufe des Buches zitiert habe. Die Tagebücher von Livingstone und Peary sind spannender als viele Romane. Aus erster Hand kannst du erfahren, wie die Besatzung der Kon-Tiki und andere Entdecker die Strapazen der Expedition ertragen und schließlich ihr Ziel erreicht haben. Finde heraus, wie viel die großen Entdecker und die erfolgreichsten Unternehmer der Gegenwart gemeinsam haben. Nutze ihre Schilderungen waghalsiger Abenteuer, um dich mental auf die Herausforderung der Geschäftswelt vorzubereiten.

Auf deiner Reise durch den Dschungel solltest du deine Vision immer vor Augen haben. Beschäftige dich mit deiner Vision. Passe sie an, rücke sie zurecht. Überprüfe immer wieder die Richtung, in die du dich bewegst, und bewerte den Fortschritt, den du gemacht hast. Was hat dir besonders an deiner Arbeit gefallen? Vergiss nicht, du bist nicht nur Unternehmer, du bist ein Unternehmer mit Abenteurergeist!

Deine Abenteurermentalität wird vielleicht schon bald, nachdem du dieses Buch zur Seite gelegt hast, abklingen. Um dem entgegenzuwirken, habe ich die «Acht Gebote für Unternehmer mit Abenteurergeist» formuliert, die du am Ende dieses Kapitels findest. Diese Gebote sind die Essenz dieses Buches. Wenn du sie mit Begeisterung, Überzeugung und Leidenschaft verinnerlichst, werden sie dich motivieren und deine Abenteuerlust auffrischen.

Wenn du dir diese Gebote später – im fortgeschrittenen Stadium deines Unternehmens – noch einmal vor Augen führst, wirst du vielleicht feststellen, dass nicht mehr alle auf dich und deine Situation zutreffen. Vielleicht beherzigst du Gebot Nummer fünf «Reise vorsichtig und sei auf der Hut» nicht mehr, sondern handelst impulsiv und schätzt die Risiken weniger sorgfältig ein als zu Beginn deiner Expedition. Um einen Einbruch deiner Abenteurermentalität zu vermeiden, solltest du dich in einer solchen Situation auf Abschnitte des Buches besinnen, die dir helfen könnten, Risiken richtig einzuschätzen und zu bewerten.

Die acht Gebote sind ein hilfreicher Selbsttest, der rasch Aufschluss über deine aktuelle Einstellung zu deinem Unternehmen gibt. Wenn du, während du sie liest, den Eindruck gewinnst, dass du dein Unternehmen entsprechend diesen acht Geboten führst, kannst du sicher sein, dass deine Abenteurermentalität noch intakt ist. Bewahre dir deine Abenteurermentalität während deiner gesamten Expedition Unternehmen – und du wirst viel Geld verdienen, dein Leben und das anderer Menschen verändern und jede Minute deines Abenteuers genießen.

Ich habe die Metapher von Expedition und Abenteuer gewählt, um die Dynamik, die Herausforderung und die Intensität beschreiben zu können, die du erlebst, wenn du ein Unternehmen gründest und leitest. Ich habe dieses Buch geschrieben, damit du deine Selbständigkeit dazu nutzt, alle Lebensbereiche positiver zu gestalten. Unternehmer zu sein ist ein umfassendes Lebensgefühl und lässt sich nicht auf die bloße Sicherung des Lebensunterhaltes reduzieren.

Schon Aristoteles sagte: «Die Dinge und Sachverhalte, die wir lernen müssen, bevor wir sie umsetzen können, lernen wir, indem wir handeln.» Du hast die Einsichten und Erfahrungen derjenigen kennen gelernt, die vor dir aufgebrochen sind. Nun heißt es für dich: Leinen los! Ich wünsche dir, dass dein *Enterprise* ein Erfolg wird und dass es dich glücklich macht.

Mit Respekt und in Verbundenheit

Daryl Bernstein

Die acht Gebote für Unternehmer mit Abenteurergeist

1. Ich bin Unternehmer, weil ich das Abenteuer der Selbständigkeit liebe.

Geld ist für mich eine Möglichkeit, persönliche Befriedigung zu erlangen und das Leben meiner Mitmenschen zu verbessern. Ich muss es nicht um seiner selbst willen verdienen. Ich habe ein Leben als Unternehmer gewählt, weil ich das Abenteuer liebe und Freude an der Herausforderung finde, ein Unternehmen aufzubauen.

2. Ich lege alles in die Waagschale.

Ich wende alles an, was ich bislang gelernt habe, nutze all meine Fertigkeiten und ziehe Nutzen aus meinem Erfahrungsschatz. Jeder Tag im meinem Unternehmen gleicht einem umfassenden mentalen Training.

3. Ich genieße meine Unabhängigkeit.

Ich habe meine Expedition Unternehmen ins Leben gerufen und leite sie. Ich reise auf einem Pfad, den ich allein gewählt habe. Ich habe die volle Kontrolle über mein Leben, und es liegt in meiner Hand, meine Träume zu verwirklichen.

4. Ich habe hoch gesteckte Ziele.

Ich vertraue auf meine Fähigkeit, ein außerordentlich erfolgreiches Unternehmen aufzubauen. Ich glaube an meine Vorstellungskraft und meine Begabung. Ich habe den Mut, gemäß meinen Ideen zu handeln.

5. Ich bin ein vorsichtiger und wachsamer Reisender.

Ich gehe nur kalkulierte Risiken ein. Ich möchte die Sicherheit der Expedition gewährleisten und meinen Lebensstil, ebenso wie den derjenigen, die mich auf meiner Reise begleiten, aufrechterhalten. Ich treffe Entscheidungen vor dem Hintergrund, dass sie Einfluss auf meine Zulieferer, meine Mitarbeiter, mich und unsere Familien haben.

6. Ich habe meine Vision klar vor Augen.

Ich steuere auf meinen Polarstern zu. Trotzdem bin ich ein flexibler Reisender. Ich bin jederzeit bereit, meinen Kurs zu ändern, um mich veränderten Umständen anzupassen oder um Hindernissen auszuweichen.

7. Mein Abenteuer macht mir Spaß.

Ich genieße die Gerüche, die Bilder und die Geräusche im Dschungel der Selbständigkeit. Mir gefallen die täglichen Abläufe, die mein Unternehmen so unvergleichlich machen. Jede Stunde meines Lebens birgt neue Herausforderungen und Freuden. Ich feiere meine Erfolge, die großen genauso wie die kleinen. Ich liebe meine tägliche Arbeit.

8. Ich bin Teil eines intakten Ökosystems.

Ich weiß um meine Fähigkeit und meine Verantwortung, die Gesellschaft, in der ich lebe, besser zu gestalten. Ich respektiere die Unternehmer, mit denen ich Geschäfte mache, als wesentliche Bestandteile des Ökosystems. Ihr Unternehmen floriert genauso wie meines.

Dank

Die Ideen, Konzepte und Gedanken dieses Buches haben sich aus den Beziehungen zu Familienmitgliedern, Partnern, Mitarbeitern, Angestellten, Zulieferern, Kunden, Konkurrenten, Journalisten, Seminarteilnehmern, Lesern und vielen anderen ergeben. Ich danke denen von ganzem Herzen, die mir geholfen haben, meine wirtschaftlichen Ziele festzulegen und darüber hinaus die Ziele für alle anderen Bereiche des Lebens.

David, meinem Vater und Geschäftspartner, denn seine Leidenschaftlichkeit, sein Sinn für Ästhetik, sein Interesse an philosophischen Fragen, sein Optimismus, sein Sprachgefühl und sein Vertrauen in meine Fähigkeiten haben meinen Unternehmergeist gefördert und meine Kreativität angeregt.

Bianca, meiner Mutter und Mentorin, denn ihre Liebe zu lernen, ihr Intellekt, ihre feinfühligen Managementtechniken, ihr Mitgefühl und ihre Anteilnahme, ihre nahezu grenzenlose Energie, ihr Gespür für Kunst und Kultur haben meine Vorstellungskraft angeregt und meine Psyche gestärkt.

Sara, meiner Schwester und besten Freundin, denn ihr Humor, ihre Zielstrebigkeit, ihre Spontaneität und ihre unermüdliche Neugierde wecken immer wieder das Kind in mir.

Gerda Levy, meiner Großmutter und Beraterin, deren unternehmerischer Erfahrungsschatz mir den Weg durch den Dschungel der Selbständigkeit gewiesen hat.

Marian Bernstein, meiner Großmutter und meinem Fan, deren Unterstützung und Enthusiasmus mich ermutigt haben, meinen Zielen unbeirrt zu folgen.

Richard Cohn und Cynthia Black, Verleger und Visionäre, die nie an mir gezweifelt und mich in meinen Bemühungen, neue Möglichkeiten für amerikanische Jugendliche aufzuzeigen, unterstützt haben. Sie waren es, die erkannten, welche Bedeutung die Dimension des Abenteuers für einen Unternehmer hat.

Joe Hammond, der mich während des kreativen Prozesses begleitet hat, denn seine Vorstellungskraft, seine Sprachgewandtheit, sein verständlicher Schreibstil, seine gewissenhafte Recherche, seine Geduld, Flexibilität und Hartnäckigkeit ließen das Buch erst zu dem werden, was es ist.

Sue Martin, meiner amerikanischen Lektorin, die das Manuskript mit Sorgfalt, gewissenhaft und korrekt in ein makelloses und aussagekräftiges Buch verwandelt hat.

Jennifer Wong, die noch kurz vor der Veröffentlichung des Buches Korrekturen per Computer eingearbeitet hat.

Marvin Moor, der als Korrektor für die Feinabstimmung des Textes und seine einheitliche Form sorgte.

John Murphy, Barbara Barnes und allen anderen Mitarbeitern der Flinn Foundation, die mich ermutigt haben, den Staat Arizona als Ausgangspunkt für meine Abenteuer zu wählen.

All den Unternehmern, mit denen ich im Laufe der Jahre reden konnte, und all jenen, die ich für dieses Buch interviewt habe und die zum Nutzen anderer bereitwillig Auskunft über ihre Mühen und Erfolge gegeben haben.

Allen, die mit meinen Unternehmen verbunden sind, meinen Mitarbeitern, Lieferanten und Kunden, denn sie haben sich meine Vision von Wachstum und Fortschritt zu Eigen gemacht.

Ich schätze mich glücklich, einer solchen Vielzahl wunderbarer Menschen meinen Dank zum Ausdruck bringen zu dürfen. Schließlich bin ich zutiefst dankbar, in den Vereinigten Staaten von Amerika leben und arbeiten zu dürfen, wo ich Meinungsfreiheit genieße und zahlreiche Expeditionen in den Dschungel der Selbständigkeit durchführen kann.

Buchtipps

Bergius, C. C. (Hrsg.). *Die großen Entdecker.* Gütersloh: Mohn u. a., 1974.

Colombo, Cristoforo (= Christoph Kolumbus). *Bordbuch.* Frankfurt am Main: Insel, 1986.

Covey, Stephen R. *Die sieben Wege zur Effektivität: ein Konzept zur Meisterung Ihres beruflichen und privaten Lebens.* Frankfurt am Main: Campus, 1992.

Covey, Stephen R., Merrill, A. Roger und Merrill, Rebecca R. *Der Weg zum Wesentlichen: Zeitmanagement der vierten Generation.* Frankfurt am Main: Campus, 1997.

Dosick, Wayne. *The Business Bible.* New York: William Morrow, 1993.

Gellman, Meryle und Gage, Diane. *The Confidence Quotient.* New York: World Almanac Publications, 1985.

Gerber, Michael. *Erfolgsstrategien für Unternehmer: wie Sie an Ihrem Unternehmen arbeiten statt in ihm.* Bonn: Rentrop, 1989.

Douchan, Gersi. *Wo vor mir keiner war: durch Dschungel und Wüste – mein abenteuerliches Leben als Entdecker unerforschter Gebiete.* München: Droemer Knaur, 1991.

Hawken, Paul. *Kollaps oder Kreislaufwirtschaft: Wachstum nach dem Vorbild der Natur.* Berlin: Siedler, 1996.

Heyerdahl, Thor. *Kon-Tiki. Ein Floß treibt über den Pazifik.* Wien: Ullstein, 1950.

Kriegel, Robert. *If It Ain't Broke … Break It!* New York: Warner Books, 1991.

Levinson, Jay Conrad. *Guerilla Marketing.* München: Heyne, 1995.
Livingstone, David. *Missionsreisen und Forschungen in Süd-Afrika während eines sechzehnjährigen Aufenthalts im Innern des Kontinents.* Leipzig: Costenoble, 1905.
Livingstone, David. *Zum Sambesi und quer durchs südliche Afrika 1849–1856.* Stuttgart: Thienemann, 1985.
McCormack, Mark. *Was Sie an der Harvard Business School nicht lernen.* München: mvg-Verlag, 1991.
Mancuso, Joseph R. *Mid-Career Entrepreneur.* Chicago: Dearborn Publishing, 1993.
Novaresio, Paolo. *Die großen Entdecker.* Erlangen: Müller, 1996.
Peary, Robert E. *Die Entdeckung des Nordpols.* Tübingen: Erdmann, 1981.
Peters, Tom. *Das Tom Peters Seminar 2: Der Wow-Effekt.* 200 *Ideen für herausragende Erfolge.* München: Heyne, 1998.
Robbins, Anthony. *Das Robbins-Power-Prinzip: Wie Sie Ihre wahren inneren Kräfte sofort einsetzen.* München: Heyne, 1995.
Seligman, Martin E.P. *Pessimisten küsst man nicht. Optimismus kann man lernen.* München: Droemer, 1993.
Von Oech, Roger. *Aus der Routine ausbrechen.* München: Heyne, 1985.
Wallace, James und Jim Erickson. *Mr. Microsoft. Die Bill-Gates-Story.* Berlin: Ullstein, 1994.
Watson, Thomas J. und Petre, Peter. *Der Vater, der Sohn und die Firma.* München: Heyne, 1997.
Wilcox, Desmond. *Ten Who Dared.* Boston: Little, Brown, 1977.

Über die Autoren

Daryl Bernstein wurde 1976 geboren und lebt in Scottsdale im US-Bundesstaat Arizona. Sein unternehmerisches Abenteuer begann er im Alter von acht Jahren mit dem Verkauf von selbst gemachter Limonade. Von da an war er nicht mehr zu halten, probierte ständig neue Geschäftsideen aus – und verdiente damit schon früh eine Menge Geld.

Um auch andere mit seinem unternehmerischen Geist anzustecken, schrieb er mit 15 Jahren sein erstes Buch über Geschäftsideen für Kinder und Jugendliche, das großen Erfolg in den USA hatte und zur Gründung einer internationalen Jugendunternehmerbewegung führte.

Mit 16 Jahren wurde Bernstein als bisher jüngstes Mitglied vom Genfer Weltwirtschaftsforum zum «Global Leader for Tomorrow» ernannt; damit ist er einer der wenigen, «die im Rahmen ihrer Arbeit Außergewöhnliches geleistet haben und unsere Welt nach dem Jahr 2000 prägen werden».

Heute ist er als Unternehmensberater tätig und führt ein eigenes Unternehmen, das mehrere Millionen Dollar Umsatz im Jahr macht. Bernsteins Vater hat seinen Lehrberuf aufgegeben und ist mit in das Unternehmen seines Sohnes eingestiegen.

Den Amerikanern ist Daryl Bernstein durch Auftritte in Radio und Fernsehen (CBS, CNN, BBC) und aus der Zeitung bekannt, Hunderte von Artikeln über seine Bücher und Unternehmen sind bereits erschienen (u. a. in Wall Street Journal, New York Times, Dallas Morning News und National Geographic World). Er ist ein viel gefragter Redner auf Tagungen und in Seminaren, und er besucht regelmäßig Schulen, denn er will vor allem Kinder und Jugendliche für das Unternehmertum begeistern.

Joe Hammond wendet sein Wissen über die Literatur des 19. Jahrhunderts auf soziale und wirtschaftliche Belange der Gegenwart an. Er lebt als Publizist und professioneller Rechercheur in Ohio und Arizona.